주식 투자
최적의 타이밍을 잡는 법

STAN WEINSTEIN'S

월스트리트의 전설적인 시장분석가에게 배우는

주식투자
최적의 타이밍을 잡는법

스탠 와인스타인 지음 | 우승택 옮김

SECRETS *for* PROFITING
in BULL *and* BEAR MARKETS

플로우
PLOW

일러두기

■ 각주는 옮긴이의 주이고, 지은이 주는 별도로 표시했다.

꾸준하게
수익을 내는 비법

2006년 우연한 기회에 한 학기 동안 대학 강단에 서게 되었습니다. 제가 맡은 수업은 대학원생을 상대로 한 주식투자 강의였습니다. 인터넷이나 증권회사 객장에만 들어가도 주식에 통달한 듯한 무림의 고수들이 나름의 투자 비법을 자랑스레 얘기하곤 하는데, 금융기관 종사자가 대부분인 대학원에서 주식투자 실전을 강의한다는 것이 제게는 커다란 부담이 아닐 수 없었습니다.

고등학교에 다닐 때 지리 선생님과 역사 선생님이 가보지 않은 곳이나 경험하지 않은 일을 마치 사실인 양 이야기하시는 데 반감이 들어 지리 선생님과 역사 선생님들은 다 거짓말쟁이라고 폄하한 적이 있습니다. 그런데 그런 철부지 시절의 일이 처지가 뒤바뀌어 제게 닥친 것이었습니다.

경이적인 투자자

걱정스러운 마음으로 한주 한주 힘들게 강의하던 중 2005년에 제가 근무하던 삼성증권 종로타워지점의 고객 한 분이 생각났습니다. 그는 한 코스닥 기업의 오너였는데 고객 중 수익률이 가장 좋았습니다. 보통 증권사 직원들은 3,000원에 산 주식이 40~50퍼센트가 오르면 팔기 십상인데, 그의 투자방식은 남달랐습니다. 3,000원에 산 주식이 7,000원까지 올라 두 배가 넘는 수익을 거뒀는데도 팔기는커녕 더 사들였습니다. 또 그 주식이 1만5,000원대까지 올라 조정에 들어가자 대부분의 투자자는 만족스러운 표정으로 매도에 나섰는데 그는 거기서도 멈추지 않고 더 사들이는 것이었습니다.

저런 배짱이 어디서 나오는 걸까 하는 의구심을 떨칠 수 없었습니다. 지점장이라는 직권으로 그의 거래 내용을 다 훑어보니 절로 감탄사가 나왔습니다. 그 주식뿐 아니라 그가 투자한 거의 모든 주식이 그처럼 바닥 시세에 사들인 다음 정점에 팔아 완전한 이익을 본 종목들이었습니다. 경이로운 투자자의 실체를 확인하는 순간이었습니다.

저는 학생들에게 그러한 투자 방법을 가르쳐주고 싶었습니다. 그러한 안목과 배짱, 주식시장을 내다보는 혜안을 갖게 해주고 싶었습니다.

주식투자의 바이블

고심 끝에 지인들 중에서 또 다른 '최고의 실력자'에게 부탁해 숭실
대학교에서 학생을 위한 특강 시간을 마련했습니다. 주식시장이란 무
엇인가, 싸다는 것은 무엇이며 비싸다는 것은 무엇인가, 낮은 가격은
무엇이고 높은 가격은 무엇인가, 센 주식은 무엇이며 약한 주식은 무
엇인가를 차분히 설명하는 그의 모습은 마치 세상의 이치를 통달한
철학자 같았습니다. 그때 그의 손에 들려 있던 너덜너덜하고 누렇게
바랜 책이 눈길을 사로잡았습니다.

강의가 끝나고 질문 시간에 "당신과 같은 안목을 가지려면 어떤 책
을 읽고 공부해야 하느냐"고 물었습니다. 그때 그가 추천한 책이 바
로 〈차트로 배우는 주식투자 백전불패Stan Weinstein's Secrets for Profiting Bull
and Bear Markets〉이었습니다.

이 책은 1988년에 미국에서 출간된 책입니다. 1992년에 자본자유
화가 된 우리나라에서는 그동안 이 책이 번역되지 않았으나 전문가
사이에서는 '주식투자의 바이블' '애널리스트의 비서'로 불리는 꽤 유
명한 책입니다.

1980년대 미국을 보면 21세기 한국이 보인다

여기에는 1980년대 레이건 대통령 시절의 구조조정을 끝내고 다우존

스 지수가 1000에서 3000으로 상승했다가 다시 3000을 넘어 1만으로 올라가는 미국 증권시장의 역사가 담겨 있습니다. 이는 지금 우리나라의 증시 추세와 동일합니다.

우리나라는 지난 18년 동안 코스피 지수가 1000을 넘지 못하다가 이제 2000을 넘기고 조정을 받고 있습니다. 미국 다우존스 지수가 2000에서 3000으로 넘어가는 과정에서 나타났던 기업의 구조조정, 퇴직연금의 출현, 펀드의 증가, 뮤추얼 펀드와 인덱스 펀드의 등장 등 모든 현상이 지금의 한국 증시에도 똑같이 나타나고 있습니다.

이 책에 등장한 많은 기업은 인수·합병, 경영 효율화 등으로 사라졌습니다. 현재 우리나라의 증시 상황과 매우 닮은 1980~1990년대 미국시장을 통해 앞으로 우리가 가야 할 길을 미리 알게 될지도 모릅니다.

지금 한국 증시가 기록하고 있는 지수는 아무도 경험한 적이 없습니다. 모든 시장 참가자가 다 초보인 셈입니다. 거의 모든 투자자가 고소공포증을 경험하고 있는 한국 증시에서 이 책은 탄탄한 길을 열어드릴 것입니다.

차트에 답이 있다

제가 이 책을 최고의 주식투자 교본이라고 자신하는 이유는 2005년 저를 감탄케 했던 그 고객이 매번 투자에서 최대의 수익을 내는 경이로운 투자자가 될 수 있었던 것이 이 책 덕분임을 알게 되었기 때문입니다.

그는 이 책을 통달하고 투자 스타일을 교정했다고 합니다. 그리고 더 이상 소문이나 뉴스에 흔들리지 않고, 이 책에서 일러준 대로 차트를 믿고 철저히 분석한 결과, 같은 자금을 투자해도 최대의 수익을 내는 달인의 경지에 오른 것입니다.

저는 그동안 하루라도 빨리 이 책을 번역해서 널리 알리고 싶었습니다. 그래서 미국에서 원서를 주문해 여러 번 훑어보았습니다. 그러나 이 책의 내용을 저 혼자 독자에게 온전히 이해하기 쉽게 전달하기에는 역부족이었습니다. 전문가만 알아들을 수 있는 수준이라면 금융과 주식을 잘 모르는 일반인에게는 아무런 도움도 줄 수 없기 때문입니다.

이 책이 우리나라에서 새롭게 태어나기까지 많은 도움을 주신 분들께 다시 한 번 진심으로 감사드립니다.

2007년 10월
우승택

월스트리트의 전설이 쓴
투자안내서의 고전

지금도 전설적인 투자자로 활동 중인 스탠 와인스타인의 투자 안내서를 13년 만에 다시 내놓게 되어 다행으로 생각합니다. 2007년 이 책을 처음 번역할 당시, 한국 증권시장이나 인터넷 환경이 지금처럼 좋지 않아서 원서의 내용을 일부 싣지 못했는데 이번 기회에 충실하게 반영해서 완성도를 높이게 되었습니다.

특히 2007년 판에 싣지 못했던 원서 7장 '공매도' 부문을 추가 번역해서 소개하게 되었습니다. 물론 현재 한국에서 공매도는 많은 종목이 금지되어 있습니다. 그럼에도 불구하고, 이 공매도를 자세히 공부해야 하는 이유는 주식이나 펀드 투자시 매수보다는 매도가 훨씬 더 중요하다는 저자의 지적에 힘입었기 때문입니다. 그 이유는 주가의 상승기간은 주가의 하락기간보다 일반적으로 3배가 길며, 하락의 기울기 경사는 상승의 기울기 경사보다 3배가 빠르게 때문에 순식간에 파는 결단력이 아주 중요하기 때문입니다.

　공매도는 영어로 Short Selling입니다. 다시 말해 짧고 빠르게 판다는 뜻입니다. 매수를 할 때는 천천히 시간을 들여 주식을 단계별로 사들이지만, 주식 매도나 펀드 해지는 단칼에 무 베듯이 짧은 시간에 팔아치워야 합니다. 그러지 않으면, 오랜 시간 올랐던 주가가 순식간에 제자리로 돌아올 수 있기 때문입니다.

　이 책에 얽힌 저의 특별한 경험을 소개하겠습니다. 2018년 봄, 정부 고위직 관료로 일하던 한 친구에게 전화가 왔습니다. 혹시 금융감독원 조사국에 아는 친구나 후배가 있느냐는 것이었습니다. 왜 그러느냐고 물으니, 미공개 정보 이용과 내부자 거래로 금융감독원에 조사를 받으러 가야 한다는 것이었습니다. 그래서 사연을 들어보니, 누구에게서 어떤 주식을 사라는 권유를 받고 샀고, 또 팔라는 연락을 받고 팔았는데, 그렇게 해서 3종목을 사고팔았다는 것이었습니다. 저는 어쨌든 친구를 도와주기로 마음먹고, 감독원이 요구한 서류와 거래내역 내역을 준비해오라고 했습니다.

　친구를 만나서 서류와 자료를 검토해보니 정말 놀랄 수밖에 없었습니다. 정말 기가 막힌 타이밍에 매수를 했고, 또 절묘한 타이밍에 매도를 했던 것입니다. 누가 권유를 했는지는 모르지만, 정말 '작전'이라고 해도 될 정도로 치밀하고 절묘했습니다. 솔직히 부럽고 감탄이 나올 정도였습니다. 당국에서 호출한 것도 이해가 될 정도였습니다.

저는 친구와 그 권유자가 어떤 관계인지를 물어보았습니다. 거래선은 아니고 동호회에서 알게 된 젊은 친구인데 그 사람이 매수 매도 종목과 시점을 가르쳐주었다고 했습니다.

이리저리 수소문을 해서, 친구를 호출한 담당 조사관이 누구인지 알아보니, 철저하게 원리 원칙을 적용하는 부정매매 전문 조사관이라고 했습니다. 저는 친구를 도와주고 싶은 마음에 친구가 샀던 3종목을 놓고, 스탠 와인스타인의 책으로 속성 과외를 시켜주었습니다. 다행히 스탠 와인스타인은 해당 주식의 재무제표나 펀더멘털은 전혀 고려치 않고 '모든 정보는 차트에 담겨 있다'는 투자 철학을 설명하는 책이었기에 '이 주식을 어떻게 알고 샀느냐?'라는 질문에 잘 대응할 수 있을 것으로 생각했습니다. 게다가 다행히 그 3종목이 전부 스탠 와인스타인의 매수대상 종목이었습니다. 책에 설명한 논리에 따라, 사야 할 시기에 2~3번에 걸쳐서 샀고, 팔아야 할 시기에 판 케이스에 해당했습니다. 그렇게 그 친구를 3일간 가르치고, 오래되어 빛바랜 번역서와 손때 묻은 원서를 주었습니다.

결론부터 이야기하면, 제 친구는 감독원에 가서 '이 책을 번역한 사람이 내 친구고, 이 책을 내가 10년간 공부했다. 그리고 친구와 상의해서 유망한 종목을 확신을 가지고 사고팔았을 뿐이다'라고 했답니다. 그 뒤로 두 번 정도 불려가서 조사를 받았는데 조사관이 납득하여 잘 마무리되었다는 후일담을 들었습니다.

스탠 와인스타인이 쓴 이 위대한 책을 통해 한국 독자들이 투자의 승자가 되기를 바랍니다. 이번 개정판에는 정말 비법이 들어 있습니다. 바로 '상보강도相補强度, Relative Strength'라는 개념입니다. 한국을 포함해 세계 어느 검색엔진에도 없고, 어느 증권회사 사이트에서도 찾을 수 없는 지표입니다. 저자의 강의에 참석해야만 알 수 있는 그 비법을 이번 개정증보판에 담았습니다.

세계 최고의 돈 철학서, 주식투자 철학서, 장사꾼 심리서인 이 책을 통해 한국 투자자 여러분이 시장의 선택을 받는 성공적인 투자자가 되기를 바랍니다.

2020년 11월
우승택

1장 | 진짜 정보는 차트에 다 있다

2장 | 차트 분석 전문가를 위한 첫걸음

3장 | 최적의 매수 시점을 찾아라

4장 | 최고 수익을 내는 개별 업종 고르는 법

5장 | 탁월한 수익을 내는 특별한 비결

6장 | 최적의 매도 타이밍을 찾는 법

7장 | 쏠쏠한 수익을 낼 수 있는 공매도 활용법

8장 | 상승장과 하락장을 짚어주는 지표 활용법

9장 | 펀드, 옵션, 선물 시장도 차트로 공략한다

10장 | 기술적 분석보다 계획과 원칙을 앞세워라

진짜 정보는
차트에 다 있다

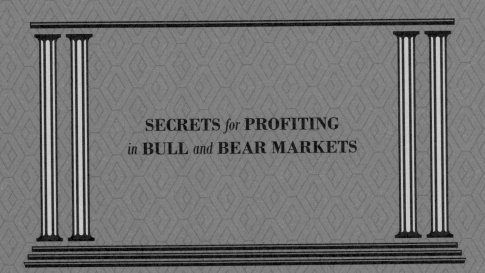

SECRETS *for* PROFITING
in BULL *and* BEAR MARKETS

'싸게 사서 비싸게 판다'는
틀렸다

"낮은 가격에 사서 높은 가격에 팔라! 그래야 돈을 번다."

맞는 말인가? 아니, 틀렸다. 이 말은 손해 본 사람들이 으레 외치는 상투어일 뿐이다.

주식시장에서 정말 해서는 안 되는 일인데 꼭 해야 하는 것으로 오해하는 일이 있다. 예를 들어 경제와 산업발전 상황을 잘 이해하기 위해 신문, 잡지의 경제면을 꼼꼼히 읽고 저녁에는 텔레비전 경제 뉴스를 시청해야 한다거나, 매끈하게 잘 차려입은 주식 전문가의 조언을 잘 들어야 한다는 것 등이다. 투자자는 그래야 돈을 벌 수 있다고 믿지만 그런 방법으로는 절대로 호주머니를 두둑하게 만들 수 없다.

'낮은 가격에 사서 높은 가격에 팔라'는 것은 상투적인 말일 뿐 구체적으로 어떻게 해야 할지 가르쳐주는 것은 아니다. 내가 당신에게 가르쳐주고 싶은 방법은 주식 전문가의 방식이다. 전문가는 다음과 같이 한다.

'높은 가격에 사서 더 높은 가격에 판다.'

경제와 금융 뉴스를 아무리 접해도 이익 내는 것과는 상관이 없다. 순간순간 빠르게 변하며 모든 것이 컴퓨터로 즉시 결정되는 금융시장은 최신 뉴스에 민감하게 반응하지만, 당신이 뉴스를 읽거나 들을 때는 이미 상황이 끝난 뒤다. 시장은 현재 수익이 아니라 미래 수익을 파는 곳이다. 성공하려면 시장이 보여주는 단서를 제대로 이용할 줄 알아야 한다. 이 책은 이러한 단서를 어떻게 찾아내고, 이 단서로 어떻게 이익을 창출하는지 가르쳐줄 것이다.

끝으로, 브로커나 분석가 등 월스트리트 천재들의 조언은 큰 도움이 되지 않는다는 것을 일러주고 싶다. 그들의 조언을 듣느니 차라리 신문의 주식면을 펼쳐놓고 눈 감은 채로 아무거나 짚는 편이 낫다. 브로커나 분석가는 주로 동료들과 잡담하며 시간을 보내고, 〈포춘〉이 선정한 500대 기업 임원들이 자사 실적을 선전하기 위하여 제공하는 점심 식사 자리에 참석하느라 바쁘다. 당신도 이런 자리에 몇 번 참석해보면, 제공되는 요리와 정보가 모두 신선하지 않음을 알 수 있을 것이다.

실물시장의 전문가, 거래시장의 전문가는 이런 식으로 일하지 않는다. 그들은 뉴스가 아니라 시장의 움직임을 근거로 의사를 결정한다.

상투적인 방법으로 투자하는 사람들이 손해를 많이 보는 반면, 실물 시장 프로들은 엄청난 수익을 창출한다. 일반 투자자는 운이 없었다고 말하지만, 이는 정말 난센스다. 투자는 운과는 아무 상관이 없다. 승리하는 법을 모르면 잘못된 방식으로 게임을 운영하게 되어 결국 부진한 성적을 얻을 수밖에 없다. 승리하려면 시장에서 적절한 시점을 잡을 줄 알아야 하고, 욕심과 공포라는 두 적을 통제할 줄 알아야 한다.

이 책은 바로 '승리'를 위한 책이다. 나도 수없이 실수한 뒤에야 비로소 시장이 제공하는 단서를 읽는 법과 시장 상황에 재치 있게 대응하는 법을 배웠다. 나는 당신에게 스트레스 받지 않고 수익을 창출하는 새로운 법칙을 가르쳐줄 것이다. 이를 익히기 위해 결산 보고서를 연구하거나 사업 계획을 설명하는 회사 대변인들의 말에 귀 기울일 필요는 없다. 단 두 가지만 하면 된다. 즉 욕심과 두려움을 통제하고, 시장에서 확실한 단서를 읽어내는 것이다. 일단 요령을 알고 나면, 매주 한 시간만 할애하면 된다.

지난 44년간 주식시장에서 활동한 경험으로 나는 실제 시장에서 어떤 방법이 효과가 있고, 어떤 방법이 아무 효과가 없는지 정확히 알게 되었다. 그리고 이렇게 얻은 지식과 경험을 바탕으로 항상 승리할 수 있는 방법을 만들어냈다. 그 덕택에 〈테이프 읽기 전문가The Professional

Tape Reader〉■에서 1973년부터 1988년까지 15년간 모든 상승 장세와 하락 장세를 예측할 수 있었다. 이 기술적인 접근법은 주식시장, 뮤추얼 펀드, 선물, 옵션 또는 원자재 상품시장 등 어느 시장에서건 통한다. 이 책은 그런 시장까지 다루겠지만 어디까지나 주식시장을 중심으로 할 것이다.

이 접근법을 당신에게 알려주기 전에, 이 책이 '벼락부자 되는 길'을 가르쳐주는 책이 아니라는 점을 강조한다. 부자 되는 방법을 가르쳐준다는 수십 권의 책이 내 책상으로 수시로 배달되지만 대부분 인쇄된 종이 이상의 가치가 없다. 이런 책들은 너무 단순해서 실질적으로 아무런 도움이 되지 않거나, 때로는 현학적이고 이론적이어서 얻는 것은 두통뿐이다.

더러는 당장 엄청난 부자가 되게 해줄 것처럼 얘기하는 책도 있다. 만일 당신이 1만 달러를 다음 주 화요일 오후 네 시까지 100만 달러로 만들어주는 책을 원한다면, 내가 쓴 이 책을 읽을 필요가 없다. 그러나 상승장세든 하락장세든 꾸준히 이익을 창출하는 법을 알고 싶다면, 또 해를 거듭할수록 조금씩 부를 축적하기 원한다면, 이 책은 바로 당신을 위한 책이다.

■ 저자가 1970년대 중반부터 주식 차트 분석을 기초로 하여 발행한 정기간행물. 우리나라도 요즘에는 객장에 시세전광판이 사라져가고 있지만 미국은 시세전광판 대신 티커 테이프Ticker Tape가 영화 필름처럼 돌아가면서 시세를 알려준다. 테이프를 잘 읽는다는 것은 주식시장이나 개별 종목의 시세 흐름을 잘 읽는다는 뜻이다.

자, 이제 우리는 한 팀이다. 당신이 이 방법을 잘 배우면 테이블에 놓인 칩"을 더 많이 가져갈 수 있다. 이는 프로 선수한테 테니스를 배우는 것과 다를 바 없다. 한 시간 레슨을 받았으면, 그 다음에는 배운 것을 연습해야 한다. 나는 당신에게 쉽게 가르쳐줄 것을 약속한다. 〈테이프 읽기 전문가〉를 쓸 때도, 전국을 다니며 세미나를 개최할 때도 나는 쉽게 설명했다. 당신이 전에 차트를 본 적이 없거나 지표를 그려본 적이 없다 하더라도 걱정할 필요가 없다. 적당한 액수로 투자를 시작한다면, 내 방식을 쉽게 이해하고 배울 수 있다.

나는 수익을 내는 요인 가운데 가장 중요한 것만 뽑아 다룰 예정이다. 중요하지 않은 것은 다 제쳐두었다. 책 내용은 장마다 논리적으로 전개되므로 차례대로 읽는 것이 좋다.

■ 저자는 증권시장을 기본적으로 카지노로 보고 있다. 시가 총액 기준으로 전 세계 자본시장의 1.7퍼센트 정도에 불과한 한국시장 처지에서는 주식시장을 카지노로 보는 것이 타당하다.

전문가들이
부를 쌓는 비결

이제 어떻게 시장을 분석하고 어떻게 시장에서 이길 수 있는지 정확히 배워보자. 물론 쉽지는 않지만, 그리 어렵지도 않다.

한 가지 방식으로 밀고 나가라

지난 25년간 나는 나만의 접근 방식과 통제 방식을 일관되게 유지했다. 이는 매우 중요하다. 이번 주에는 재무제표 신봉자가 되었다가 다음 주에는 차트 해석자(추세분석가)▪가 되어서는 안 된다. 어떤 달에

▪ 시장에 나타나는 주식 시세를 살펴 그때그때 투자를 결정하는 이.

는 A지표를 따르고 다음 달에는 B지표를 따르는 식으로 바꾸지 말라. 일단 시장을 제대로 읽는 방법을 찾아내고 그 방식에 따라 투자하는 법을 어느 정도 익혔다면, 그것을 초지일관 따라야 한다. 만일 그렇게 했는데도 계속 실패한다면, 그때는 다른 방법을 찾아봐야 한다. 그러나 방법을 바꾸기 전에 자신이 처음 선택한 방법을 제대로 익혔는지 먼저 확인해봐야 한다. 단지 이번에는 상황이 다르다는 이유만으로 진짜 제대로 된 방법을 쉽게 던져버려서는 안 된다.

펀더멘털보다는 시장을 관찰하라

신문에서 오늘의 펀더멘털*을 읽고, 그 정보에 따라 투자하면서 꾸준히 돈을 벌 수 있다면 정말 좋겠지만 안타깝게도 그건 불가능하다. '펀더멘털'이라는 아주 건실한 근거를 바탕으로 투자를 결정하는 이 방식은 사실 재앙을 불러일으키는 방식이다. 그런데도 주식투자를 처음 시작하는 사람은 거의 이 방식을 따른다. 초보 투자자가 취하기 쉬운 소량의 독약이라고 할까. 투자자 대부분은 이런 독약에 중독되어 있다.

시장은 예상을 벗어나게 마련이며, 주식은 현재가 아니라 미래의

■ 재무구조의 안정성, 수익성, 성장성을 아울러 일컫는 말. 우리나라도 IMF 경제위기 때 "펀더멘털은 좋은데 단지 외환이 부족해서…"라는 말을 정부 관료가 자주 했다. 기업 재무구조의 대차대조표, 손익계산서, 재무제표 등을 통칭하는 용어다.

펀더멘털을 파는 것이다. 소위 '빅 뉴스'라는 화려한 이름에 휘둘리지 마라. 현재 진행되고 있는 뉴스가 주식시장에서 어떤 의미가 있는지 제대로 해석하려면 좀 더 기술적인 접근법을 알아야 한다. 미래를 제대로 예측하는 통찰력을 얻고 싶다면 주식가격과 거래량을 유심히 살펴보아야 한다. 그게 기술적인 접근법이다.

그런데 기술적인 접근법을 구사하려면 우선 배워야 할 법칙과 언어가 있다. 불행히도 일반 투자자는 물론이고 전문 거래자조차 기술적인 분석을 마술이나 점성술(기술적인 분석을 하는 이들도 점성가처럼 도표나 수치를 이용하긴 한다)과 비슷하다고 생각한다.

사실 기술적인 분석은 과학이라기보다는 예술에 가깝다. 그러나 그림을 그린다고 해서 다 피카소가 아닌 것처럼, 차트 책을 펼치는 분석가가 전부 존 머기John Magee■처럼 탁월한 차트분석가가 될 수는 없다. 누구도 완벽할 수는 없다. 미국 최고의 쿼터백도 모든 패스를 완벽하게 하지는 못 한다. 당신이 내리는 결정이 항상 옳을 수는 없다. 다만 내가 가르쳐주는 방법을 꾸준히 따르면, 당신의 승률은 아주 높아진다.

전문가만 알고 있는 비밀 하나를 알려주겠다. 꾸준히 이익을 내고 손실을 재빨리 회복할 수만 있다면 50퍼센트 이하의 승률로도 시장

■ '기술적 분석의 아버지'라 불리는 미국의 주식 분석가. 1948년 ≪주식 시세의 기술적 분석Technical Analysis of Stock Trends≫을 펴냈다. -지은이 주

에서 부를 쌓을 수 있다는 사실이다. 전문가도 늘 정확한 결정을 내리는 것은 아니다. 그런데도 그들이 큰 부를 쌓을 수 있는 것은, 꾸준히 이익을 내는 법과 손실을 재빨리 메꾸는 법을 알고 있기 때문이다. 앞으로 손실을 보는 상황에서 어떻게 대처해야 하는지도 알려줄 텐데, 손실을 잘 만회하는 법만 알아도 당신은 돈과 이익을 지킬 수 있다.

기술적 접근법이
왜 중요한가

자, 이제 구체적으로 들어가보자. 먼저 시장에 대해 갖고 있는 선입관을 모두 버리고 새롭게 시작할 준비를 해야 한다. 체중 감량 프로그램을 시작할 때 모든 신체기관을 깨끗이 청소해야 하는 것처럼 말이다. 당신이 펀더멘털에 집착하는 중독자라 해도 걱정할 필요는 없다. 헛것이 보이는 금단 증세는 일어나지 않을 테니까. 일단 기술적인 접근법을 충분히 익히고 그것과 펀더멘털 방법을 잘 통합하여 주식을 매수하고 매도하면 된다.■

■ 기술적 접근법은 차트를 분석해 투자하는 방법이며, 펀더멘털 방법은 기업의 재무구조나 손익 관계를 따져서 투자하는 법이다. 이 책의 저자는 차트에 모든 정보가 다 반영되어 있다고 믿는 기술적 접근법을 옹호하는 입장이다. 그래서 정보보다는 차트에 의존한다. 다시 말해 불특정 다수의 생각뿐만 아니라 기업인수, 합병, 매각, 증자 등의 정보를 단 한 사람이 알고 있다 하더라도, 그 한 사람은 자신의 욕망에 따라 주가 흐름에 영향을 끼치는 행동을 취하게 되고, 결국 한두 사람의 은밀한 정보도 다 테이프(차트)에 반영될 수밖에 없다고 믿는다. 역자 또한 그렇게 생각한다. 단 차트를 제대로 읽는 눈이 필요하다는 것이 이 책의 핵심이다.

기술적 접근법을 숙달하면, 당신도 나처럼 신문 기사는 무시하고 주가의 흐름에 집중하게 된다. 〈테이프 읽기 전문가〉에서 내가 늘 강조했던 모토가 "테이프가 다 말해준다The Tape Tells All"였는데, 이 말은 그냥 하는 소리가 아니라 바로 시장 철학을 상징한다. 이 말이 의미하는 바는 현재 회사의 수익, 신상품, 경영진 등에 관한 모든 정보, 즉 펀더멘털은 이미 주가에 반영되어 있다는 것이다.

그렇다고 해서 내가 기업 인수 협상과 같은 중요한 기본 지표 뉴스에 무관심한 것은 아니다. 오히려 나는 사람들이 빅 뉴스로 터지기 전에는 이러한 군침 도는 소식에 무관심하다는 것을 알고 있다. 빅 뉴스가 되고 나서야 비로소 관심을 갖지만 그때는 이미 너무 늦은 것이다.

우리 모두 소문을 듣는다. 100가지 소문을 들었다고 하면 그 중 사실은 한두 개도 안 된다. 정보에 따라 움직이면 시장에서 승리를 거둘 확률은 그만큼 낮아진다. 내부자 거래 금지법을 깬다면 모를까, 일반 투자자가 중요한 정보를 미리 알아낼 방법은 없다는 사실을 받아들여라. 그리고 신문에서 그럴듯한 뉴스를 읽었다면 그 정보를 기초로 행동하기에는 이미 늦었다는 사실도 인정하라. 그러나 차트가 의미하는 바를 제대로 해석할 줄만 알면, 마치 내부자에게 정보를 받은 것처럼 정확히 주식을 사고 팔 수 있게 된다.

우리가 관심을 두고 있거나 사서 보유하고 있는 주식 종목을 XYZ 주식이라고 하자. 만일 XYZ 주식이 지난 몇 달 사이 8~10의 트레이딩 범위[*]에서 조용히 움직이며 매주 평균 2만~3만 주씩 거래되다가 갑자기 주식 상한가를 경신한다든지 거래량이 엄청나게 늘어나(주당 25만~30만 주 거래) 전문가가 말하는 '저항'이 발생한다면 XYZ 주식에 무슨 일이 일어났는지 뻔히 알 수 있다.

피드먼트 항공Piedmont Aviation과 스펙트라다인Spectradyne[* *]의 차트를 한번 보자(〈차트 1-1〉과 〈차트 1-2〉). 이 책을 100페이지 정도까지 읽으면 숙달된 눈으로 한눈에 알아보겠지만, 지금 막 읽기 시작한 초보자라 하더라도 1987년 초 피드먼트가 합병을 발표하기 몇 달 전부터, 그리고 스펙트라다인이 1987년 중반에 합병을 발표하기 이전부터 주가가 이례적이고 역동적인 움직임을 보였음을 알 수 있을 것이다.

나는 내부 정보에 접근할 수 없었지만 기업 인수 소식과 더불어 거대한 이익이 발생하기 전에(〈차트 1-1〉과 〈차트 1-2〉의 화살표를 보라) 테이프에서 이미 정보를 찾았고 〈테이프 읽기 전문가〉에서 이 두 주식을 추천했다. 물론 내부자 매수도 상당히 많았다.

이 책을 다 읽고 난 뒤, 이 페이지로 돌아와 차트를 다시 보라. 그러면 왜 수천 명의 투자자가 주가가 상승세를 타는데도 주식을 팔지 않고 오히려 더 사들였는지 그 이유를 이해하게 될 것이다.

인수 합병과 같은 충격적인 펀더멘털도 차트에서 정보를 얻을 수

[*] 주가가 일정한 가격 범위 안에서 오르락내리락하는 것을 말한다. 우리나라에서는 박스Box권 주식이라고 한다.
[* *] 미국의 항공회사. 지금은 두 회사가 합병했다. 아시아 지역에서는 홍콩과 싱가폴에 취항하고 한국에는 아직 취항하지 않았다.

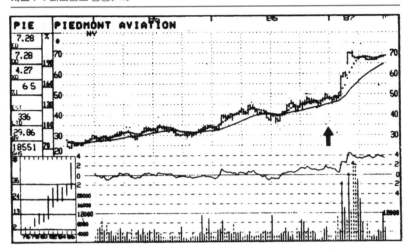

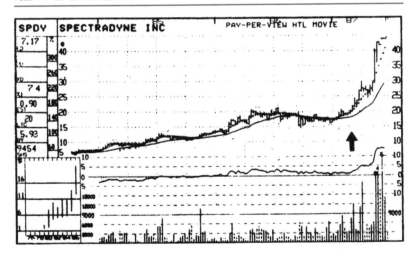

있지만 그게 다는 아니다. 다음 페이지의 하라스Harrah's와 티에스 인더스트리TS Industries(〈차트 1-3〉과 〈차트 1-4〉)를 보라. 하라스는 1978년 우량매수 종목이었고 티에스 인더스트리는 1986년에 훨씬 우수한 매수 종목으로 손꼽혔다. 그러나 잘 살펴보면 기술적인 접근법이 왜 필요한지 보여주는 매우 흥미로운 사실 두 가지를 확인할 수 있다.

첫째, 이 두 주식 모두 〈테이프 읽기 전문가〉에서 추천한 매수 종목이었다(차트의 화살표를 보라). 둘째, 이 두 주식 모두 특별한 펀더멘털이 있어서 추천한 것은 아니었으며 주가가 급상승하고 있을 때도 이렇다 할 고무적인 펀더멘털이 없었다. 12개월 동안 하라스의 수익은 2.41달러에서 2.38달러로 떨어졌다. 그 뒤 6개월 동안 주가가 두 배 이상 상승했지만 수익은 2.16달러로 더 떨어졌다.

티에스 인더스트리가 거둔 성과는 이보다 더 극적이었다. 펀더멘털이 매우 나빴기 때문이다. 1986년 초 티에스 주식은 추천 종목이었고, 이전 12개월간 수익은 그리 나쁘지 않은 주당 37퍼센트였다. 그리고 15개월 후 주가는 두 배 이상 급상승했다. 그러나 수익은 주당 9퍼센트 정도에 머물렀다. 이상하다고? 전혀 그렇지 않다.

주식 교과서의 이론으로 보면 이상할 수도 있겠으나 실제 주식시장 현장에서는 이런 상황은 흔하다. 혼란스러워하지 말고 내가 가르쳐주는 기술을 완벽하게 소화만 한다면, 당신은 이러한 불균형으로 오히려 이익을 볼 수 있다.

전체 시장을 보면, 이와 같은 패턴은 큰 장에서 더 잘 보인다. 1974

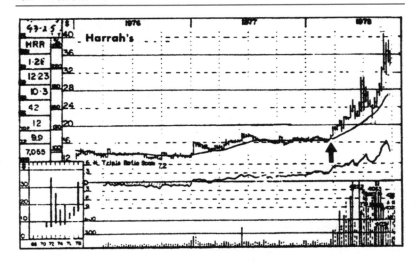

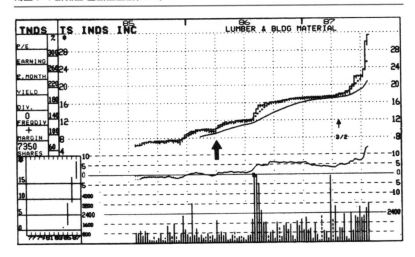

년 말, 다우존스 산업평균지수[DJIA]는 1050에서 570으로 폭락했다. 향후 경제 전망은 매우 암울했다. 한 유력 경제지는 '세계 공황'이란 제목으로 기사를 실었는데, 대단한 뉴스였다. 유수의 주간 뉴스는 곰이 월스트리트의 기둥을 무너뜨리는 사진[■]으로 기사의 대미를 장식했다. 주식시장이 250~300대로 폭락할지도 모른다는 두려움이 확산되었다. 이러한 비관론과 두려움이 널리 퍼진 가운데, 전문가는 '매수'를 외쳤고 다우 지수가 1000 이상으로 회복하는 새로운 활황 장세가 나타났다.

자, 이제 알아챘는가? 이게 바로 시장에 정통한 전문가가 당신에게 나쁜 뉴스에 주식을 매수하고 좋은 뉴스에는 주식을 매도해야 한다고 말하는 이유다. 현재 뉴스가 끔찍할 때 주가는 하한가를 기록하고 일반인이 수익 보고서, 주식 분할 등과 같은 정보에 매료될 때 상한가를 형성한다. 일반 거래자나 투자자는 멋진 뉴스가 들리며 주가가 거의 상한가에 이를 때 주식을 매수하고, 매체가 끔찍한 뉴스를 전하며 주가가 하한가에 이르렀을 때 주식을 내동댕이친다.

이렇게 일반인은 계속 손실을 보고 진정한 프로가 계속 이익을 내는 것은, 좋건 나쁘건 간에 결코 운이 아니라 다른 규칙으로 게임을 하기 때문이다. 아마추어는 자신의 예감과 느낌으로 투자해서 손실을 초래하는 반면 전문가는 확률을 이해하고 막무가내로 덤벼들지 않는

■ 하락장세를 뜻하는 곰 시장Bear Market을 은유적으로 표현한 것. 상승장세는 황소 시장Bull Market이라고 한다.

다. 이들은 마치 전문 포커 선수 같다.

그래서 투자 철학은 아래와 같이 단순해야 한다.

▶ 차트를 보지 않은 채로 주식을 사거나 팔지 말 것.

▶ 좋은 뉴스가 들릴 때는 주식을 사지 말 것. 특히 차트가 뉴스와 다르게 움직일 때는 절대 사지 말 것.

▶ 주가가 폭락한 후에도 주식을 사지 말 것. 주식 매매가 계속될수록 떨어진 주가는 더 떨어진다.

▶ 차트가 하강 곡선을 그릴 때 주식을 사지 말 것(어떤 선이 하강곡선인지 알려주겠다).

▶ P/E(가격Price/수익Earnings)가 아무리 낮게 떨어졌다 하더라도 차트가 하강 곡선을 그릴 때에는 주식을 사지 말 것. 몇 주가 지나 주가가 더 떨어지고 나면 왜 주가가 떨어졌는지 알게 될 것이다.

▶ 일관성을 유지할 것. 비슷한 상황인데 어떤 때는 주식을 사들이다가 또 어떤 때는 판다면, 아무것도 배우지 못하고 실력도 수익도 늘지 않는다.

차트를 읽고 기술적으로 분석하는 것은 어려운 과학이 아니다. 마술도 점성술도 아니다. 아주 간단하게 시장의 건강 상태를 알려주는 심전도 읽는 법을 배우는 것과 같다. 의사가 진단에 앞서 환자의 엑스레이 사진을 살펴보고, 피검사를 하고 심장박동 그래프를 확인하듯 유능한 분석가는 주식 차트를 조사하고 확인한다. 자, 이제 당신은 주식시장의 인턴이 되어야 한다.

차트 기본 용어
익히기

수익을 창출하는 미래로 향해 가기 전에, 익혀야 할 기본 용어가 있다. 〈차트 1-5〉를 보면서 용어를 익히면 더 쉽게 이해할 수 있다. 당신이 기술적인 분석에 재능이 없다 하더라도 이러한 용어들은 이미 들어보았을 것이다. 그러나 정확한 의미를 모른다면 여기서 확실히 짚고 넘어가도록 하자. 설사 당신이 노련한 분석가라 할지라도 우리가 같은 의미로 이 용어들을 사용하고 있는지, 내가 정리해놓은 정의를 보고 확인해보기 바란다. 우선 이 용어들을 제대로 이해하고 책을 읽으면 그만큼 쉽게 읽힐 것이다.

우선 XYZ 주식 〈차트 1-5〉를 검토해보고 그 의미를 파악하도록 한다. 그 다음 아래의 정의를 잘 새겨 읽고, 차트와 용어를 연계하여 검토해보면 용어의 의미가 머릿속에 더 잘 들어올 것이다. 용어를 충분히 익힌 다음 이 책을 읽어가면 자신이 노련한 기술 분석가가 된 기분이 들 것이다. 자 시작해보자.

지지Support | 하락하는 주식이 잠시 주춤하면서 다시 상승하는 것처럼 보이는 지역. 어떤 분석가는 어느 한 지점을 지지점으로 집어서 말하는데, 그래서는 안 된다. 이는 한 지점이라기보다는 마루처럼 평평하게 나타나는 범위 또는 지역이다.

〈차트 1-5〉에서 지지는 26과 $26\frac{1}{2}$ 범위에서 처음 발생했다. 지지 지역에서 첫 번째 지점은 26이었고 다음은 $26\frac{1}{2}$이다. 세 번째 하락은 $26\frac{1}{4}$에서 멈추었고, 다음에는 26에서 발생했다. 결국 $\frac{1}{2}$ 차이 안에서 형성된 것이다.

주가가 지지 지역 절대선(이 경우는 26) 아래로 떨어지면 이 주가의 앞날은 어둡다. 지지 수준을 여러 번 왔다 갔다 할수록, 또 기간이 길면 길수록, 지지 지역이 마침내 붕괴될 때 결과는 더욱 나쁘게 나타난다. 일단 크게 한 번 하락하거나 상승한 다음에는 새로운 지지 지역이 형성된다. XYZ 주식의 경우, 새로운 지지 지역이 8과 $8\frac{1}{2}$사이에서 형성되었다.

저항Resistance | '공급'이라고도 한다. 주식이 한동안 난항을 겪으며 오르락내리락하는 지역. 저항 지역에 여러 번 접근할수록, 또 그 기간이 길면 길수록, 저항 지역에서 마침내 벗어날 때 상승 또는 하락폭은

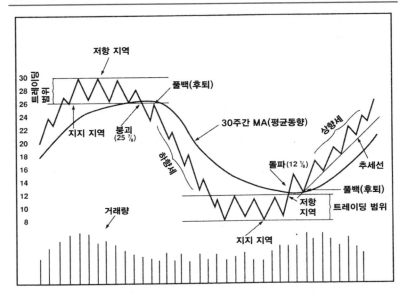

커진다.

〈차트 1-5〉의 예를 보면 첫 번째 저항은 30에 가깝다. 크게 하락한 다음 새로 형성된 저항 지역은 11½과 12 사이다. 그중 첫 번째 저항 은 12에서, 두 번째는 11½에서 형성되었고 XYZ 주가가 이 저항 범위 에서 벗어나 상승하기 직전에는 11¾에서 형성되었다. 저항 범위 위 로 주가가 올라가면 앞으로 주가가 계속 오른다는 신호다. 그리고 주 요한 주가 변동이 생긴 다음, 즉 크게 오르거나 내린 다음에는 새로운 저항(또는 공급)이 형성되게 마련이란 것을 명심해야 한다. XYZ 주식 의 경우, 첫 번째 저항은 29½과 30 사이에서 형성되었고, 두 번째는 11½과 12 사이에서 형성되었다.

트레이딩 범위 Trading Range■ | 매수인과 매도인이 전쟁을 벌이는 가운데 형성되는 중립 지대, 바로 지지 지역(이 경우는 8과 8½ 사이)과 저항 지역(11½과 12 사이) 사이의 범위를 가리킨다. 주식이 상승 곡선을 이룰 때 매수인은 매도인보다 세가 강하므로 그 결과 주가가 오르고, 하강 곡선일 때는 이와 반대로 매도인이 매수인보다 강하므로 주가가 떨어진다. 그러나 전체 트레이딩 범위를 보면 양측 모두 힘이 비슷하다. 차트의 26~30 사이에서 처음 트레이딩 범위가 나타났고 두 번째 트레이딩 범위는 8에서 12에서 형성되었다.

이동평균(평균동향) Moving Average(MA) | 단기 또는 장기 동향을 보는 매우 중요한 수단. 등락이 계속되며 움직이는 주가의 평균은 전반적인 주요 흐름(트렌드)과 맥을 같이하므로 이 평균치만 잘 살펴보면 매일매일 소용돌이 치는 주가라 할지라도 시장을 내다볼 수 있다.

지난 세월의 경험에 비춰본 결과 나는 30주간의 평균동향, 즉 MA가 장기 투자자에게는 최고의 자료이며, 단기 트레이더에게는 10주간의 평균동향이 가장 필요한 자료라는 것을 알게 되었다.■■ 30주간의 MA는 이전 스물아홉 번의 금요일 종가에 이번 주 금요일 종가를 더한 평균 종가다. 종가의 합을 30으로 나눈 결과 수치가 이번 주 차트에 표시된다. 30주간의 MA 아래로 거래되는 주식은, 특히 MA가

■　장기 추세가 아닌 박스권 내의 단기성 매수·매도 범위를 뜻한다.
■■ 30주간의 MA는 우리나라 대부분의 증권사 사이트에서 볼 수 있다. MA의 기간은 이용자의 편의에 따라 얼마든지 조절할 수 있다.

하향 곡선을 그리는 경우라면 결코 매수 추천 종목으로 볼 수 없다. 또한 30주간의 MA 위로 거래되는 주식은, 특히 MA가 상승 곡선을 그리는 경우 공매도Short Selling▪종목으로 봐서는 안 된다.

장기 투자자가 주식을 매수하기 가장 좋은 시점은 주가가 저항선을 뚫기 시작하여 30주간 MA 위로 움직였을 때로, 더 이상 주가는 떨어질 염려가 없다. (이미 주식을 갖고 있는) 트레이더가 주식을 사기 가장 좋은 시점은 이미 주가가 30주간의 MA 위로 움직이면서 MA도 상승 곡선을 이룰 때다. 주식이 새로운 트레이딩 범위 안으로 모이고 MA에 접근해서 저항선을 뚫는 때가 이상적인 진입 시점이다.

돌파Breakout | 주가가 저항 지역 최고점 위로 움직일 때(〈차트1-5〉에서는 12), 일단 저항 지역 최고점을 지난 12½에서 돌파가 일어난다. 돌파에도 다양한 등급이 있다. 기억해야 할 두 가지 힌트는 다음과 같다. (1)지지선 아래 주가가 머문 시간이 길면 길수록 돌파는 더욱 큰 영향을 끼치며, (2)돌파 시점에 주식 물량이 크게 늘어나면 상승세는 더욱 거세진다(다음 장에서 더 자세하게 알게 되니 걱정하지 말 것! 지금은 이 두 가지 법칙만 명심하면 큰 이익을 볼 수 있다).

붕괴Breakdown | 돌파의 반대. 즉 주가가 지지 지역 최저점 아래로 움

▪ 주식을 소유하고 있지 않지만 주가가 떨어진다는 확신이 들 경우, 현금을 담보로 주식을 매도하는 것. 기관투자가는 주로 보험사 등에서 주식을 빌려 비쌀 때 팔고 쌀 때 사서 갚는다. 우리나라에서는 흔히 대주거래라고 하는데 이는 주식을 빌려 매도하는 것을 말한다.

직일 때(〈차트1-5〉에서는 26), 붕괴는 지지 지역의 최저점을 통과한 25⅞에서 발생한다. 돌파 때와는 달리 붕괴할 때 꼭 양이 늘어나는 것은 아니다. 주식은 그 자체의 무게로 하락하지만 양이 늘 수는 있다.

후퇴(풀백) Pullback | 주가가 트레이딩 범위를 벗어나 상승할 때, 주가를 초기의 돌파 지점 가까이 되돌려놓는 조정이 적어도 한 번은 있다(이 경우는 12⅛). 이 시점이 주식을 매수하기 좋은 두 번째 기회다(특히 거래량은 많지 않은데 일시적으로 가격이 떨어지는 경우). 한편 주가가 지지선 아래로 하락할 때도, 붕괴 수준(이 경우 25⅞) 가까이에서 적어도 한 번은 풀백이 발생한다. 거래량이 많지 않은 상태에서 풀백이 발생할 때 주식을 공매도하기 좋다.

추세선Trendline | 당신이 자를 대고 차트의 어떤 지점 두 곳을 이으면 그것이 추세선이다. 그러나 그냥 그린 추세선과 '의미 있는' 추세선은 큰 차이가 있다. 의미 있는 추세선은 적어도 세 지점이 닿아야 한다. 다음 페이지의 스카이라인Skyline 주식 〈차트 1-6〉은 의미 있는 추세선의 예를 잘 보여준다. 이 추세선은 네 번째 점에 닿자마자 곧이어 다섯 번째 연결점이 뒤를 잇고 있다. 이런 선이 경고 신호를 울려주는 선이다. 곧 붕괴가 일어나 추세선의 방향이 아래로 꺾이리라는 것을 알려주기 때문이다. 상승 추세선 아래로 주가가 떨어지면 부정적인 신호인 반면, 하락하는 추세선 위로 주가가 상승하면 매우 낙관적인 신호다(스카이라인 주식은 상승하는 추세선 아래로 떨어지자마자 말 그대로

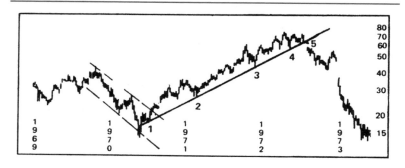

봉괴했다).

추세선이 가파르게 올라갈 때는 주가가 비록 하락세를 보여도 그리 걱정하지 않아도 된다. 만일 어떤 주식이 매우 가파른 상승 추세선을 형성한다면(《차트 1-7》), 주가가 추세선 아래로 하락했다 하더라도 그 주식(또는 시장 평균)은 완만하게 상승하게 될 것이다.

추세선이 수평선에 가까울 때(《차트 1-8》), 주가가 추세선 아래로 하락했다면 이는 좋지 않은 조짐이다. 하락하는 추세선의 경사가 급격할 때(《차트 1-9》), 주가가 일시적으로 상승세를 보인다 하더라도 상황은 낙관적이지 않다. (특히 주가가 장기 MA 아래로 떨어진 경우) 주식이 곧 완만하게 하락할 것이기 때문이다.

또 추세선이 수평선에 가까운데 주식이 상승세를 보인다면(《차트 1-10》) 이는 매우 낙관적이다. 주가가 추세선 위로 올라오자마자 장기 MA도 상승세를 보일 것이기 때문이다. 역으로 주가가 의미 있는 추세선 아래로 떨어졌다면 가장 좋지 않은 징조로 보면 된다. 며칠 안 있어 장기 MA도 하락하게 된다.

위험도가 약한
하향세

위험한 하향세

낙관적이지 않은
상승세

매우 낙관적인
상승세

상승세Uptrend | 최소 몇 주에서 최대 몇 년 동안 어떤 주식(또는 시장 평균)이 지속적으로 높은 최고가와 높은 최저가를 보이는 것.

하락세Downtrend | 몇 주에서 몇 년 동안 어떤 주식(또는 시장 평균)이 지속적으로 낮은 최고가와 낮은 최저가를 보이는 것.

한편 트레이더, 투자가, 단기, 장기와 같은 용어는 각자 주관적으로 사용하는 말이지만, 이 책을 읽는 동안 당신은 나와 같은 의미로 사용해주길 바란다. 왜냐하면 어떤 사람은 3개월을 '투자' 기간으로 보는가 하면, 어떤 이는 3개월을 '트레이딩' 기간으로 보기 때문이다.

트레이더^{Trader} | 이 책에서 트레이더는 아침에 주식을 사고 저녁에 주식을 파는 사람을 지칭하는 것이 아니다. 내가 사용하는 트레이더의 정의는 두서너 달 주가 동향을 주시하며 파악하고자 하는 사람이다.■ 그렇게 하는 것이 제대로 된 트레이딩이라고 나는 생각한다. 만일 월요일에 주식을 사서 화요일에 판다면 당신의 브로커만 부자가 될 것이다.

투자가^{Investor} | 1년 이상 장기 투자하는 사람을 말한다. 내 투자 기간은 대략 열두 달을 기준으로 한다. 그보다 더 오래 주식을 보유할 수 없다는 뜻이 아니라, 시장(또는 주식)을 설명할 때 3년, 4년, 5년 시간 단위로 말하는 것은 적절치 않다고 생각하기 때문이다. 장기 투자에 영향을 끼치는 변수와 사이클이 너무 많다.

단기^{Short Term} | 내가 정의하는 단기 동향은 1~6주간 지속되는 주기를 말한다.

■ 저자는 서너 달을 내다보고 투자하는 단기 투자자를 트레이더라고 하고, 12개월 곧 1년 정도를 투자 기간으로 보고 장기 투자하는 사람들을 투자가라고 부르고 있다.

중기Intermediate Term | 6주~4개월 정도 지속되는 주기를 말한다.

장기Long Term | 내가 정의하는 장기는 4~12개월이다. 장기 동향은 주요 추세이며 가장 잘 알고 있어야 할 중요한 패턴이다.

상보강도Relative Strength(RS) | 시장 전체 흐름과 비교한 어떤 주식(그룹)의 동향. 예를 들면 전체 시장이 20퍼센트 상승률을 보이는데 XYZ 주식이 10퍼센트의 상승률을 보인다면 비록 그 주식이 상승세에 있다 하더라도 상대적으로 허약하다는 것을 보여준다. 반면에 시장 평균이 20퍼센트 하락했는데 XYZ주식이 10퍼센트 하락했다면, 비록 주가가 하락하고 있다 하더라도 RS는 괜찮은 것이다. RS를 측정하는 공식은 어떤 주식(또는 그룹 평균)의 가격을 주식시장 평균 주가로 나누면 된다.■

자, 용어 공부는 끝났다. 〈차트 1-5〉로 돌아가 다시 확인해보라. 한결 이해하기 쉬울 것이다. 나중에 용어의 의미를 잊어버렸거나 내 설명이 잘 이해되지 않을 때는 이 부분을 다시 읽어보면 된다. 이제는 흥미진진한 차트 읽기로 들어가자.

■ 상보강도(RS)에 대한 자세한 해설은 4장 참조.

차트 읽기의 기초

이제 본론에 들어왔으니 맨스필드Mansfield■ 주간 차트(〈차트 1-11〉)를
공부해보자. 전에 한 번도 차트를 본 적이 없는 분들이라도 겁낼 이
유가 없다. 장담하건대 5분 만에 이해할 수 있을 것이다. 차트를 읽고
기술적으로 분석하는 데 익숙한 분이라면 대충 훑어보기 바란다.

차트의 여러 특징을 일일이 설명하지는 않겠다. 그런 특징들은 기
본적인 것이기는 하나 많은 부분이 혼란스럽고 꼭 알아야 할 사항은
아니다. 대신 이익을 창출하는 데 정말 중요한 요소에만 집중하려고
한다.

■ 차트에는 여러 종류가 있는데 저자는 맨스필드 기업에서 만든 차트를 쓰고 있다. 우리나라는 일본 혼다가 개발
한 혼다 차트를 주로 사용한다. 어느 것이든 우리나라 포털이나 증권회사에서 제공하는 모든 차트를 해석하는
방법은 같다.

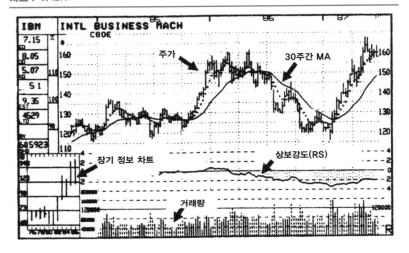

우선 주목해야 할 것은 각각의 고가-저가-종가 꼭지점이다. 뭐니 뭐니 해도 주가의 흐름을 읽는 것이 가장 중요하다. 주가는 시간과 함께 일정한 패턴을 그리게 된다. 이 패턴이야말로 주식이 앞으로 어떻게 변할지 예측할 수 있게 해주는 실마리다.

두 번째로 눈여겨봐야 할 것은 그 주週의 주식 거래량이다. 주가가 상승할 때 거래량이 늘어나고 하락할 때 거래량이 감소하는 것은 매우 바람직한 현상이다. 앞에서도 언급했고, 또 앞으로도 자주 강조하겠지만 돌파 시점에 거래량이 느는 것은 매우 좋다. 거대한 물량은 긴급하고 확실한 매수로 이어져 주가를 크게 끌어올린다.

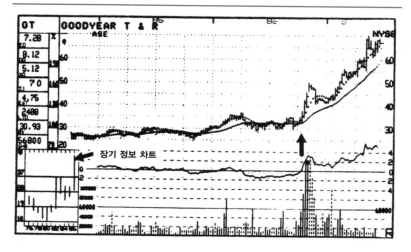

차트에서 세 번째로 중요한 요소는 **30주간의 MA**^Moving Average^**다.** 맨스필드 차트는 모든 30주의 주가를 동등하게 계산한 단순한 MA 대신 가중치를 더한 MA를 사용한다. 예전 주가보다 최근 주가에 더 많은 가중치를 준 MA다. 이는 MA가 현재 주식 동향에 더 민감하다는 것을 의미한다. 가중평균 MA는 방향을 바꾸는 데 도움이 되지만 이중 손해를 볼 수도 있다.[*] 그럼에도 장기간의 MA는 꼭 봐야 한다.

기억하라. 펀더멘털을 따져보고 비교해본 결과, 어느 주식이 가치에 비해 낮은 가격이거나 이미 급락 추세를 보였다고 해도 그 주식이

---

[*] 미국의 다우존스 지수와 일본의 니케이 지수는 주가의 단순평균값으로 MA를 구한다. 반면 우리나라는 가중평균(주가×거래량)으로 MA를 구하므로 합리적이다. 대신 이처럼 다우존스 지수는 단순평균인데 보유 종목만 주가에 가중치를 주는 가중평균 MA를 사용하면 평균값이 왜곡될 분 아니라 현재 주가와 평균주가 사이의 연관관계까지 왜곡되므로 이중 손해가 생길 수 있다.

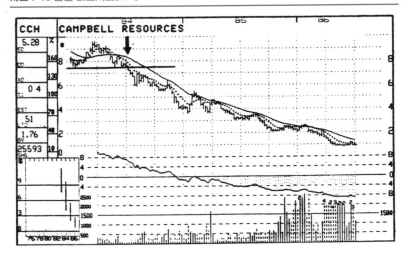

하락하는 30주간의 MA에 있다면 절대로 매수하지 말라. 이는 사과에 벌레가 있다는 경고나 마찬가지니 매수할 생각조차 하지 말아야한다. 반대로, 주가/수익 비율(P/E)이 아무리 높아도 상승하는 30주간의 MA에서 거래되는 경우, 절대로 팔아서는 안 된다.

네 번째로 주목해야 할 요소는 장기 정보 차트다. 맨스필드 차트 왼쪽아래 구석▪에는 연간 주식의 최고가와 최저가가 표시되어 있다. 그래서 현재 주가를 과거와 비교해볼 수 있다. 굿이어 타이어앤러버Goodyear Tire & Rubber 주가가 1986년 크게 상승했을 때(〈차트 1-12〉), 장

▪ 증권회사가 제공하는 차트는 각기 다를 수 있지만 요즘은 차트를 맞춤식으로 조합할 수 있어서 맨스필드 차트처럼 화면을 개인적으로 구성하는 것이 가능하다.

기 정보 차트를 한번 보기만 해도 당시 주가가 과거 몇 년 중 최고가 임을 알 수 있다. 주식을 위협할 만한 저항이 없기 때문에 이는 매우 바람직한 상황으로서, 바로 새로운 기록을 세운 것이다. 이때는 아무도 주식을 팔려고 하지 않는다. 주식을 팔려는 사람이 없어 주가는 더 상승한다. 이것이 바로 1986년 말부터 1987년 초까지 굿이어 타이어 앤러버 주식의 상황이었다. 주식이 역대 최고가를 기록한 이후 몇 개월 동안의 상승분이 과거 몇 년 동안의 상승분을 능가한 것은 결코 우연이 아니다.

그러면 이번엔 주가가 연간 최저가보다 더 떨어지는 패턴을 보자. 주식이 장기 정보 차트에 표시된 지난 몇 년 동안의 최저가보다 더 떨어진다면 위험한 상황이라는 것을 알아야 한다. 〈차트 1-13〉 캠벨 리소시즈Campbell Resources의 상황은 장기적인 지지대도 없이 주식이 붕괴될 때 일어나는 상황을 보여주는 교과서적인 예다. 캠벨 리소시즈 주식은 7½ 아래로 붕괴하면서 결국은 75퍼센트의 바닥을 치게 되었다.

마지막으로 유념해야 할 요소는 RS선Relative-Strength line이다. 이 선이 하락세를 보이면 주가가 최고-최저-종가 주기에서 벗어났다 하더라도 절대 주식을 매수할 생각을 하지 말아야 한다. RS가 빈약하다는 것은 전체 주식시장에 견주어 성과가 변변치 않음을 뜻한다. 이와 반대로 RS선이 상승세를 보이면 주가가 하락했다 하더라도 팔아서는 안 된다. 이 RS선이 마이너스 지역(제로선 아래)에서 플러스 지역으로 움직일 때 기회를 노려야 한다.

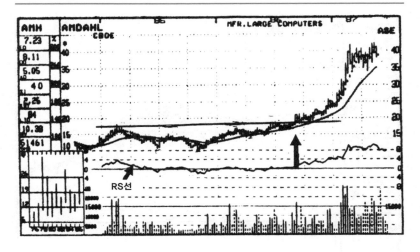

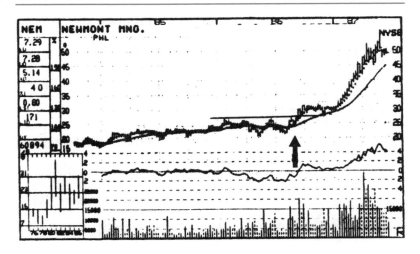

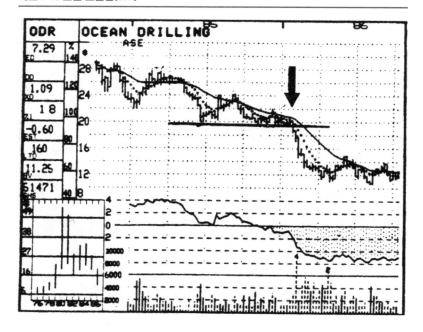

암달Amdahl(〈차트 1-14〉)과 뉴몬트 마이닝Newmont Mining(〈차트 1-15〉)
주식은 1986년 여름 〈테이프 읽기 전문가〉의 추천 종목이었다. 주가
가 상승하는 동시에 RS선 역시 플러스 지역으로 이동하고 있어 이때
주식을 매수하면 수익을 크게 얻을 가능성이 매우 크다.

그러나 주가가 붕괴하면서 RS선 역시 마이너스 지역(제로선 아래
로)으로 떨어진다면(〈차트 1-16〉과 〈차트 1-17〉), '발밑을 조심해야' 하
는 경우가 되고 만다. 펀더멘털 조건에 비추어 주가가 싸게 나왔다 해
도 이런 상황은 하락 장세다. 오션 드릴링Ocean Drilling과 리딩앤베이츠
Reading & Bates의 경우 무슨 일이 일어날지 차트로 알 수 있다. 이 두 주
식 모두 RS선이 마이너스로 떨어지기 전에 이미 하락세였지만, 일단

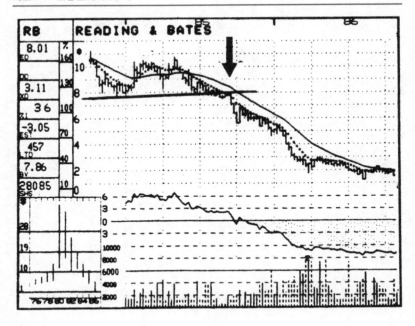

이 선이 마이너스로 떨어지자 곧 급락하고 말았다.

바로 이것이다. 수익을 창출하려면 차트를 읽을 줄 알아야 한다. 차트 분석은 앞으로도 배워야 할 것이 많지만 지금 당신은 차트 읽기 첫 수업을 막 마쳤다. 이렇게 간단하면서도 중요한 기술을 가지고 이제 이익을 창출하는 미래로 향하면 된다.

STAN WEINSTEIN'S

2장

차트 분석 전문가를 위한 첫걸음

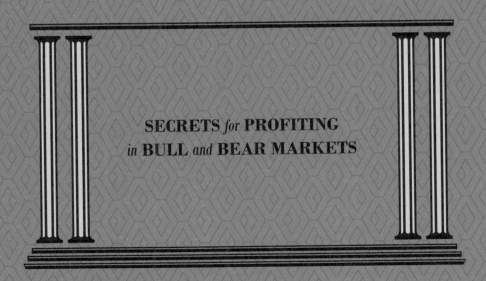

SECRETS *for* PROFITING
in BULL *and* BEAR MARKETS

차트는 메시지를 보낸다

"한눈에 수백만 원의 수익을 예측한다"는 말이 믿기지 않는다고? 과
장이라고? 천만에! 나는 이 말이 얼마나 정확한지 알고 있다. 제너럴
모터스General Motors(GM) 주식을 예로 들어보자. 1981년 GM은 수익이
늘었지만 주가는 58에서 34로 하락했다. 반면 그리니치제약Greenwich
Pharmaceuticals은 적자를 기록했는데도 주식은 1986 ~1987년 3~19로
상승했다. 다시 한 번 강조한다. 회사의 수익이 아니라 차트가 모든
것을 말해준다는 사실을! 우리가 진짜 배워야 할 것은 차트가 말해주
는 메시지를 잘 알아듣는 방법이다.

차트를 기술적으로 분석하는 법을 배워 실제 투자에 적용해보면,
시장은 더 이상 신비한 곳이 아니라 이익을 낼 수 있는 신나는 놀이
터임을 발견하게 될 것이다.

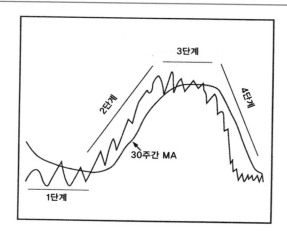

백문이 불여일견이다. 〈차트 2-1〉을 1분간 자세히 살펴보라. 모든 차트는 이 패턴에 맞춰 분석할 수 있어야 한다. 일단 이 분석 기술을 익히면 주식, 옵션, 뮤추얼 펀드, 원자재, 그 외 어떤 것이든 시장의 게임은 아주 쉬워지고 따라서 더 많은 이익을 낼 수 있게 된다. 차트를 열심히 뒤져서 사거나 팔 만한 가치가 있는 주식을 찾아내기만 하면 된다. 신문의 기사 제목이 아무리 요란하더라도 재고할 가치가 없는 것은 모두 무시해버려야 한다.

한 가지 기본만 기억하라. 그것은 바로 주식을 살 때는 4단계 중 1단계에 있어야 한다는 것이다. 비법은 지금 주식이 어떤 단계에 있느냐 하는 것을 알아내는 일이다. 주식은 〈차트 2-1〉에 나와 있듯이 네 단계를 거치며 주기를 그린다. 1단계는 기초 지역, 2단계는 상승 국면, 3단계는 최정상 지역, 4단계는 쇠퇴 국면이다.

차트로 보는
주식 주기 4단계

1단계 | 기초 지역

▸ 하락세를 멈추고 매도세와 매수세가 균형을 찾아가는 시기.

▸ 후반에 거래량이 크게 늘면 좋다.

▸ 바닥시세가 오래 이어진다고 무조건 사거나 팔아서는 안 된다.

몇 달 동안 하락했던 XYZ 주식은 마침내 하락을 멈추고 옆으로 나가는 선을 보여주기 시작한다. 이전에는 매도인의 세가 훨씬 강해서 주식이 하강 곡선을 그렸지만, 현재 옆으로 나가는 선은 매수인과 매도인 모두 균형 상태라는 것을 의미한다. 이때는 거래량이 줄어 거의 고갈 상태에 이른다. 그런데 1단계 후반에서 가끔 가격 변동이 없는

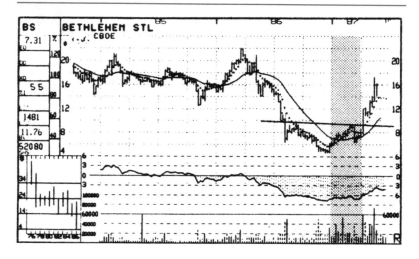

데도 거래량이 크게 늘기도 한다. 이는 주식 보유자가 주식을 투매하는데도 매수인이 그 가격대로 다 사들인다는 뜻이므로 매우 바람직한 징조라 할 수 있다.

그러면 이런 상황이 차트에서는 어떻게 나타나는지 살펴보자. 초기 30주간의 MA는 하락세를 멈추고 보합 상태가 된다. 주가는 MA선 위아래를 오르락내리락하며 등락을 거듭한다. 트레이딩 범위에서 최저점의 지지와 최고점의 저항 사이를 여러 번 불안정하게 움직이는 기본 활동이 몇 달, 어떤 경우는 몇 년 동안 계속되기도 한다.

이 단계에서 많은 투자자가 바닥 시세를 잡으려고 안달하며 뛰어든다. 그러나 아직 좋은 매수 시점은 아니다. 이때가 정확히 바닥 시세라 할지라도 투자액이 오랫동안 묶이는 경우가 있기 때문이다. 시간은 돈인데 말이다. 더 심한 경우 초보 투자자는 가끔 인내심이 부족해서, 선이 옆으로만 이어지는 고통스러운 몇 개월을 버티다 주식이 크게 기지개를 켜기 직전에 팔아버린다.

〈차트 2-2〉베들레헴 스틸Bethlehem Steel을 검토해보자. 어둡게 표시된 지역이 1단계다. 주가가 22에서 4⅜로 급락한 이후 결국 주식은 MA선 위로 올라왔다. 이후 주식은 잠깐 MA선 바로 아래로 하락했지만 거래량이 늘어나면서 드디어 수평적인 추세선을 깨뜨리고 오르기 시작했다. 이때 MA 역시 상승하기 시작했는데 일단 주가가 9⅜ 이상으로 상승하자, 곧 2단계로 들어갈 준비가 되어 주가는 다음 몇 주 동안 17¼로 급상승했다.

2단계 | 상승 국면

▸ 주식이 30주간 MA와 추세선 위로 돌파하면서 시작된다.

▸ 돌파할 때와 풀백할 때가 매수 적기다.

▸ 후반으로 갈수록 주가 등락이 심해진다.

주식을 매수하기에 이상적인 시점은 주식이 1단계 기초 지역에서 벗어나 마침내 역동적인 국면에 들어설 때다. 저항 지역 최고점과 30주간의 MA 위로 올라와 돌파할 때 거래량이 매우 많아진다. 이때가 2단계 상승 국면이 시작되는 시점이다.

그러나 상승 국면에 들어가기 전, 적어도 한 번은 후퇴(풀백)한다. 후퇴한 주가는 돌파 시점으로 되돌아가는데 이때가 비교적 안전하게 주식을 매수할 수 있는 두 번째 기회다. 주당 몇백 원 아끼려고 너무 신경 쓰면 기회를 놓치니 망설이지 말고 주식을 사라. 예를 들어 돌파가 12⅜에서 발생했다면, 후퇴 지점은 12⅜ 또는 12⅝가 될 것이다. 후퇴 폭이 좁을수록 그 주식은 앞으로 더 강력한 상승세를 보인다. 그러니 후퇴 시점 주가가 애초의 돌파 시점 주가보다 높다 해도 좋은 징조로 받아들이고 주식을 사야 한다.

돌파 시점이 가장 완벽한 매수 시점이지만, 흥미롭게도 이때 보고되는 펀더멘털은 가끔 부정적이다. 중개인이 기술 분석적인 견해를 가진 사람이 아니라 펀더멘털 추종자라면 주식을 매수하지 말라고 조언할 테니 스스로 잘 생각해봐야 한다.

상승 국면에서 30주간의 MA는 보통 돌파 이후 바로 상승세를 보인다. 주식을 사려는 사람들에겐 꿈같은 상황이다. 주가선의 꼭짓점이 계속 높아지니 말이다. 또한 조정될 때 조금 내려앉는 주식의 저가도 꾸준히 상승세를 보인다. 그러나 아무리 주식 패턴이 강력한 상승세를 보인다 하더라도 주식이 일방 통행하리라고는 기대하지 마라. 이 말을 꼭 명심해야 한다.

인터내셔널 페이퍼International Paper의 〈차트 2-3〉은 내가 말하고자 하는 바를 잘 보여준다. 1986년 초 이 주식이 2단계(어둡게 표시된 부분)로 접어들었을 때, 조정 국면에서 약간 하락했음에도 주가는 상승하는 30주간의 MA 위였고, 반등 때마다 최고치는 경신되었다.

그러나 시장은 만만치 않아서, 대부분 투자자는 손해 보기 쉽다. 주

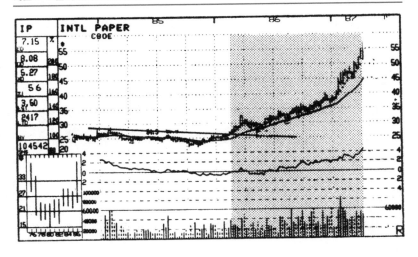

식시장(또는 어떤 시장이든)은 통찰력이 뛰어난 일부 전문가에게는 두둑한 보상이 기다리고 있는 흥미진진한 놀이터지만, 대부분의 사람에게는 뭐가 뭔지 모르게 돌아가 돈 한 푼 건지기 힘든 위험한 곳이다. 그러니 두 단계 전진하고 한 번은 갑작스레 후퇴할 수도 있다는 것을 염두에 두라. 그러나 주가가 등락을 거듭해도 30주간의 MA가 상승하고 있고, 주가가 그 MA보다 높은 수준을 유지한다면 걱정할 것 없다. 모든 것이 호일Hoyle의 법칙■에 따라 진행되며 결국 큰 수익을 보게 된다.

본격적인 상승 단계에 접어들어 펀더멘털이 좋아지고 더욱 더 많은

■ 호일의 우주유지법칙의 비유. 주가가 올라가면 주가가 올라갈 이유가 계속 생기고, 주가가 내려가면 주가가 내려갈 이유가 계속 생긴다는 의미다. 그래서 특별한 이유가 발생하기 전까지 추세는 계속 일정하게 유지된다.

투자자가 뒤늦게 편승하면서 주식은 강세를 유지하는 달콤한 기간을 몇 개월 보낸다. 이후 주가는 서서히 MA와 비슷해지면서 약해지는데 바로 이 지점이 주식을 팔지도 말고 사지도 말고 '보유'한 상태로 지켜보아야 할 시점이다. 아직 2단계에 있기는 하지만 주식은 이미 MA나 지지 수준보다 훨씬 높은 가격으로 거래되고 있어, 곧 투자자는 주가가 너무 올라 더 이상 매수 종목이 될 수 없다는 것을 알게 된다. 그러므로 이 시점에서 주식을 사는 것은 상당히 위험하다.

투자자로서는(트레이딩은 뒤에서 다루기로 한다) 주식을 매수할 적기는 초기의 돌파 시점 또는 이후 돌파 수준으로 떨어진 풀백 시점이다(〈차트 1-5〉에서 12⅛ 지점). 주가가 바닥 가까이 있다면 하락할 위험은 낮고 상승할 가능성은 높다. 보상/위험 비율에서 절대적으로 유리한 편인 것이다. 그러나 지금은 그런 때가 아니다. 게다가 2단계 후반부로 갈수록 주가 등락은 더욱 변덕스럽다. 이는 초기에 매수하여 이미 엄청난 수익을 올린 투자자가 더 갖고 있다가는 오히려 떨어지지 않을까 겁이 나서 서둘러 매도하려 들고, 뒤늦게 등장한 투자자는 새로 발견한 이 유망 종목을 조금이라도 싼 값에 사기 위해 주식이 급락할 때마다 사들이기 때문이다.

이 시점에서 주식은 화제 종목이 되어 언론의 화려한 조명을 받게 된다. 또한 매수인이나 매도인 모두 감정적으로 결정해버리기 쉬운 시점이기도 하다. 나는 이때 잘못 매수해서 큰 손실을 기록한 포트폴리오를 수없이 보았다. 제발 규칙을 지키기 바란다. 장기 투자자라면,

2단계 초기에 주식을 매수하라(XYZ 주식의 경우는 12⅛ 수준에서), 만일 매수 시점을 놓쳤으면 당황하지 말고 지켜보다가 예전 가격으로 후퇴할 때 사면된다.

일관성을 유지하라. 주식을 제때 매수하지 못했으면 차라리 매수하지 않는 편이 낫다. 이는 상식이다. 당신이 12⅛의 매수 시점을 놓쳤으면 12⅜에 매수해도 큰 문제는 없다. 그러나 25나 26에 매수한다면 큰 문제다. 좋은 주식을 놓쳤더라도 안달하지 마라. 상장된 주식은 무수히 많으니 언제든 가격이 매력적인 주식을 찾을 수 있다. 이는 택시를 잡는 것과 비슷하다. 첫 번째 택시를 놓치면, 또 다른 택시가 곧 오지 않는가?

3단계 | 최정상 지역

- ▶ 상승세가 끝나고 매수세와 매도세가 균형을 이루는 시기.
- ▶ 거래량이 늘고 주가 변동이 심하다.
- ▶ 트레이더는 보유 주식 전부를, 투자가는 반을 팔아라.

좋은 일도 끝이 있게 마련이다. 주식시장에서 상승세가 꺾이고 선이 옆으로 이어지기 시작하면 그 주식은 3단계에 이른 것이다. 이때 매수인과 매도인의 힘은 비슷해 균형을 이룬다. 2단계에서는 매수인의 세가 훨씬 강해서 매도인을 압도했지만 지금은 상승세가 끝나고 주식은 균형 상태에 접어들었다. 차트에서 3단계의 형태는 1단계와 정반대 모양을 보인다.

3단계에서는 거래량이 늘어나고 주가는 변동이 심하다. 주식이 '부글거린다'라는 말이 있는데, 바로 3단계가 그렇다. 향상된 펀더멘털 정보 또는 갖가지 '이야기'에 자극되어 사려는 사람들이 모여드는데다가 이미 꽤 낮은 가격으로 주식을 사서 이익을 보고 이제 시장에서 빠져나가려는 사람들이 적극적으로 파는 데 나서고 있어서 양쪽의 거래량은 균형을 이룬다.

자, 그럼 이러한 상황이 차트에서는 어떻게 나타나는지 확인해보자. 우선 30주간의 MA선은 상승세가 꺾이고 평평해지기 시작한다. 2단계에서는 주식이 하락해도 주가는 주로 MA 위 또는 부근이었지만 3단계에서는 하락하면 MA 아래, 상승하면 MA 위에 위치한다.

일단 3단계 최정상 지역이 형성되기 시작하면, 트레이더는 서둘러 이익을 챙겨 빠져나가야 한다. 그러나 투자가에게는 다른 선택의 여지가 있다. 이 단계에 이른 투자가는 큰 욕심을 버리고 보유 주식의 반만 가지고 이익을 낼 생각을 하는 편이 좋다. 언제든지 주식이 반등하여 다시 2단계 상승세로 들어설 가능성이 있으므로 최초 투자액의 반은 보유하고 나머지 반만 지지 수준(〈차트 1-5〉의 경우 25$\frac{7}{8}$) 최저점 바로 아래에서 판다. 말하자면 방어용 매도라고 할 수 있는데, 이 상태에서는 이 방법이 최선이다.

다음 장에서 매도 시점 잡는 법을 구체적으로 다룰 텐데, 사실 투자자 100명 중 매도 시점을 제대로 잡을 줄 아는 이는 한 사람도 없다.

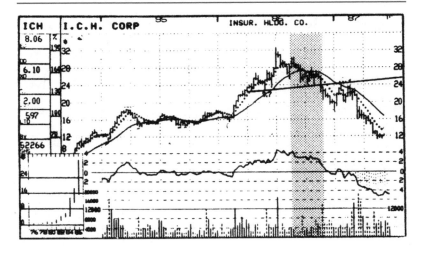

매도 시점을 정확히 아는 것, 이것이야말로 성공 비결이다.

아이씨에이치 코퍼레이션^{ICH Corporation}의 〈차트 2-4〉는 3단계(어두운 부분)의 예를 잘 보여준다. MA의 상승세가 주춤하며 주가가 MA 아래로 떨어지다가 일시적으로 MA 위로 회복되는 것에 주목하라. 이때 P/E는 10에 불과하고[•] 주가는 상승세를 보이지만 이 주식은 확실히 곤경에 처해 있다. 주가가 24 아래로 하락하자 3단계는 절정을 이루고 4단계에 접어들기 시작한다. 역사상 최고 강세였던 시기에 4단계로 진입한 아이씨에이치는 향후 6개월 동안 주가가 무려 반 이상

■ P/E, 즉 '주가/수익 비율'이 낮다는 것은 주가가 아직 오르지 않았다는 뜻이다. P/E 수치는 낮을수록 좋다. 우리나라에서는 'PER^{Price Earning Ratio}가 낮다' '저低PER 기업이다'라는 표현을 쓴다.

떨어졌다.

3단계에서는 높은 수익, 주식 분할 등 구미가 당기는 온갖 화려한 뉴스가 난무하므로 무엇보다 감정을 잘 다스려야 한다. 그리고 언제나 차트를 믿어라. 차트는 우리처럼 감정적이지 않다. 차트가 전하는 분명한 정보를 충실히 따른다는 생각을 일관되게 지킨다면, 다른 사람들이 욕심에 눈이 어두워 우왕좌왕하더라도 우리는 차분하고 신중하게 사태를 헤아릴 수 있다. 아무리 펀더멘털이 튼튼하고 떠도는 이야기가 그럴듯해도, 이 단계에서는 보상/위험 비율이 불리하게 돌아가기 때문에 결코 주식을 매수해서는 안 된다.

4단계 | 쇠퇴 국면

▶ 등락을 거듭하던 주가가 지지 지역 최저점 아래로 떨어진다.

▶ 아무리 좋은 우량주라도 사거나 보유해서는 안 된다.

▶ 하락세가 본격적으로 시작되면 MA도 하락하기 시작한다.

주가를 지탱하던 요인이 점차 약해지고, 겁먹은 매도인의 세가 강해지는 시기다. 이 단계에서 차트를 보면 다음과 같은 점을 확인할 수 있다. 우선 트레이딩 범위 안에서 중립적으로 등락을 거듭하던 주가는 마침내 지지 지역 최저점 아래로 하락한다.

XYZ 주식(《차트 1-5》)을 보면, 지지 지역은 26과 26½ 사이에서 형성되고, 저항은 30에서 일어난다. MA선은 평평해진다. 상승세로 들어서는 돌파 시점에서는 거래량이 대폭 늘어야 하지만 4단계 하락세가 시작되는 데에는 거래량이 늘어날 필요가 없다. 붕괴할 때 거래량이 늘고 풀백에서 거래량이 준 상태에서 다음 붕괴로 이어지면 매우 위험하다. 비교적 적은 거래량으로 4단계에 진입한 주식도 몇 개월만에 급락하는 예를 여러 번 보았다. 그러므로 붕괴 시점에서 거래량이 늘면 그만큼 더 심각한 상태인데, 그렇다고 해서 거래량이 적으면 안전하다는 얘기는 아니다.

여하튼 당신은 주식시장에서 빠져나와야 한다. 당신의 중개인이 펀더멘털 정보 신봉자라면 수익도 좋고 펀더멘털도 좋으니 팔지 말라고 설득할지 모른다. 4단계에 들어선 주식은 조정 국면에 들어간 것이라고 생각하기 쉬운데, 이는 말도 안 된다. 일단 주식이 4단계에 진입했다면 상승 가능성은 아주 적고 이제 하락할 일만 남은 셈이다(일단 붕괴가 시작되면 XYZ 주식 차트에서 지지 지역이던 26과 26$\frac{1}{2}$는 꼭짓점 즉 저항 지역이 되어버린다).

자, 이제 잠시 멈춰 생각을 가다듬고 자신에게 맹세하라. 4단계에 진입한 주식은 아무리 우량주라고 해도 절대로 사지 않고 보유도 하지 않겠노라고. 나는 당신이 이 약속을 잊지 않도록 수시로 강조할 것이다. 그래서 의심하거나 두 번 생각할 필요도 없이 무조건 믿고 따를 수 있도록 할 것이다.

하락세에서 뚝심을 보여준답시고 고집스럽게 매달려 있으면 자신을 학대하는 사람밖에 안 된다. 그리고 비용이 상당히 많이 드는 게임을 하게 되는데 어렵게 번 돈이 사라져가는 것을 본다고 깨달음을 얻거나 인격 수양에 도움이 되지는 않는다.

진짜 교훈을 얻고 싶다면 가수 케니 로저스의 〈도박꾼The Gambler〉이란 노래를 들어보기 바란다. 농담으로 하는 말이 아니다. 이 짤막한 노래에는 월스트리트에서 만날 듣는 상투어보다 더 충실한 전술이 담겨 있다. 이 노래에 담긴 지혜로운 교훈을 생각해보자.

"언제 버텨야 할지, 언제 카드를 덮어놓아야 할지, 언제 그만두고 물러나야 할지, 언제 게임을 계속해야 할지, 당신은 그때를 알아야 해."

포커든 주식이든 간에 승률을 올리는 전문가의 전술을 배워야 한다. 이 책을 읽고 '4단계의 주식은 사거나 보유하지 않는다'라는 원칙만 배워도 당신의 승률은 크게 오르리라 확신한다. 아마 이듬해 소득세를 낼 때, 세무서가 실수하지 않았나 하고 고개를 갸우뚱거리게 될지도 모른다. 내 말을 오해하지 않길 바란다. 진짜로 큰 승리를 얻으려면 배워야 할 것이 더 많지만 지금 강조하는 이 전술만큼 중요한 건 없다.

가히 '시장 분석가'라 불러도 무방할 케니 로저스의 노래를 계속 들어보자.

"모든 도박꾼은 알고 있다. 생존의 비밀은 바로 무엇을 버려야 하는지, 무엇을 갖고 있어야 하는지를 아는 것이란 사실을. 왜냐하면 모든 손은 승리자가 될 수도 있고 패배자가 될 수도 있으므로."

이 말도 진리다. 나는 불량 종목보다 수익 종목을 더 많이 갖고 있으면서도 결국 큰 손실을 낸 포트폴리오를 많이 봤다. 아마추어 투자자는 아직 2단계에 있는 좋은 종목에서 조금 수익을 얻었다 싶으면 재빨리 그 좋은 종목을 매도해버리는 반면, 4단계에 들어간 불량 종목은 오랫동안 손에서 놓지 못하는 끔찍한 상황을 연출한다.

그러나 예리한 투자자는 보유한 불량 주식을 재빨리 처분하고, 2단계의 수익 종목으로 낼 수 있을 때까지 충분한 수익을 창출한다. 그러니 "무엇을 버리고 무엇을 가지고 있어야 할지 아는 것"은 매우 중요하다.

당신이 겪은 일을 가만히 살펴보도록 하라. 50에 매도했어야 할 주식인데 47, 45, 결국은 40까지 떨어질 때까지 보유한 적이 얼마나 많은가? 그런 경우에도 중개인은 주가가 아직 50달러의 가치가 있다는 주장을 펼치곤 한다. 언제나 낙관주의인 중개자는 어쩌면 다음과 같은 허황한 제안을 했을지도 모른다.

"주가가 50일 때도 좋은 매수 종목이었으니, 40에 사면 더 좋다."

그래서 그 주식을 매도하는 대신 더욱 위험하고 파괴적인 전술을 선택하여 40에 그 주식을 매수하고, 주식이 45로 회복되면 보유 주식을 매도해야겠다고 생각할 수도 있다.

그러나 40이었던 주식은 몇 달 후 25로 추락해버리고 이런 급락 이후 나쁜 펀더멘털 정보가 나오기 시작한다. 결국 1단계가 막 시작하려고 할 때, 엄청난 손실을 보고 주식을 처분하고 만다.

어디서 많이 들어본 이야기라고? 이러한 악몽이 다시 당신의 운명이 되어서는 절대 안 된다. 주가가 자꾸 떨어지면 속수무책으로 애태우며 어서 빨리 바닥세가 되기를 간절히 바라는 처지가 되어서는 안 된다. 당신이 상황을 통제할 수 있어야 한다. 수익을 봤건 보지 못했건, 아니 손실을 보더라도 아무 짝에도 필요 없는 4단계의 주식을 처분한다는 결정을 스스로 내릴 수 있어야 한다.

기억하라. 시장은 기계적이며 생각하지 않는 실체이므로 당신이 주식을 얼마에 매수했는지는 알지도 못하고 관심도 없다. 그러니 주식이 불량 주식이면 무조건 처분해야 한다. 그렇게 하지 않으면 그나마 쌓아놓은 수익이 아예 사라지거나 작은 수익이 큰 손실로 변해버릴 것이다.

다시 XYZ 주식 〈차트 1-5〉로 돌아가보자. 이 주식은 25$\frac{7}{8}$에서 처음 붕괴되었고 그 후 23으로 하락했다. 이런 경우 대개는 한두 번 상승세를 보이지만 주식은 곧 당시 붕괴 포인트로 떨어진다. 이때 싼 주식만 좇는 사람은 이 주가가 최근 주가에 비해 낮아졌다고 솔깃하겠지만 이후 하락세가 본격적으로 시작되고 MA도 하락하기 시작한다.

보상/위험 측면에서 볼 때, 이러한 상황이 주식시장에서 겪게 되는 가장 위험한 상황이다. 다시는 이런 상황에 처하지 않게 된다는 것만으로도 얼마나 신나고 유익한가. 매일 아침 신문을 펼치면 수많은 거래가 일어났음을 알 수 있다. 누군가 매수했겠지만 당신이 아니라서 참 다행이다.

4단계에서는 반사적인 과잉 매도로 생기는 잠깐의 반등도 이전의

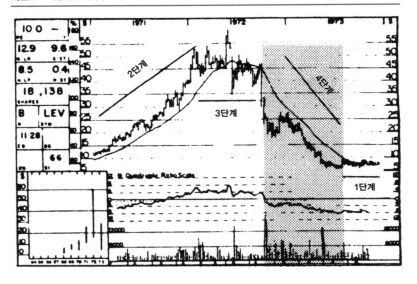

상한가에 미치지 못하는 반면, 하락할 때는 늘 새로운 하한가를 기록
한다. 이는 하락세의 교과서적인 예다. 더 심한 것은, 주식 활동이 하
락세의 MA 아래에서 발생하는 것이다. 불행하게도, 이때 무딘 투자
자는 이미 주가가 충분히 하락했다고 생각해, 매수를 시도하기도 한
다. 이미 땅에 떨어진 별을 줍는 것은 확실히 망하는 길이다.

1970년대 초의 레비츠가구Levitz Furniture 〈차트 2-5〉를 보자. 4단계
(어두운 부분)에서 바닥을 섣부르게 추측하면 얼마나 큰 손해를 입는
지 보여준다. 이러한 덫에 빠지지 말고, 차트를 읽는 법을 배워 새로
운 시각으로 시장을 전망해보라. 감정에 휘둘리지 않고 절제된 태도
로 큰 이익을 추구할 수 있다.

직접 해보는
차트 사례 연구

자, 이제 감을 잡았다면 실제 예를 가지고 연구해볼 차례다. 실례를 보면 내가 소개한 이론이 '현실에도 딱 들어맞는다'는 것을 확인할 수 있을 것이다. 시장을 완벽하게 예측하는 방법은 없지만, 결과는 믿을 수 없을 정도로 정확하게 들어맞는다.

먼저 〈차트 2-6〉에서 〈차트 2-9〉까지 네 개의 차트를 보자. 나는 〈테이프 읽기 전문가〉에서 이 네 주식이 1단계 기초 지역을 돌파하고 2단계로 진입했을 때(화살표를 보라) 살 것을 추천했었다.

스타렛 하우징Starrett Housing(〈차트 2-6〉)은 1975년 초, 주가가 10 이상으로 상승하면서 1단계를 마감했다. 그리고 MA는 상승하기 시작했고 상승세를 계속 유지해갔다. 향후 6개월간 주가 조정은 상승하는 MA 위에서 이루어졌고, 주가는 24까지 상승했다(연간 280퍼센트라는

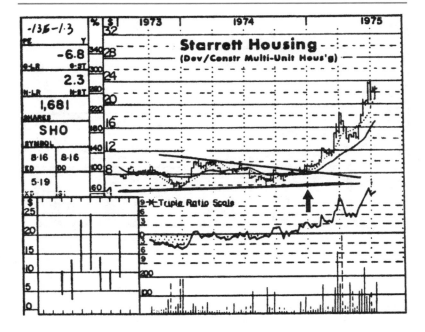

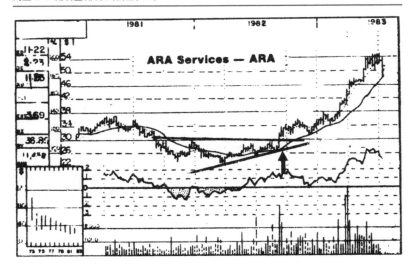

차트 2-8 텔렉스(TC)

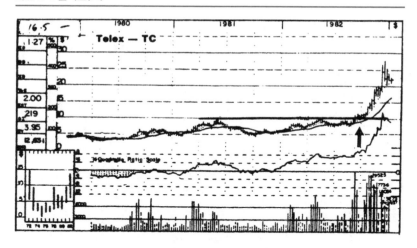

차트 2-9 미크로폴리스(MLIS)

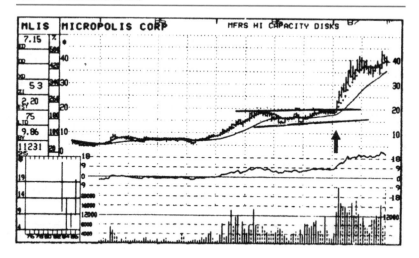

막강한 상승률을 기록했다).

에이알에이 서비스ARA Services(〈차트 2-7〉)도 1982년 거래량이 늘면서 30선 위를 돌파하는 패턴을 보여주었다. 연간 100퍼센트의 상승률을 멋지게 기록하며 향후 9개월간 50대 중반까지 주가를 끌어올렸다. 역시 모든 주가 조정은 MA 위에서 이루어졌다.

텔렉스Telex(〈차트 2-8〉)도 주가가 10 이상으로 상승하면서 거래량이 폭발적으로 증가했다. 향후 3개월간 연간 680퍼센트라는 믿을 수 없는 비율로 주가가 급상승한 것은 우연이 아니다. 모든 주가 조정 역시 상승하는 30주간의 MA 위에서 이루어졌다.

끝으로 1986년 말 미크로폴리스Micropolis Corporation(〈차트 2-9〉) 주식을 추천한 것은 대단한 수확이었다. 거래량이 기록적으로 늘어나면서 19½ 위로 치고 올라간 이 주식은 연간 250퍼센트의 급성장률을 보였다. 이 차트는 특이하게도 매수 적기가 1단계에서 2단계로 이동하는 시점이 아니다. 미크로폴리스 주식은 1985년 후반 전향점인 10을 돌파하면서 2단계를 형성한 다음, 3단계 최정상 지역(19½의 저항 지역에서 15에 근접하는 지지 지역 사이)으로 '보이는' 모양을 형성했다. 그러나 주식은 결국 엄청난 거래량으로 19½ 위를 두 번째로 돌파했다. 이런 경우는 매우 드물지만, 이럴 때 3단계로 '보이던' 지역은 물러나고 주식은 다시 2단계로 진입한다.

이는 특히 트레이더에게 아주 유리하며 강력한 형태이므로 놓치지 말아야 할 기회다. 투자가는 주가가 바닥에 근접할 때 주식 매수를 하려고 한다. 위험이 없기 때문이다. 한편 트레이더는 주식 동향이 이처럼 강력하고 빠르게 움직일 때 주가의 흐름에 촉각을 곤두세워야 이익을 제대로 챙길 수 있다.

이번에는 〈차트 2-10〉부터 〈차트 2-13〉까지 살펴보자. 이 차트들은 주식이 3단계의 최정상에서 4단계로 진입하는 상황을 보여주는데, 이때 주식을 처분하지 않으면 손해를 보게 된다. 다행히도 다음 네 주식 모두 4단계에 진입하자마자 〈테이프 읽기 전문가〉에서 매도 종목으로 추천했다.

1973년 에이븐Avon은 이른바 꼭 사야 하는 주식에 속했다. 똑똑하지만 게으른 돈 관리자들은 이런 성장주는 언제든 매수해야 한다고 말

차트 2-10 에이븐(AVP)

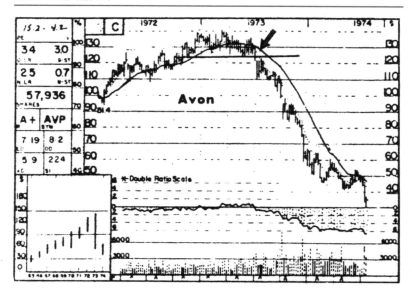

한다. 그러나 절대로 이런 동화 같은 이야기를 믿지 마라. 주식, 금, 부동산, 보석 또는 인조가죽 선물시장은 물론 그 어느 곳에서도 '무조건 사고, 잊어버리자'는 것은 투자가 아니다.

모든 투자는 주기가 있고, 이 주기의 마지막 단계(4단계)에 있는 것을 보유하면 경제적으로나 심리적으로 고통을 받게 된다. 에이븐 주식이 최정상을 지나 4단계로 이동했을 때, 주당 수익은 2.26달러였다. 주식이 80달러 이하로 거래될 때도 수익은 연속 12개월 동안 주당 2.30달러였다. 이런 경우 만일 주가가 결국은 회복될 거라고 믿으며 주식을 계속 보유한다면 낭패를 볼 수밖에 없다. 내가 1987년 말에 지적했지만, 에이븐이 한때 상한가였던 140이나 120 근처의 붕괴점으로 회복한 것은 14년 후라는 것을 유념해야 한다. 에이븐의 주가는 이후에도 한동안 30대 중반에서 헤맸다.

에이븐의 〈차트 2-10〉을 보자. 이 차트는 당신이 꼭 알아야 할 각본을 완벽하게 보여준다. 주식은 지지선을 뚫고 110으로 하락했다가 반등하여 120 근처에서 풀백했는데, 이 지점은 애초에 붕괴가 시작된 지점이다. 그 후 4단계로 진입하자 폭탄에 투하되었다. 다음 해 주식은 반등하기 했지만 다 하락하는 MA 아래에서였다. 그래서 매번 주가가 바닥을 쳤다는 추측이 나왔고(주가가 80, 70, 60으로 떨어질 때마다 점점 더 '싸게' 나왔다고 생각하여) 수백만 주가 매수되었다. 당신이 내 방법을 배우고 잘 따른다면, 이런 일은 겪지 않을 것이다.

텔레프롬프터Teleprompter(〈차트 2-11〉)는 케이블 텔레비전이 유망사

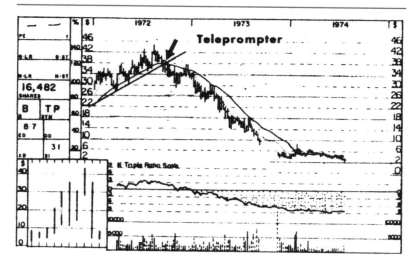

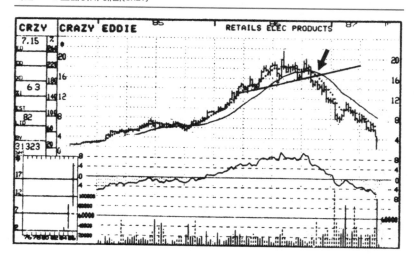

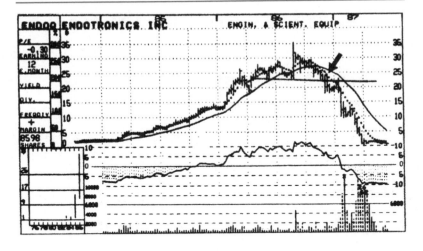

업으로 떠오르면서 그 시대의 '뜨는 종목'이 되었다. 펀더멘털은 화려했지만 이 주식이 MA와 중요한 추세선 아래로 하락할 때, 최정상 국면은 끝났다고 봐야 한다. 주가는 30으로 처음 급락한 이후 붕괴 수준으로 반등하는 풀백이 이어졌다가 다시 하락했다. 주가가 잠시 회복될 때도 잘해야 MA 수준이었고 결국 90퍼센트 손실을 보이고 말았다.

상황이 변하면 변할수록 옛 방식을 고수하는 사람이 늘어난다고 했던가. 텔레프롬프터와 똑같이 위험한 패턴이 1986년 말 다시 나타났다. 이번에는 새로운 유망 종목인 크레이지 에디Crazy Eddie(〈차트 2-12〉)와 엔도트로닉스Endotronics(〈차트 2-13〉)가 초강세 시장에서 갑자기 사라져버렸다. 마치 펀더멘털 분석의 한계를 증명이나 하듯이, 주요 증권사들은 붕괴 바로 직전에 매수 종목으로 추천했다. 그리고 모든 일이 예상대로 전개되었다. 이 두 주식은 3단계의 최정상 국면이 끝났을 때 매도해야 할 시점이라는 것을 알려주는 사인이 분명히 있었다. 초기 하락 이후 풀백 반등이 있었고, 주가가 MA 위로 올라오지 못하면서 급격한 하락으로 이어졌다.

장담하건대, 앞으로도 이런 상황은 언제든지 생긴다. 월스트리트의 사랑을 독차지하던 주식들이 화염에 휩싸여 사라지고, 싼 주식을 찾아다니는 사냥꾼들과 망하는 주식만을 호시탐탐 노려온 사람들은 이런 기회를 놓치지 않고 이용한다. 당신의 전술은 하나뿐이다. 주식을 빨리 팔아서 4단계의 하락을 피하라. 급하면 공매도라도 해야 한다. 이에 관해서는 뒤에 자세히 다룰 것이다.

많은 사람이 손실을 본 뒤 운이 매우 나빴을 뿐이라고 자기 행동을 정당화한다. 그러나 운을 부르는 것은 언론이나 증권사 보고서가 아니라 시장의 생리를 잘 관찰하고 이해하는 전략이다. 그래야 당신의 승률도 올라간다.

세미나를 진행할 때, 이 시점에서 항상 나오는 질문이 있다. "이 방법을 원자재 거래나 뮤추얼 펀드 같은 데에도 적용할 수 있나요?"라는 질문이다. 대답은 간단하다. 물론이다. 공급/수요 기준으로 거래되는 것은 모두 같은 방식으로 도표로 나타내고 해석할 수 있다. 짧은 시간에 급박하게 진행되는 원자재 거래나 주가지수 선물거래에서는 2단계 상승 국면이 몇 달이 아니라 몇 주 사이에 이루어지기도 한다.

그런 경우에는 단기 MA를 사용해야 한다.

금의 현물 가격 〈차트 2-14〉와 30주간의 MA를 보라. 1983년 금 가격은 3단계 최정상 대형에서 붕괴했고(아래로 향한 화살표), 끝없는 인플레이션과 1,000~2,000달러 가격대라는 소문이 자자할 때 4단계로 진입했다. 그러나 그 뒤 몇 달 만에 300달러 아래로 급락했다. 1985년 인플레이션 수치가 아주 조금 떨어졌을 때, 많은 사람이 금 가격이 150~200달러로 더 하락할 것이라고 예상했지만, 바닥이 형성되고 MA는 하락을 멈췄다. 금 가격이 하락하는 추세선 위를 돌파했을 때(위로 향한 화살표) 새로운 상승세가 시작되면서 500달러 가까이 치솟았다.

이 방법은 뮤추얼 펀드를 바꾸려 할 때도 유용하다는 것을 강조한다. 이 중에서도 업종(섹터Sector) 펀드는 사용법을 꼭 배워두어야 할

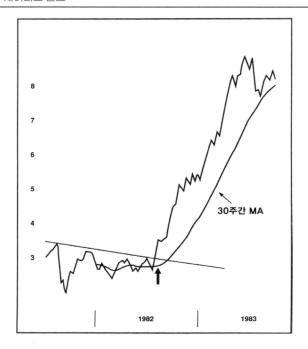

주요 투자 수단이다. 이에 대해서는 다음에 자세히 다루기로 하고 우선 〈차트 2-15〉를 보자. 제이너스 펀드^{Janus Fund}가 2단계에 진입했을 때 주식을 샀다면 얼마나 쉽게 이익을 볼 수 있었는지 알 수 있다. 1982년 9월 하락하는 추세선 위로 상승하면서 1단계를 끝냈을 때, 이 펀드 가격은 3½ 부근(화살표)이었다.

자, 이제 당신이 펀더멘털 분석을 고수하는 이라 하더라도 나의 기술적인 분석의 가치를 알아주었으면 한다. 이 책을 읽는 동안 당신은 기술적인 분석에 점점 익숙해지고, 실제로 응용해가면서 확신도 갖게 될 것이다. 계속 읽고 이해하고 확인해보라. 만일 다른 사람들이 이 기술적인 분석법을 신비주의에 경도된 마술이라 하거나 그보다 더 심하게 폄하하면 그저 한 번 웃어주고 더 이상 논쟁하지 마라.

중요한 것은 실제로 투자하는 사람의 마음이다. 모든 사람이 기술적인 방법을 사용하고, 사태를 똑같이 낙관적 또는 비관적으로 내다본다면 내일 주식시장은 문 닫아야 한다. 우리가 시장에서 막대한 이익을 얻으려면 잘 모르는 대다수가 필요하다.

STAN WEINSTEIN'S

3장

최적의 매수 시점을
찾아라

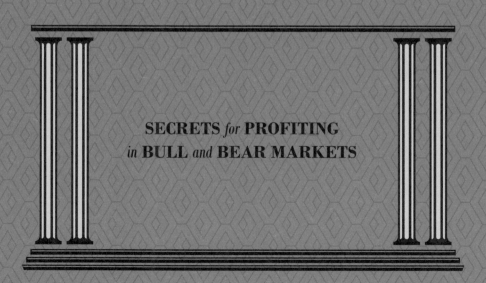

SECRETS *for* PROFITING
in BULL *and* BEAR MARKETS

성공 확률을 극대화하는
매수 시점

1장과 2장을 읽는 동안, 아마 당신은 실감하지 못했겠지만 중요한 사실을 많이 배웠다. 이제 자신의 포트폴리오와 차트 책을 살펴보고 좋고 나쁜 종목을 구분할 수 있게 되었을 것이다. 무조건 중개인의 조언에 의지하는 것이 아니라 자신이 가진 주식 중 어떤 종목이 성공 확률이 높은지, 그리고 어떤 종목이 신통치 않은지 스스로 검토해볼 수 있다. 아는 것이 힘이다. 나는 당신이 장사처럼 힘을 발휘할 수 있는 길로 이끌었다. 그러나 아직 배워야 할 것이 많이 남아 있다.

먼저 완벽한 '매수 시점'을 알아야 한다. 또한 무엇을 사들여야 할지 '매수 종목'을 결정하는 것만큼 중요한 것이 '매수 방법'이다. 특히 떠들썩한 상승장일 때, 차트 책을 훑어보면 매수할 종목이 수백 가지가 넘는다. 이 가운데 초상승세의 잠재력을 가진 소수의 A+ 주식을 가려내는 방법을 아는 것이 매우 중요하다. 이는 사실 언제 매수해야할지 매수 시점을 정하는 것보다 훨씬 더 어렵다.

　우선 어느 시점에 주식을 사야 하는지 기본부터 시작하자. 주요 상승세를 보이는 주식 차트를 보면, 주식을 매수해야 할 시점은 단 하나다. 이상적인 매수 시점을 찾는 법을 배워보자.

투자가는 돌파에서 사고
풀백에서 또 산다

투자자가 새로 주식을 매수할 수 있는 기회는 두 번인데, 둘 다 돌파 시점 부근이다. 첫 번째 기회는 주식이 1단계인 기초 지역을 벗어나 2단계로 진입할 때다. 이보다 더 안전한 두 번째 매수 시점은 열광적인 매수가 사라지고 주가가 돌파 시점으로 풀백할 때다.

풀백에서 주식을 매수하는 것은 영화평을 보고 어느 영화를 볼지 결정하는 것과 같다. 구체적으로 살펴보아야 할 사항은 다음과 같다.

- ▶ 거래량이 많이 늘었는가?
- ▶ 주가가 돌파 지점보다 훨씬 위로 상승했는가?
- ▶ 풀백 때 거래량이 감소했는가? 만일 그렇다면 조금 위험한 것 아닌가?

차트 3-1 투자가에게 이상적인 매수 시점

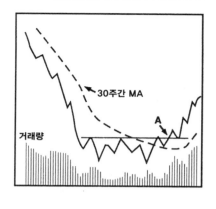

일단 이러한 것들을 살펴보고 나면 당신은 잠재적 A+ 주식이 무엇인지, C- 주식이 무엇인지 골라낼 수 있게 된다.

그러면 어떤 전술이 더 나을까? 기다렸다가 풀백 시점에서 매수해야 할까? 그건 아니다. 그렇게 안전 위주로만 가면 최고의 승리자가 될 가능성은 낮아진다. 풀백하지 않은 소수의 주식은 로켓 같은 추진력을 갖고 있기 때문에 엄청난 수익을 보장한다. 그러므로 이런 주식은 처음부터 잡지 않으면 손해다. 만일 당신이 투자가라면, 그리고 안전우선주의자라면 초기 돌파 시점에서 계획했던 투자액의 반만 주식을 사들이고, 나머지 반은 주가가 돌파 시점 가격 근처로 되돌아오는 풀백에서 매수하면 된다.■

그 진행 과정을 도표로 나타낸 〈차트 3-1〉의 A지점은 새로 매수하기에 정말 좋은 시점이다. 위험은 거의 없고, 매수 가격도 지지 지역 바로 위다. 게다가 2단계가 막 시작하는 시점이어서 상승 기회를 하나도 잃지 않은 상태이므로 앞으로 가격이 오를 잠재력은 대단히 크다.

■ 그러나 트레이더라면 돌파 시점에 다 사서 금방 이익을 챙긴 다음 풀백에서 다시 한 번 더 사면 이중으로 수익을 올릴 수 있다.

유일한 결점은 2단계가 형성되는 데 시간이 걸린다는 것이다. 인생에서 공짜는 없는 법. 여기도 교환 조건이 있다. 보상/위험 비율이 좋은 대신 인내심이라는 대가를 치러야 한다. 시간을 넉넉히 잡은 투자가에게 기다림은 그리 큰일이 아니지만, 트레이더는 미칠 지경이다. 그래서 트레이더보다 투자가가 2단계 초기에 많이 매수한다.

차트 3-2 멕시코 펀드(MXF)

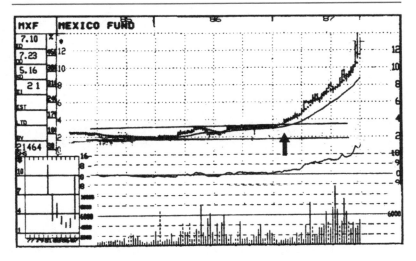

이는 이론이다. 그러면 실례를 살펴보자. 멕시코 펀드Mexico Fund는 1987년 초, 3¼에서 돌파했다(〈차트 3-2〉의 화살표). 며칠 지나 주식이 35퍼센트 이상 상승했을 때, 거래량도 증가하기 시작했다. 폭발적인 초기의 매수세에 힘입어 주가는 한때 4⅜으로 상승했으나 2주 후 3⅞으로 풀백했다. 풀백 때 거래량은 유리하게도 감소했다. 이때가 투자액의 나머지 반을 써야 할 시점이다. 그 후 주식은 상승 동력▪을 얻어 거래량이 크게 늘어났으며 아홉 달 동안 330퍼센트 이상 상승하면서 주가는 14까지 올랐다.

▪ 상승할 만한 힘. 모멘텀.

트레이더는
두 번째 돌파 직전에 산다

새로 주식을 매수할 유리한 시점이 또 있다. 2단계의 상승세를 확실히 탄 주식이 MA 가까이로 되돌아가며 몇 번 조정을 거치는 때가 바로 그때다. 곧 주식은 다시 저항 지역(〈차트 3-3〉의 A지점) 위로 돌파하며 상승한다.

MA 가까이에서 이루어지는 조정 막바지에 주식을 사들이는 것을 '지속적 매수'라고 한다. 이때도 물론 반대급부가 있다. 이 경우 가파른 상승세가 기다리고 있을 가능성이 아주 크지만, 위험 요소도 많다.■ 이런 식의 매수는 투자가보다는 트레이더에게 적합하다.

■ 이미 2단계가 진행된 지 한참 지났기 때문에 돌파 지점이 아니라 붕괴의 시초가 될 수도 있다.

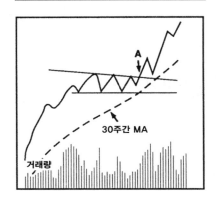

차트 3-3 트레이더에게 이상적인 매수 시점

30주간 MA

거래량

그러나 전체 시장이 호황인 데다 초기의 돌파 시점으로 되돌아갈 기회가 별로 남지 않았다면, 투자가도 2단계 후반에 나타나는 이 기회를 흘려보내서는 안 된다. 물론 전체 시장이 호황 초기일 때는 바닥인 1단계 막바지에서 벗어나려는 좋은 조건의 주식이 많기 때문에 투자가까지 지속적 매수에 나설 필요는 없다. 그러나 1986~1987년 같이 시장의 상승장세가 수그러드는 시점에서는 2단계 초기에 있는 좋은 조건의 주식이 별로 없고 이미 상승한 주가가 제공하는 다양한 변수만 있기 때문에 이때는 투자가도 기회를 잘 잡아 지속적 매수를 해야 한다.

〈차트 3-3〉은 이런 식의 매수가 어떻게 이루어지는지 잘 보여준다. MA는 분명히 상승하고 있다. 이것이 중요하다. 마라토너가 결승점에 다다르기 위해 힘을 아껴두는 것처럼, 2단계에 들어간 주식도 마찬가지다. MA가 상승세를 보이다가 곧 평평해진다면 아무리 그런 주식은 원하지 않을 것이다. 비록 그 주가가 조정을 거친 뒤 돌파한다 하더라도 우리가 원하는 튼실한 몸통은 없는 셈이다. 대신, 이 차트와 비슷한 추세를 보이는 주식을 찾도록 하라. 이런 주식은 아직 올라갈 수 있는 힘을 갖고 있다.

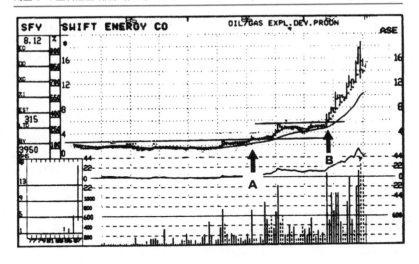

스위프트 에너지Swift Energy는 내가 말한 바를 그대로 보여주는 예다. 몇 년 동안 1단계의 바닥세를 형성한 후 주가는 1986년 초(〈차트 3-4〉의 A지점) 2⅜에서 돌파했다. 향후 6개월 동안 스위프트 주식은 150퍼센트 이상 상승률을 보이며 5⅝으로 멋지게 상승했다. 그러자 일반 투자자와 심지어 일부 전문가까지 주가가 너무 올랐다고 호들갑을 떨기 시작했다.

그러나 사실은 그렇지 않았다. 그 후 5개월 동안 주가는 그동안 거둔 엄청난 수익에 따른 조정 과정을 거치며 숨을 골랐다. 그러나 이때도 30주간의 MA는 쉬지 않고 상승세를 이어갔다. 그리고 1987년 2월, 조정 과정 끝낸 주식은 5½(화살표 B지점)에서 돌파, 향후 4개월 동안 240퍼센트 이상의 폭발적인 상승률을 보였다. 돌파점인 5½ 근처

로 풀백도 하지 않은 것은 놀랄 일도 아니었다.[■]

1단계에서 이루어지는 돌파의 80퍼센트에서는 미미한 풀백이 따르지만, 지속적 매수에서는 돌파 이후 풀백이 일어나는 경우가 반도 안 된다. 만루 홈런을 칠 주식인 경우 특히 그렇다. 그러면 이런 때 적절한 전략은 무엇일까? 주식이 마지막 저항선을 넘어 돌파하는 순간, 투자액 전부로 그 주식을 매수하는 것이다.

공식적인 규칙은 없지만, 몇 년을 보고 투자하는 사람이라면 2단계 초기에 75~80퍼센트를 매수하고, 나머지는 변동에 따라 추후에 매수하는 것이 제일 낫다고 말할 수 있다. 반면 트레이더는 그 비율을 반대로 한다. 즉 이미 2단계에 진입해 있다가 MA 근처에서 숨 고르기를 끝내고 두 번째 돌파를 바로 앞둔 때에 투자액의 80퍼센트를 쏟는다. 나머지 20퍼센트는 2단계 초기에 매수하면 된다.

[■] 이 두 번째 돌파에서는 풀백이 없었지만 1단계에서 2단계로 접어드는 초기 2½에서 돌파했을 때는 풀백이 있었다. -지은이 주

스트레스 없이
매수 결정하기

주식이 1단계 바닥세에서 2단계로 진입하는 과정을 찬찬히 살펴보자. 그래야 언제 주식을 매수해야 할지 분명히 보이기 때문이다.

〈차트 3-5〉를 보고 XYZ 주식이 8 부근의 지지선과 12의 저항선 사이에서 어떻게 움직이는지 주목하라. 움직임은 모두 30주간의 MA 근처에서 일어나는데, 30주간의 MA가 급락을 멈추고 평평해지기 시작하는 시점을 주시하라. 이때 주식이 저항선인 12를 돌파한다면 주식을 매수하기에 완벽한 시점이 될 것이다.

그런데 만일 이런 신나는 돌파(〈차트 3-5〉의 A)가 근무 중이나 휴가 중에 일어났거나, 저녁에 신문을 펼치고서야 이 사실을 알게 되었다면 얼마나 실망스러울 것인가. 어제 11½로 마감한 XYZ 주식이 오늘 밤 무려 2½ 포인트 상승하여 14가 되었다니, 그리고 이 기회를 놓쳐

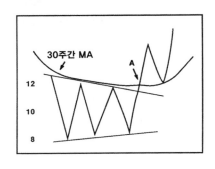

차트 3-5 XYZ 주식

30주간 MA

A

12

10

8

버렸다니! 당장 중개인에게 전화해 가격이 아무리 뛰었다 하더라도 그 주식을 매수하라고 해야 할까?

그건 정답이 아니다. 시세 조회용 단말기를 사러 뛰쳐나갈 필요도 없다. 하루에도 몇 번씩 중개인과 통화하거나 컴퓨터를 켜볼 필요도 없다. 사실 이런 식으로 움직이는 것은 고통만 줄뿐이다. 게다가 이렇게 움직이다 보면 이성적으로 결정하지 못하고 감정에 휩싸여 충동적으로 결정을 내리기 쉽다.

내 경우에는 한밤중이나 주말에 내린 판단이 가장 현명했다. 우연히 그렇게 된 것이 아니라, 이때는 사납게 오르락내리락하는 다우존스 지수의 변동에 영향을 받지 않을 뿐더러 중개인과 통화도 할 수 없는 상황이므로 나 혼자 조용히 차트를 읽고 판단하기 때문이다.

하루 종일 주가에 신경을 곤두세우며 컴퓨터 모니터 앞을 떠나지 못하는 방식은 판단을 흐리게 할 뿐 아니라 생업에도 지장을 준다. 주중이나 낮에는 자신의 본업에 충실해야 한다. 그래야 스트레스도 덜 받고 안정감 있게 사태를 판단할 수 있으므로, 결국 더 좋은 결실을 얻게 된다.

스트레스 받지 않고 이익을 많이 낼 수 있는 편안한 길이 있다. '스트레스 받지 않고 편안한 상태로 주식 투자를 하는 것이 뭐 그리 대수냐'고, '돈을 벌려면 스트레스 받는 것쯤이야 당연하지 않으냐'고 반문할지도 모른다. 그러나 결코 그렇지 않다. 시장이 제일 잘 나갈 때도 스트레스가 많기 때문에 투자자는 평온한 마음을 갖는 것이 매우 중요하다.

규칙적으로 발생하는
시장 패턴 3가지

무엇을 살지 결정하기 전에 반드시 알아두어야 할 것이 있다. 바로 규칙적으로 발생하는 시장 패턴이다. 믿을 수 없을 정도로 규칙적으로 일어나는 이 순환 패턴을 알고 있으면 언제 적극적으로 주식을 사들여야 할지, 또는 기다려야 할 때가 언제인지 알게 된다. 이 패턴을 아는 사람은 모르는 사람에 비해 그야말로 특별한 경쟁력을 갖게 된다. 트레이더는 말할 것도 없고 투자가도 이 패턴 경향을 알고 있으면 승률을 올릴 수 있다.

이 패턴을 연구하는 분석가는 많지만 아서 메릴Arthur Merrill과 예일 허쉬Yale Hirsch처럼 깊이 연구한 사람은 드물다. 아서 메릴이 쓴 책《월 스트리트의 주가 형태Behavior of Prices of Wall Street》와 예일 허쉬가 쓴 책《월요일에는 주식을 팔지 말라Don't Sell Stock on Monday》는 단연 돋보이는 훌륭한 책이다. 당신의 이해를 돕기 위해 저자들의 허락을 받아 이들의 데이터를 여기 소개한다.

대통령 선거 주기를 주목하라

먼저 주목해야 할 가장 중요한 주기는 4년마다 사이클을 그리는 '대통령 선거 주기'다(〈차트 3-6〉). 많은 투자자가 선거 후에 주식을 매입

차트 3-6 4년 임기 대통령 주기

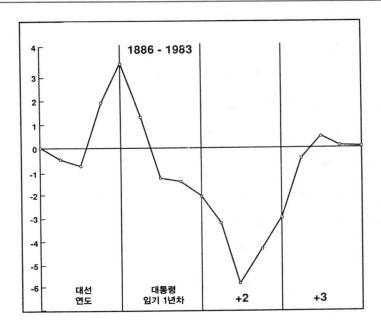

하는 것이 안전하다고 잘못 생각하고 있다. 월스트리트에서는 기업 편에 서는 공화당을 선호하기 때문에 민주당 후보가 선출되면 주가는 하락할 것이라고 생각하는 경향이 있다. 이는 두 가지 이유로 잘못된 생각이다. 무엇보다도 다우존스 산업평균지수는 공화당 출신 대통령보다는 민주당 출신 대통령 시절에 더욱 상승했다는 점을 인식할 필요가 있다. 물론 이는 부분적으로 민주당 대통령 집권 당시의 인플레이션 덕이기도 하다.

그러나 더 중요한 것은 누가 선출되든, 선거 다음 해는 재난이라는 사실이다. 대통령 후보가 유세장에서 사람들과 악수하고 아이들을 안고 입 맞추는 것만큼 선거 후 하락장세가 나타나는 현상도 일반적이다. 실제로 대통령 취임 첫해인 1969년, 1973년, 1977년, 1981년 모두 하락장세였다(물론 예외는 있다. 1985년은 상승장세였다).

대통령 취임 2년째에도 하락장세가 계속될 가능성이 매우 크다. 주가는 재임 기간 중반에 바닥을 칠 때까지(1982년 8월처럼) 하락장세가 계속되다 나머지 후반 2년 동안 상승장세가 된다. 특히 대통령 재임 기간 3년째는 최고의 해가 된다(1987년 8월까지 예외는 없었다). 선거를 치르는 마지막 해는 변동이 심한데, 대체적으로 상반기에는 약세를 보이다 하반기에 강세를 보인다.

지난 100년 동안 이 4년 임기 대통령 선거 주기는 마치 정치가들이 각본을 짜놓은 것처럼, 믿을 수 없을 정도로 규칙적으로 일어났다. 그 이유가 뭘까?

대통령은 재당선되기를 바라므로 선거를 앞둔 2년간 경제를 촉진하고, 부정적인 사항은 무엇이든 선거 이후에 처리한다. 그래야 후반기에 경제를 회복할 시간을 갖게 되고 재집권을 꾀할 수 있기 때문이다. 우리는 언제나 시장 지표를 주의 깊게 살펴야 하지만 선거 다음 해에는 더욱 그래야 한다.

기분 좋은 12월, 저조한 9월

또 확인해야 할 패턴은 월별 동향이다. 메릴의 자료를 보면, 지난 80여 년 동안 12월은 가장 성과가 좋은 달이었다. 그는 다우존스 지수가 공고한 월별 수익에 의거하여 이러한 결과를 얻었다. 12월에는 무려 성장률 68퍼센트를 기록했다.

〈차트 3-7〉을 보면 11월, 12월, 1월이 가장 강한 상승세를 보인다는 것을 알 수 있다. '연말 상승세' 설은 전설이 아니다. 7월과 8월도 상

차트 3-7 월별 주가 등락 추세(1897~1983년)

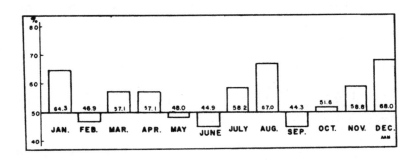

승세를 보여 '여름철 상승 신드롬' 설을 뒷받침해주고 있다. 반면 2, 5, 6, 9월은 저조하거나 약세를 보이고 있다.

예일 허쉬는 그의 저서에서 1950년 이후 스탠다드앤푸어즈 복합지수Standard and Poor's Composite Index를 근거로 흥미로운 연구 결과를 발표했다. 그의 결론은 메릴과 비슷하지만 몇 가지 다른 점이 눈에 띈다. 11월부터 다음 해 1월까지는 똑같이 상승 기간인데, 여기서는 11월이 12월보다 조금 더 강세다. 또 4월도 기록이 좋다. 이때 개인연금 기관에서 주식을 사들였기 때문이다. 그러나 2, 5, 6, 9월은 역시 저조한 달로 나타나고 있다.

기분 좋은 금요일, 더 기분 좋은 휴가철

그러면 요일별로는 특별한 패턴은 나타나지 않을까? 4년 주기와 월별 주기에서는 대체로 전설이나 일설이 사실을 기반으로 했다는 것을 확인할 수 있는데, 요일 패턴에서는 전설과 현실이 충돌을 일으키고 있다. 보통 투자자는 즐거운 주말을 보낸 뒤의 월요일에는 상승세를 탄다는 소리를 하도 여러 번 들었기 때문에 금요일에는 당연히 하락장세를 보일 거라고 기대한다. 트레이더는 주말에 일어나는 새로운 사건이나 정보에 흔들리기 싫어 금요일에 주식을 투매해버릴 거라고 지레 짐작한다.

그러나 절대 그렇지 않다. 〈차트 3-8〉을 보라. 예일 허쉬의 수치가

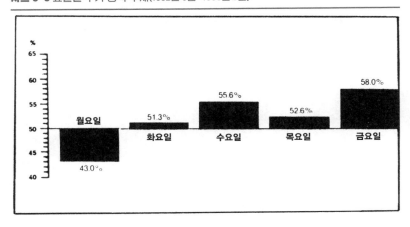

보여주듯이, 금요일이 가장 강세를 보이고 월요일은 가장 약세를 보인다. 특히 하락장세에서 월요일은 끔찍하다. 그래서 '우울한 월요일 Blue Monday'이라고 하기도 한다. 상승장세에서도 신날 일은 없다.

끝으로 휴일에 관한 잘못된 생각을 버려야 한다. 아서 메릴이 그의 저서에서 언급했듯이, 신문에서는 '휴일에도 상승세: 긴 휴일을 앞두고 평소 매도하던 방식과는 달라' 같은 기사가 자주 등장한다. 이 역시 틀렸다. 사실은 이와 정반대다. 휴가를 앞둔 날은 언제나 상승세를 보인다. 그것도 68퍼센트 이상 상승률을 보인다.

분명한 것은 만일 돌파가 월요일 또는 5월에 일어난다면, 주식을 매수해야 한다는 것이다. 그래도 앞서 소개한 중요한 주기 패턴을 꼭

■ 주가가 하락할 때에는 금요일에 일단 주식을 팔고 휴일을 보내지만 주가가 상승할 때는 금요일에 주식을 사놓고 휴일을 보낸다. 이는 휴일 중에 호재나 악재가 나올 경우를 대비하기 위함이다.

알아두어야 한다. 이 패턴을 알아야 주식을 매도하거나 매수할 시점을 정확하게 예측하는 감각을 발달시킬 수 있다. 이런 패턴에 익숙해지도록 시간을 들이는 것이 결코 아깝지 않을 것이다.

사지 말아야 할 타이밍

가장 중요한 주제, 즉 '어떤 주식을 매수해야 하는지' 논하기 전에 먼저 '어떤 주식을 매수해서는 안 되는지'부터 확실하게 말해두고 싶다.

아마추어 분석가, 심지어 전문가도 흔히 저지르는 실수는 어떤 주식이 돌파 조짐을 보이기만 하면 주가가 30주간의 MA 아래에 있는데도 주식을 사들이는 것이다. 주가가 30주간의 MA 아래에 있다는 것은 아직 안전한 성장세에 들어가지 못했다는 말이다. 이런 주식은 매입해서는 안 된다. 이런 주식을 매입하면 보통 몇 주 동안은 잠시 주가가 오를지 모르나 곧 약세를 보이고 만다. 만일 운이 좋은 경우라면 MA가 평평해지면서 기초(베이스)를 형성하겠지만, 운이 나쁜 경우에는 트레이딩 범위까지 내려갔다가 본격적으로 내리막길로 곤두박질하게 된다.

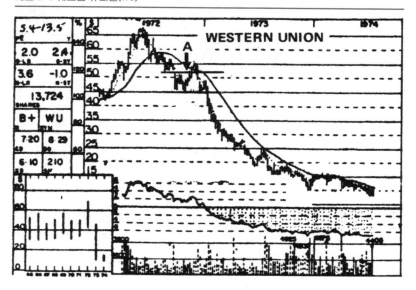

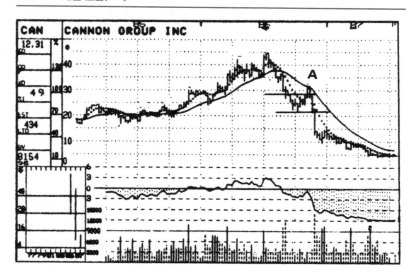

이에 해당하는 두 가지 예를 들어보겠다. 하락장세였던 1973~1984년 웨스턴 유니언Western Union의 경우를 보면, 내 말이 무슨 뜻인지 분명히 알 수 있다. 웨스턴 유니언 주가는 1972년 68에서 44로 급락했는데, 그러자 싼 주식을 찾아다니는 사람들이 나서서 매수하기 시작했다. 그 후 몇 주 동안, 기초가 형성되기 시작했다(〈차트 3-9〉). 그런데 이 과정 자체가 계속 하락하는 30주간의 MA 아래서 이루어졌다. 트레이딩 범위에서 돌파했지만(A지점) 이때도 MA 아래였다. 주가는 잠시 MA 위로 올라왔지만 초기의 돌파가 MA 아래에서 발생했기 때문에 이 상승세는 오래가지 못했다.

MA가 계속 하락하는 것은 분명히 위험한 징조다. 그러니 주식이 아무리 싸더라도 이런 상태의 주식은 절대로 매입해서는 안 된다. 45 부근에 있던 이 저가 주식은 향후 1년 반 사이 8⅜로 떨어져버렸다.

캐논 그룹Cannon Group도 똑같은 패턴을 보여준다(〈차트 3-10〉). 주가가 45에서 22로 떨어지자 상대적으로 싸 보였다. 1986년 트레이딩 범위에서 요동을 치는 가운데서도 MA는 계속 하락했다. A지점에서 27 위로 돌파했지만, 돌파가 MA 아래에서 발생했고 주가가 MA 위로 올라오지 못했다. 이런 주식은 매입할 생각조차 해서는 안 된다. 사정없이 하락하는 MA를 보면, 캐논 그룹 주식은 27이 되었건 22가 되었건 매수 종목이 될 수 없다. 6주 뒤 이 주식은 4⅜로 급락해버렸다.

먼저 숲을 보고
나무를 고른다

'언제 주식을 사느냐' 하는 문제만큼 중요한 것은 '무엇을 사느냐' 하는 것이다. 실제로 매수 종목을 결정하는 일은 매우 복잡하지만, 이번 장에서 제대로 배워두면 아주 쉽게 할 수 있게 된다.

내가 '숲에서 나무로'라고 부르는 3단계 방식이 있다. 구체적으로 말하면, 먼저 큰 것을 본 다음('전체 시장은 어떨까?') 작은 것을 보는('무슨 주식을 매입하는 것이 좋을까?') 방법인데, 양극단 사이에는 가운데 부분('어떤 분야가 가장 좋은 성과를 낳을까?')도 있다. 그래서 이 방식은 다음과 같은 과정으로 전개된다.

첫째, 시장의 흐름을 살핀다. 시장 흐름이 썩 낙관적이지 않다면 비록 어떤 주식이 돌파 시점을 지났다 하더라도, 매수에 신중해야 한다. 전체 시장 흐름이 좋지 않으면 개인의 성공 확률도 낮기 때문이다.

둘째, 상승세에 있는 산업군을 고른다. 이는 매우 중요하다. 상승세를 타고 있는 산업군에 속하는 종목과 하락세인 산업군에 속한 종목은, 비록 주가가 똑같이 오르고 있다 할지라도 매우 다르게 움직인다. 상승세에 있는 산업군에 속한 주식은 50~70퍼센트의 빠른 상승률을 보이지만, 하락세에 있는 산업군에 속한 주식의 상승세는 5~10퍼센트의 느린 상승률을 보인다.

셋째, 개별 종목을 고른다. 시장 흐름이 성장세인 데다가 A산업 분야의 성과가 매우 좋다고 판단되면, 마지막으로 그 산업 분야에서 가장 잘나가는 종목 한두 개를 골라 집중해야 한다.

이 3단계 과정을 충실히 따른다면, 시장이 성장세를 보일 때는 최고의 성과를 올릴 종목에 집중 투자하고, 전체 시장이 하락세로 접어들 때는 돈을 잃지 않고 고스란히 깔고 앉아 있을 수 있다.

뉴스를 전적으로
믿지 말아야 하는 이유

앞에서 말한 것은 어디까지나 이론이다. 그러나 매우 유익한 이론이다. 그러므로 이를 현실에 적용하는 법을 배워야 한다. 그 출발점은 언제나 시장이니 먼저 시장부터 살펴보자. 그러나 시장이 강세인지 약세인지 판단하기 위해 뉴스에 채널을 맞추고 다우존스 지수가 30퍼센트 상승했느니 40퍼센트 하락했느니 하는 소식에 귀 기울여서는 안 된다. 불행히도 많은 투자자가 매일 정보에 귀를 기울인다.

뉴스에 근거해 시장을 판단하면 안 되는 데에는 두 가지 이유가 있다. 첫째, 매일 매일의 주식 움직임은 종종 시장의 진짜 트렌드를 오해하도록 만들기 때문이다. 그래서 투자자는 단기 동향을 장기 동향으로 잘못 생각하는 오류를 저지른다.

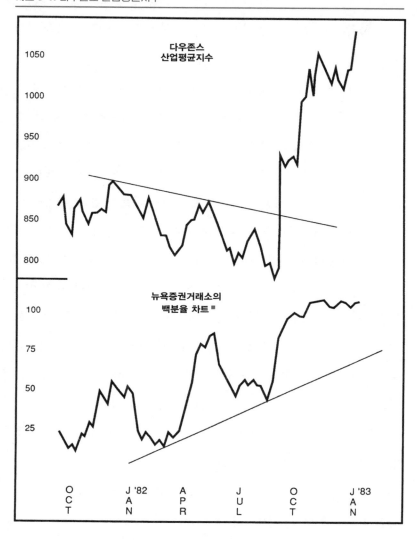

■ (역자 주) '뉴욕증권거래소의 백분율 차트'라는 말은 전체 코스피 혹은 코스닥 종목 중에 1단계, 2단계에 있는 종목들의 합을 말합니다. 전체 종목 중에 1~2단계 종목 수가 증가한다는 것은 3~4단계 종목 수가 줄어든다는 뜻이므로, 시장 전체의 추세를 알아챌 수 있다는 것입니다. 미국 다우지수 30종목도 좋고 나스닥 100, 코스닥 100 다 가능합니다. 단 자신이 보유한 종목이 그 지수에 포함되어야 합니다. 저자는 S&P 500 종목으로 하는 것이 가장 좋다고 합니다.

둘째, 투자자가 전체 시장 평균지수 동향을 운 좋게도 제대로 읽어 냈다 하더라도, 겉으로 나타나는 시장 상황은 달리 움직일 때가 많기 때문이다.

1982년 다우존스 산업평균지수를 나타낸 〈차트 3-11〉을 보라. 1982년 초부터 8월 중순까지를 보면 다우존스 지수는 낮았다. 또 전반적인 시장 상황도 안 좋았다. 반면 같은 시기 뉴욕 증권거래소 백분율 차트는 느리지만 분명한 상승장세를 보여주고 있다. 이 지표를 보고 나는 1982년 7월 시장을 낙관했고, 아니나 다를까 한 달 뒤 다우존스 지수는 역사에 남을 만큼 강력한 상승장세를 기록했다.

시장 평균은 하락세여서 주가가 더 낮아지리라는 전망이었지만, 내가 기술적으로 분석해 나온 결과들을 상승장세를 예고하고 있었다. 그렇다면 내 분석대로 시장 트렌드가 바뀐 것은 필연이었을까? 물론 아니다. 알다시피 시장은 우리의 기대를 저버리기 일쑤고 꼭 지표대로 나아가는 것은 아니다. 그러나 열에 여덟은 예측이 빗나가지 않는다. 미래를 이 정도 예측할 수 있다면 훌륭한 승률이다.

시장을 측정할 때는 믿을 만한 지표를 근거로 해야 이성적으로 결정할 수 있다. 측정 지표에 대해서는 나중에 자세히 다룰 것이다. 8장까지 다 읽고 나면 시장이 언제 최고의 상황인지, 또 언제 최악의 상황인지 찾아낼 수 있을 것이다.

어떤 업종을
선택할 것인가

시장 지표를 검토하여 전체 시장 흐름이 낙관적이라는 것을 확인했다면, 다음 단계로 넘어가야 한다. 앞으로 몇 달 동안 가장 안전하게 상승세를 탈 업종 한두 개에 집중하는 것이다.

업종 선택은 그냥 중요한 것이 아니라 거의 절대적이다. 지난 몇 년 동안 시장 주기를 관찰하고 연구한 바에 따르면, 매도 · 매수 시점만큼 중요한 것이 업종 선택이다. 물론 어떤 시장에서는 업종이 더 중요할 때도 있다(예를 들어 1977년을 보면 블루칩이 하락세였고, 별 주목을 받지 못했던 주식들이 상승세에 들어갔다).

그러면 업종 분석은 어떻게 해야 할까? 우선 절대로 펀더멘털에 대한 자료를 읽지 말기를 권한다. 내가 모바일홈Mobile Home 업종(〈차트 3-12〉)을 점찍었던 1982년, 수익은 실망스러웠지만 1983년이 될 때까

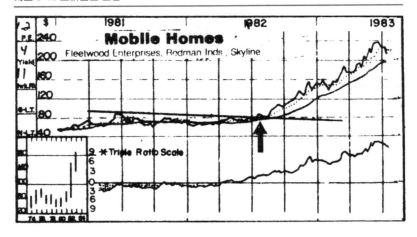

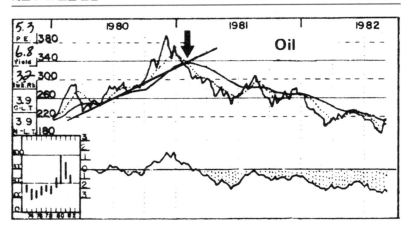

지 계속 상승세였다. 그러나 당시 사람들이 관심을 쏟은 업종은 오일 관련 산업이었다. 1981년 초, 유가가 배럴당 38달러로 급등하자 펀더 멘털주의자들은 오일 재고가 바닥이 났기 때문에 유가는 배럴당 100 달러로 급등할 거라는 보고서를 냈다.

그러나 차트는 다른 내용을 보여주고 있었다. 오일 관련 주식 대부분과 오일 업종 차트(〈차트 3-13〉)를 보면 이미 주가는 3단계 최정상에 있었다. 이럴 때는 낙관적인 펀더멘털주의자에게 귀 기울이기보다는 빨리 수익을 챙기고 빠져나오는 편이 낫다. 오일 업종은 이후 몇 년 동안 계속 붕괴했고 나머지는 역사 속에 묻혔다.

이제 차트를 공부해보자. 스탠다드앤푸어즈S&P 주간 산업 차트를 살펴보자. 개별 주식 차트와 달리 업종 차트에는 거래량이 안 나와 있다. 그 점만 빼고는 〈차트 3-14〉와 〈차트 3-15〉에서 볼 수 있듯이, 모든 것이 똑같다.

차트를 볼 때는 첫째, 어떤 단계에 있는지 확인해야 한다. 〈차트 3-14〉는 1987년 화학 업종이 강력한 상승세의 2단계에 있음을 보여주고, 〈차트 3-15〉는 전기 설비 업종이 4단계 하락세에 있음을 보여준다. 이 결과에 따라 1987년 상반기 화학 업종의 개별 주식들이 하락세를 나타냈지만, 나는 공매도할 생각을 하지 않았다. 이와 마찬가지 이유로 1987년 3월 전기 설비 업종의 개별 주식이 상승세를 나타낼 때 그 주식을 매입하려 하지 않았다. 한 가지 분명한 것은, 잘못 고른 업종의 주식을 보유하고 있으면 평균 주가가 폭등세를 보여도 그 주식 보유자는 쉽게 손실을 보게 된다는 사실이다.

업종을 선택할 때도 개별 주식을 선택할 때와 똑같은 기준을 적용하면 된다. 투자가는 1단계 기초 지역을 돌파한 업종의 주식에 집중

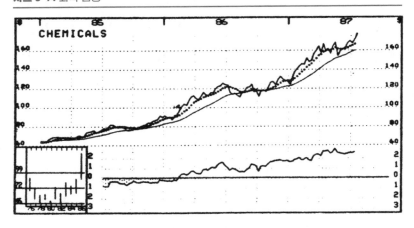

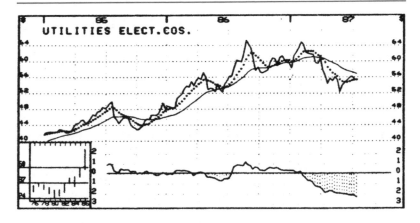

하고, 트레이더는 이미 2단계 상승 국면에 들어선 업종에 치중해야
한다. 그러나 업종이 이미 2단계에 진입해 있다 하더라도 그 업종 중
개별 주식이 기초 지역인 1단계에서 막 돌파했다면 투자가라도 그런
주식은 매수하는 것이 좋다. 마찬가지로 트레이더도 이제 막 2단계로

접어든 업종이라 하더라도 그중 이미 상승세를 타고 있는 주식이라면 마땅히 매수해야 한다.

업종을 선택하는 데 가장 중요한 기준은 '건전성'이다(즉 3단계나 4단계에 있으면 안 된다). 투자가에게 최고의 상황은 개별 주식 패턴과 그 주식이 속한 업종 패턴이 똑같이 2단계 초기, 돌파 패턴을 보일 때다. 그리고 트레이더에게는 업종도 2단계 상승세에 있고, 그 업종에 속한 개별 주식 역시 똑같이 2단계 상승세를 타고 있을 때다.

업종을 선별하는 또 다른 방법은 차트를 훑어보는 것만으로도 충분하고 아주 간단한 것이다. 업종별로 정리된 차트 책을 훑다가 갑자기 상승세(또는 하락세)를 보이는 주식이 서너 개 보이면 그 업종을 눈여겨보는 것이다. 그리고 좋은 패턴을 보이는 종목을 뽑아 업종별로 정리해두면 되는데 이렇게 업종별 차트에서 상승세를 보이는 여섯 업종을 뽑았다 하더라도 결국 크게 수익을 낼 업종은 한두 개에 불과하다. 처음에는 여섯 업종이 모두 확실히 상승할 것처럼 보여도, 개별 주식이 좋은 업종만이 A+로 밝혀진다.

이런 방식으로 해나가면 좋은 점이 있다. 개별 주식에 대한 정보로 부화뇌동하거나 괜히 헤매지 않게 된다는 것이다. 산업 차트는 가끔 급등세나 급락세를 겪는 개별 주식 때문에 왜곡되기 쉬운데, 이렇게 비교 검토하면 합병 대상이 되거나 어려운 상황에 처한 특별한 주식으로 혼란을 겪는 일을 방지하게 된다.

업종과 개별 주식 읽는 법

1978년은 좋은 시절이었다. 그때는 숙박 산업과 레저 산업이 강세였는데, 나는 카지노 주식 차트를 보다가 카지노 주식들이 모두 상승세를 보이기 시작한다는 사실을 알아챘다. RS선도 강세를 나타내고 있었다. 하락세의 차트 패턴을 가진 카지노 주식은 하나도 없었다. 모두 매수 대상 종목이어서 무엇을 선택해야 할지 모르는 사탕가게에 들어선 어린아이가 된 기분이었다.

한 업종의 모든 종목이 일제히 상승세 또는 하락세를 보이는 것은 특이한 일이다. 그렇다 하더라도 시장이 던져주는 분명한 메시지를 간과해서는 안 된다.

1978년 3월 말부터 나는 신나게 카지노 주식을 추천했다. 발리

Bally, 시저스 월드Caesars World, 하라스Harrah's, 홀리데이 인스Holiday Inns 와 플레이보이Playboy 주식을 추천했고, 이 주식들은 향후 몇 달 동안 105~560퍼센트의 상승세를 보이는 홈런을 쳤다.

　모바일홈 업종도 1982년 여름 한두 번 상승 펀치를 날렸다. 이 업종 의 차트는 1단계 기초 지역을 돌파했고, RS선 역시 상승세였다. 모든 모바일홈 주식 차트도 훌륭해 보였다. 6월 초에서 8월 중순 사이, 모 바일홈 주식 여덟 종목은 〈테이프 읽기 전문가〉의 추천 종목이었다. 이 업종은 향후 몇 년간 평균 260퍼센트 이상의 수익을 내며 고공행 진을 했다.

　이 주식들이 좋은 성적을 올린 것이 시장의 흐름이 상승세로 돌 아섰기 때문이라고 판단한다면 잘못 생각한 것이다. 물론 막 시작 된 상승장세가 도움이 되긴 했다. 그러나 주식을 기술적으로 분석하 는 공부를 하지 않으면, 펀더멘털만 믿고 워너 커뮤니케이션Warner Communications(〈차트 3-16〉)처럼 P/E가 낮은 주식을 매수하는 덫에 빠 질 수 있다. 물론 이 회사는 별 이상 없는 좋은 회사였다. 1982년 여름 시장이 상승세에 들어설 무렵, 이 회사의 이전 12개월의 주가는 4.35 달러로 훌륭한 편이어서 11배가 조금 넘는 수익을 기록했다. 그러나 만일 1982년 중반 모바일홈 주식 대신 이 워너 주식을 매수했다면, 1 년 뒤에는 260퍼센트의 수익 대신에 60퍼센트의 손실을 떠안았을 것 이다.

　손대지 말아야 할 주식을 기술적으로 알아볼 방법은 없을까? 엔터

차트 3-16 워너 커뮤니케이션(WCI)

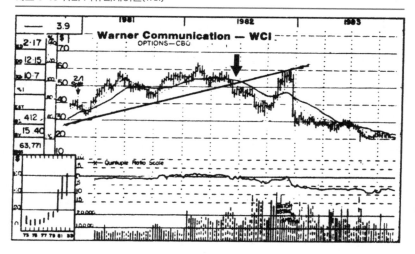

차트 3-17 엔터테인먼트 업종

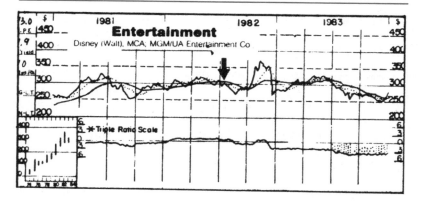

테인먼트 업종 〈차트 3-17〉을 보라. 모바일홈 업종은 상승세를 타며 돌파하는데, 엔터테인먼트 업종은 MA 이하에서 돌파했다. 더욱이 엔터테인먼트 업종은 RS선도 약한데, 실지로 그해 여름 마이너스로 떨어졌고 결국 그 업종의 개별 주식 패턴들은 혼재된 양상을 보였다. 어떤 주식은 괜찮았고, 워너 커뮤니케이션 같은 주식은 끔찍했다. 다른 주식과 업종은 2단계로 진입한 반면, 워너 커뮤니케이션(〈차트 3-16〉)은 그해 여름 4단계로 내려앉았다.

이렇게 한 번 끔찍하게 붕괴한 뒤에도 여전히 많은 문젯거리가 있었던 워너 주식은 그해 말 급격한 과잉 매도로 주가가 30에서 60으로 반등했으나 추세선이 하락세를 보이면서 곧바로 떨어졌다. 그 후 워너 주식은 20으로 곤두박질쳐 싼 주식을 매입한 주식 사냥꾼들은 큰 피해를 보았다.

게임은 절대 변하지 않는다. 〈차트 3-18〉과 〈차트 3-19〉는 업종과 그 업종의 개별 주식이 비슷한 패턴으로 움직이는 것을 보여준다. 1986년 8월, 나는 오일 업종이 낙관적일 것이라 보았다. 오일 업종은 주저항선 위로 돌파했고, RS선도 잘 형성되어 플러스로 진입했다. 결

차트 3-18 오일 업종

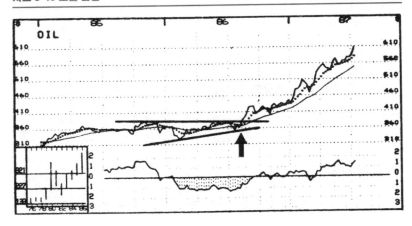

국 투자자들은 오일 업종의 개별 주식 거의 대부분에 대해 매수를 외쳐댔다. 그런데 원유가는 1배럴당 10달러 근처인데 시중 유가가 배럴당 6달러, 8달러 가격으로 움직이는 것이 걱정거리였다.

이는 오일이 유망주로 떠올랐지만 기술적인 기반은 빈약했던 1981년 초와는 정반대 상황이었다. 그러니 〈테이프 읽기 전문가〉에서 추천했던 오일 관련 종목(오일, 오일 시추, 오일 시추 기구) 10여 종이 모두 성과를 거두었고, 특히 아메리칸 오일앤가스American Oil & Gas(〈차트 3-19〉) 같은 몇몇 종목이 엄청난 수익을 거둬들인 것은 놀랄 일이 아니다.

그해 12월에는 컴퓨터 주식이 갑자기 상승하기 시작하여 꼭 매수해야 할 업종이 되었다. 이 업종 차트를 보면 2단계가 어느 정도 착실하게 진행되어왔고 30주간의 MA(〈차트 3-20〉) 부근에서 주저항선 돌

차트 3-19 아메리칸 오일앤가스(AOG)

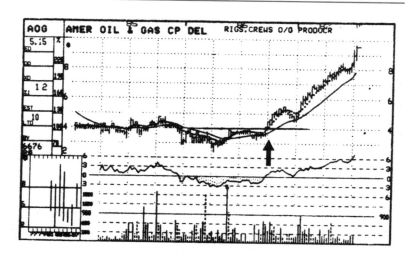

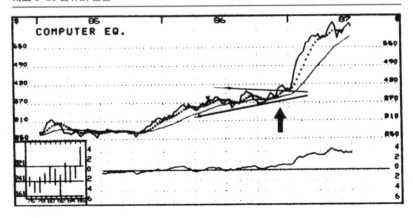

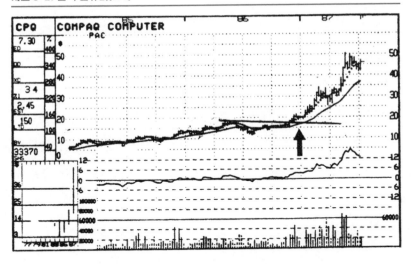

파가 이루어졌다는 사실을 알 수 있다. RS선도 좋고 활기찼으며 플러스 국면으로 높이 상승했다. 거기다 장기 차트가 보여주는 든든한 배경에 힘입어 업종 차트는 최고 기록을 내며 상승했다. 결국 이 업종의 몇몇 개별 주식(〈차트 3-21〉) 패턴은 강력한 상승세를 보였다.

이 모든 중요 요인을 확실히 대조하고 검토했다면 머뭇거리지 말고 매수를 서둘러야 한다. 매년 주가가 상승하거나 하락할 때 다른 업종보다 앞서가는 업종이 있게 마련이다. 앞서 소개한 단계별 접근법을 밟아간다면 히트 퍼레이드를 이끌어가는 주인공이 될 수 있다.

그러나 수익 내는 것만 중요한 것이 아니다. 무엇보다 하락세를 타는 업종을 피해야 한다. 시장이 하락세이면 취약한 업종의 신통치 않은 주식은 공매도하여 이익을 챙길 수 있다.

업종 확인을 게을리해서는 안 된다. 주식 차트는 훌륭한데 시시한 성과를 내는 무수한 사례를 보아왔다. 그때 업종 차트를 확인해보면 아니나 다를까 항상 빈약하다.

이와 달리, 업종이 상승세일 때는 개별 주식의 차트 패턴이 대단하지 않아도 웬만큼만 하면 굉장한 성과를 낸다. 전체 시장이 상승세일 때도 약한 업종에 속해 있는 주식은 폭탄 세계를 받으며 급락하는 경우가 많다. 상승장세라서 어떤 주식이든 결국 오를 거라고 장담해서는 안 된다.

구체적인 사례를 들어보겠다. 1986년 말부터 1987년 여름까지 다우존스 지수가 600포인트 이상 상승했는데도 부동산 투자 신탁 업종(〈차트 3-22〉)의 성과는 끔찍했다. 시장 평균이 로켓처럼 급등한 1987년 상반기, 로마스앤네틀턴 모기지Lomas & Nettleton Mortgage(〈차트 3-23〉)

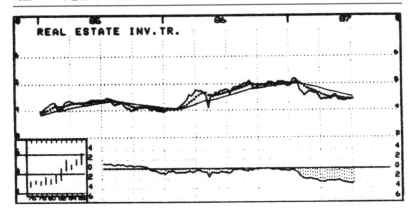

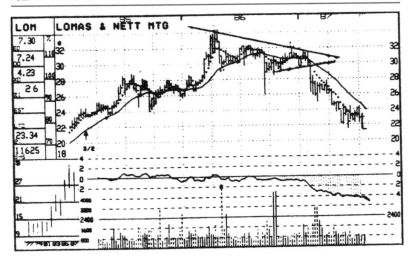

를 비롯해 이 업종에 속한 주식은 대부분 급락했다. 이런 주식에 투자했다가 손실을 봤다면 '펀더멘털'이라는 오래된 덫에 빠진 것이다. 앞으로는 절대로 이 함정에 다시 빠지지 않기를 빈다.

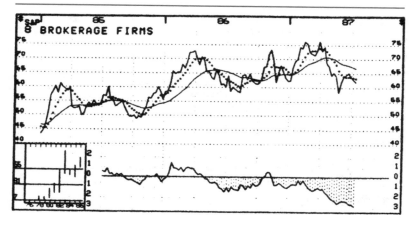

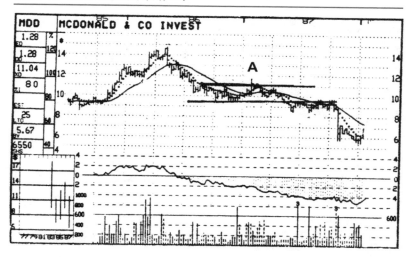

  당신이 "P/E(주가/수익) 비율은 낮지만 회사는 건실했는데, 무엇이
잘못됐단 말인가?"라고 물을지도 모르겠다. 잘못된 점은 너무나 뻔하
다. 업종은 하락세에 있었고, 개별 주식 패턴도 해가 바뀌면서 위험한

3단계 국면에 있었다. 일단 주식이 저항선인 29½을 돌파하자, 바로 4단계로 빠져들었다. 게다가 RS선도 재난이었다. 이런 모든 부정적인 요소를 본다면 다우존스 지수가 눈부시게 상승하는 중에 왜 이 주가가 30퍼센트 이상 급락했는지 쉽게 알 수 있을 것이다.

하락세의 업종이 끼치는 영향을 보여주는 또 다른 예는 1987년 중개업(〈차트 3-24〉)이다. 로마스앤네틀턴 모기지는 약세 업종의 하락하는 주식이었지만, 맥도날드앤컴퍼니 인베스트먼트Mcdonald & Company Investment(〈차트 3-25〉)는 그런대로 괜찮아 보여 1987년 초 가짜 돌파가 나타났다(A지점).

이런 양상은 하락세의 업종에서 흔히 나타나므로 자칫하면 역사상 최고의 상승장세에서 괜찮아 보이던 주식도 길 잃은 사람 신세가 되기 십상이다.

우리가 깊이 새겨야 할 교훈은, 열세인 업종을 기웃거려서는 절대 안 된다는 것이다. 하락세인 업종에서 기막힌 주식 하나를 콕 집어내어 자신이 투자의 귀재임을 증명하려고 애쓰지 마라. 소위 천재라는 이들이 그렇게 돈을 잃는 사이 당신은 A+ 업종에서 A+ 종목을 골라 엄청난 이익을 즐기면 된다.

STAN WEINSTEIN'S

4장

최고 수익을 내는
개별 업종 고르는 법

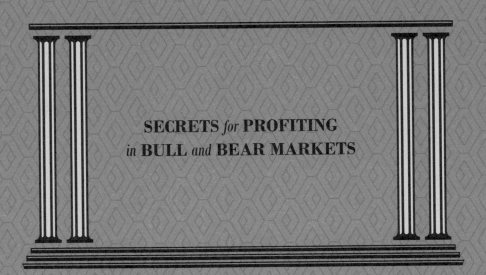

SECRETS *for* PROFITING
in BULL *and* BEAR MARKETS

저항이
작어야 한다

3장에서 시장의 흐름을 읽고 베스트 업종을 찾아내는 법을 배웠다. 이제는 선택의 폭을 좁혀서 유망 업종 중 확실한 개별 주식 종목을 가려내야 할 때가 되었다. 그런데 어떤 주식이 A+ 성적을 낼지, 어떻게 예측할 수 있을까?

물론 방법이 있다. 미래를 완벽하게 예측할 수는 없지만, 성공 가능성을 높이는 간단한 법칙은 배울 수 있다.

이미 저항의 개념을 설명했지만, 저항은 투자에 매우 중요한 구실을 하므로 다시 살펴보자.

〈차트 4-1〉을 보면, XYZ 주식은 주가가 떨어지면서 18과 20 사이에서 트레이딩 범위를 형성하고 있다. 임시 지지대는 18 근처가 된다. 주가는 20 이상으로 상승하지 못하므로 20은 트레이딩 범위 안의 저

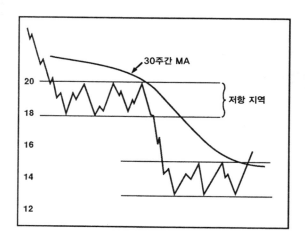

항선이 된다. 이 중립지역에서 몇 주 동안 등락이 계속된 후 XYZ 주식은 18선 아래로 떨어졌다. 이는 물론 부정적인 징조로, 하락이 계속되리라는 것을 알려준다. 이렇게 약세가 이어진 후 XYZ 주식은 최저 13에서 안정되었다. 그러고는 다시 새로운 트레이딩 범위를 형성하며, 기초 지역을 확실하게 구축했다. 새로운 지지선은 13이고, 저항선은 15다. 그러다가 마침내 저항선 15를 극복했는데, 이때 눈여겨보아야 할 것은 주가가 MA선 위로 상승했다는 사실이다.

이제는 당신도 이 주식이 매수 종목임을 알 것이다. 그러면 이 주식을 매수해야 할까? 꼭 그렇지만은 않다. 물론 이 주식은 상승할 것이고 따라서 돈을 벌 수 있기 때문에 매수할 만하지만, 이것만으로는 충분하지 않다. 한 번 더 생각해보자. 이미 말했듯이 돈을 벌 수 있으므로 XYZ 주식을 매수해도 큰일은 아니다. 그러나 이왕이면 큰돈을 벌어야 한다.

경제학에 '기회비용'이라는 개념이 있다. 우리는 2만5,000달러든 2,500만 달러든 한정된 자원을 가지고 있으므로 이를 최대한 활용해야 한다는 이야기다. 만약 XYZ 주식을 매수하여 주가가 20퍼센트 상승했는데, 이때 ABC 주식은 200퍼센트 상승했다면 우리는 이익을 놓친 것과 마찬가지다. 그러므로 우리는 B나 C급 주식은 남겨두고, A+ 주식을 찾아 거래해야 한다.

〈차트 4-1〉로 돌아가보자. 이 주식이 왜 B-밖에 안 되는지 알려주겠다. XYZ 주식이 저항선 15 위로 돌파하며 호조를 보일 때, 다음 저항선이 어디에서 형성될지 살펴야 한다. 다음 저항선은 이전에 지지대였던 18이 될 것이다.

한번 무너진 지지대는 나중에 주가가 오를 때는 저항선이 된다는 사실을 기억하라. XYZ 주식이 이 저항선을 치고 올라왔다 해도 20까지 오르기는 버겁다. 그래서 18과 20 사이가 아마도 다음 저항 지역이 될 가능성이 높다. 물론 주식이 이 지역을 영원히 극복하지 못한다는 말은 아니다. 그러나 그러려면 엄청난 구매력이 따라주어야 한다. 그러니 오랫동안 이 지역에 머무르게 되기 쉽다.

가능성은 별로 없지만 설사 이 주식이 이 저항 지역을 빨리 벗어난다고 해도, 곧 약세가 되어 숨을 골라야 한다. 어떤 사람은 6층을 층계로 걸어 올라가고, 또 어떤 사람은 손쉽게 엘리베이터를 타고 올라갈 때와 비슷하다. XYZ 주식과 ABC 주식 모두 돌파 이후, 당신은 몇

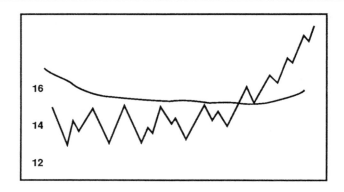

번에 걸쳐 50만 주씩 샀다면, 나중에 어느 주식이 더 상승했을까? 상승세에 저항이 거의 없는 주식과 저항을 많이 받는 주식 중 어느 쪽일까? 답은 분명하다.

ABC 주식의 〈차트 4-2〉를 살펴보자. XYZ 주식과 같은 업종에 속한 이 주식은 저항선을 돌파하며 MA선 위로 올라섰다. XYZ 주식은 18과 20 사이에서 저항 지역이 분명히 나타난 데 반해 ABC 주식 차트에는 이렇다 할 저항선이 나타나지 않는다. 이 주식이 고가에 거래되어서 그럴 수도 있지만, 지난 2년간 비싼 편은 아니었다(맨스필드 차트는 약 2년 반 동안의 기록을 보여준다). 몇 년 전부터 저항은 있었지만, 내가 연구한 바에 따르면 저항은 시간이 갈수록 힘을 잃게 된다. 그럴 수밖에 없는 것이, 저항은 주식을 비싸게 산 사람들이 주가가 떨어지자 되도록이면 자신들이 산 가격과 비슷한 값으로 매도하려고 해서 생기는 것이기 때문이다. 시간이 흘러감에 따라 투자자는 손실을 떠안고 손을 떼게 마련이다.

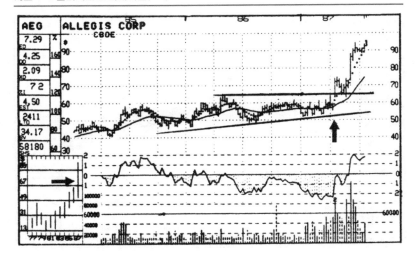

그러면 마지막으로 장기 차트를 확인해보자. 과거 10년간의 동향을 수직선으로 나타낸 맨스필드 차트에서 저항이 없다면(10년간 이 가격 이상으로 주식이 거래되지 않았다면) 당신은 A+ 주식을 찾을 것이다.

이를 확인해볼 수 있는 실례가 있다. 앨러지스 코퍼레이션Allegis Corporation(〈차트 4-3〉)은 1987년 그해 트레이딩 범위에서 최고점을 돌파하며 상승한 이후 더 이상 저항이 없었다. 이때의 장기 차트를 확인해보자. 과거 10년간 이 수준 이상으로 형성된 저항(왼쪽 아래 장기 차트의 화살표)이 없다는 것을 알 수 있다. 이런 상황은 파란불이 들어온 것과 같다. 저항을 만나지 않은 덕택에 주가는 30포인트 위로 로켓처럼 급상승했다. 연일 새 기록을 세우며 최고점을 갈아치우는 최고의 상승장세를 보여주었다. 생각해보라. 그동안 손해를 감내하며 오랫동안 기다린 사람이 한둘이 아닐 것이다. 그런 사람들을 1~2포인트 올

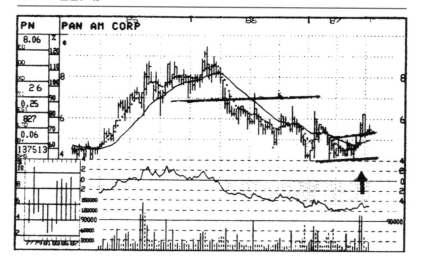

랐다고 주식을 팔아치우지 않는다. 그러므로 구매력은 주가에 폭발적
인 영향을 끼친다.

  이번에는 1987년에 똑같이 상승세였던 항공사 팬암Pen Am Corporation
의 〈차트 4-4〉를 보자. 기초 지역을 돌파하고 추세선과 MA선 위로
상승했지만, 앨러지스와 비슷한 양상으로 보아서는 안 된다. 1986년
말 팬암 주식이 하락했을 때, 6½에서 저항선이 생겨났기 때문이다.
설상가상으로 주가가 급락한 1987년 초, 7 수준에서 물량이 쏟아지
는 바람에 결국 주가는 4로 주저앉았다.

  장기 차트를 확인해보면, 8 위로 꽤 큰 저항이 형성된 적이 있음을
알 수 있다(1983년과 1986년 사이 4년 동안, 매년 8 이상을 기록했다). 나는
앨러지스 주식을 A+로 본 반면 팬암은 C-로 매겼다. 이 당시 팬암 주

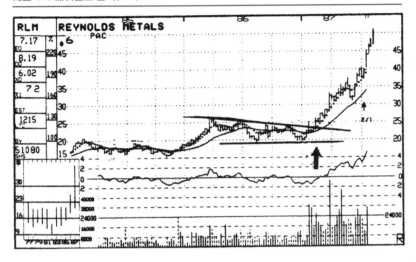

식을 거래해야 했다면 아마 팔기보다는 사려고 했을 것이다. 그러나 매번 배팅할 필요는 없는 법. 2단계에 든 주식이라고 해서 다 매수할 필요는 없다. 아주 좋은 것만 사도록 하자.

그런데 '아주 좋은 것'은 어떤 것일까? 좋은 업종의 2단계에 접어든 주식이라면 다 괜찮을까? 사실은 그것만으로는 충분하지 않다. 좋은 주식을 찾을 때 확인해야 할 몇 가지가 있는데, 그중 가장 중요한 것은 위쪽에 나타나는 저항선이 어디에 자리 잡고 있느냐는 것이다.

참고할 사례가 또 있다. 레이놀스 금속Reynolds Metals은 1987년 업종 차트 분석에서 좋은 결과를 보인 알루미늄 업종에 속해 있었다. 1987년 초 레이놀스 금속은 1년간 지속된 트레이딩 범위를 돌파하고 상승 청신호를 보냈다. 〈차트 4-5〉를 살펴보면 이전 2년 반 동안 위쪽의

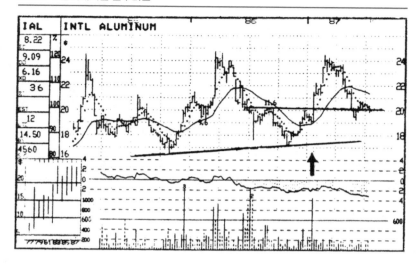

저항이 발생하지 않았음을 확인할 수 있다. 또 장기 차트를 찬찬히 살펴보면 10년 만에 최고점을 기록했음을 알 수 있다. 빙고! 이때는 빨리 매수 주문을 내야 한다. 이 주식은 향후 몇 개월 동안 엄청난 매수 물량이 쏟아졌고 저항도 받지 않아서 주가가 2배 이상 올랐다.

같은 알루미늄 업종에 속하면서 레이놀스 금속과 비슷한 시점에 돌파가 일어났던 인터내셔널 알루미늄International Aluminum(〈차트 4-6〉)의 주식 패턴을 비교해보자. 1987년 초 인터내셔널 알루미늄은 20 위로 돌파하며 상승했다. 그러나 인터내셔널 알루미늄은 레이놀스 금속과 달리 바로 위인 24½에서 많은 저항이 일어났다. 1987년 초뿐만 아니라 1986년, 1985년, 1983년에도 저항이 있었다.

결국 이 주식은 어떻게 되었을까? 레이놀스가 당당하게 상승했던 것과 달리 인터내셔널 알루미늄은 상승세가 미약했다. 24½로 빠르게 상승하는 듯하다 곧바로 20으로 떨어졌다. 차트를 잘 살펴보면, 첫째 주 이후 거래량이 미약하고 RS선도 그저 그런 편임을 알 수 있다. 1단계 기초 지역도 넓지 않다. 6주 후 인터내셔널 알루미늄 본전을 유지했겠지만 레이놀스 투자자들은 투자액을 2배로 늘렸을 것이다. 이는 연간 수익률 200퍼센트보다 훨씬 나은 성적이다.

내가 하고 싶은 말은 간단하다. 매수 주문을 내기 전에 사려고 하는 주식의 위쪽 저항선이 어느 지점에 얼마나 많이 형성되어 있는지 꼭 확인해야 한다는 것이다.

거래량이
많아야 한다

주식 종목을 정할 때 저항의 위치와 크기 다음으로 중요한 요소는 거래량이다. 무엇보다 확실한 정보를 제공해주는 거래량을 제대로 확인할 줄 알게 되면, 엄청난 수익을 올릴 수 있다. 우리는 거래량이 왜 중요한지 논리적으로 알지는 못해도, 어느 차트 책이건 한번 훑어보면 돌파 시점의 거래량이 향후 주가에 결정적 영향을 끼친다는 사실은 납득할 수 있다.

거래량이 왜 중요할까? 거래량은 매수자의 힘을 나타내는 척도이기 때문이다. 이미 말했지만, 주식은 그 자체의 무게로 하락하게 마련이다. 따라서 주가를 올리기 위해서는 엄청난 구매력이 필요하다. 주식시장은 커다란 바위를 언덕 위로 굴려올리는 것과 다르지 않다. 바위를 언덕 위로 움직이려면 엄청난 에너지가 들지만, 일단 놓아버리면 바위는 그 자체의 힘으로 아래로 굴러 내려가면서 가속도가 붙는다. 그러므로 새겨두어야 할 법칙은 간단하다. 거래량이 늘지 않은 채로 이루어지는 돌파는 믿을 수 없다는 것이다.

〈차트 4-7〉은 거래량이 제대로 느는 바람직한 패턴을 보여준다. 주식이 1단계 기초 지역이 끝나갈 때 크게 한번 물량이 몰려 마지막 덤핑이 이루어진다고 믿는다. 그런 다음 거래량은 감소하고 매도세는 줄어든다는 것이다.

이는 훌륭한 이론이기는 하나, 내가 지금까지 연구하고 확인한 바와는 다르다. 실제로 큰 수익을 낸 주식 차트들을 보면 거래량에서 매우 다양한 패턴을 보인다. 그래서 나는 1단계 기초 지역에서 거래량이 어떤 형태로 나타나는지 걱정하지 않기로 했다. 그러나 일단 주식이 저항선의 최고점 위로 돌파하고 30주간의 MA선 위로 상승하면,

차트 4-7 이상적인 거래량 패턴

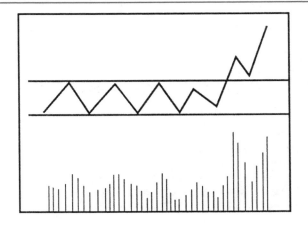

거래량에 신경을 써야 한다. 〈차트 4-7〉에서 볼 수 있듯이 거래량은 돌파 시점에서 크게 늘어야 한다. 거래량이 빈약한 주식은 고작 몇 포인트 오른 상태에 머물러버리는 그저 그런 종목이 될 가능성이 크다. 최악의 경우 트레이딩 범위로 되돌아오는 바람에 돌파한 효과를 하나도 못 내는 가짜 돌파가 되기도 한다.

투자자들은 언제나 분명하고 확실한 법칙을 원한다. 그리고 우리 전문가들은 그런 법칙을 만들어내는 잘못을 저질렀다. 솔직히 나는 '거래량이 얼마가 되면 큰 수익을 낼 수 있다'는 식의 법칙을 믿지 않는다. 돌파 지점의 거래량이 지난 몇 주간의 평균 거래량의 4.65배가 되면 좋다는 식으로, 무작위로 정한 거래량 수치를 믿고 그런 주식을 찾기보다는 다음의 조건에 맞는 주식을 고른다.

우선 일주일 동안의 최고 거래량이 지난달 평균 거래량보다 적어도 두 배가 되든지(그 이상이 되면 더 좋다), 아니면 지난 3~4주 동안의 전체 거래량이 같은 기간의 평균 거래량에 비해 최소 두 배 이상 되면서 돌파가 일어난 주에 증가세를 보이는 주식을 찾아본다.▪

거래량이 얼마가 되었든 돌파 때 거래량이 크게 늘지 않았다면, 그런 주식은 피해야 한다. 당신이 매수가 역지정 주문▪▪을 했다면, 그

▪ 주간 그래프 대신 일간 차트를 사용한다면, 돌파가 일어난 날 거래량이 전 주의 평균 거래량보다 두 배 이상 늘어난 주식을 찾으면 된다. -지은이 주

▪▪ 처음 사고자 한 가격이 너무 낮아 주문이 체결되지 않았을 때 추격 매수해 주식을 사는 것. 예를 들어 XYZ 주식을 10달러에 살 수 없었다면 12달러에 사겠다고 미리 주문 내는 경우. 여기서는 거래량 증가 없이 가격만 올라간 주식을 매수했다면 잘못 산 것이므로 빨리 팔아야 한다는 뜻이다.

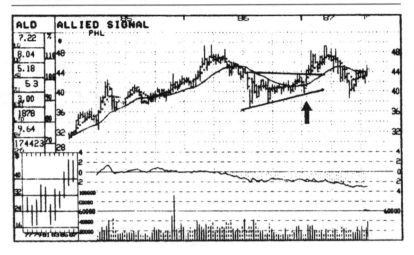

주식이 돌파한 뒤 상승할 때(대부분 상승한다) 재빨리 팔아치워 이윤을 챙겨야 한다.

거래량과 관련된 실례를 보자. 〈차트 4-8〉은 얼라이드 시그널Allied Signal 주식이 돌파할 때 거래량이 크게 늘지 않았음을 보여준다. 돌파 전 4주간의 평균 거래량은 차트상에서 2만이 채 못 되는 걸로 나타나 있다(차트에서는 0을 두 개 떼어버리기 때문에 실제 일주일 평균 거래량은 200만 주였다). 돌파가 발생한 주의 거래량은 평균 거래량의 두 배인 400만 주에 못 미쳤다.

이는 매수 세력이 주가를 지난번 저항 수준인 50 이상으로 끌어 올 릴 힘이 없다는 뜻이다. 그러니 얼라이드가 49⅛에서 급락한 것은 놀 라운 일이 아니다. 만약 몇 주 전, 매수가 역지정 주문을 내서 주식을 43⅝로 매수했다면, 1986년 최고가에 가까운 49 근처에서 팔아야 그

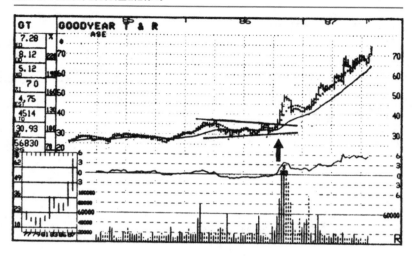

나마 이윤을 챙길 수 있다.

이런 시원찮은 주식과는 대비되는 예를 하나 찾아보자. 〈차트 4-9〉
는 1986년 말 굿이어 타이어앤러버에서 발생한 돌파를 나타낸 것인
데, 돌파 시점에서 놀라운 매수세를 보여준다. 돌파 시점 이전의 4주
동안 평균 주간 거래량은 220만 주였는데, 돌파 때의 거래량은 이 세
배에 이르렀다. 그 뒤 두 주 동안 거래량은 더 늘어났다. 이것이야말
로 A+를 받을 만한 움직임이다.

굿이어는 몇 주 뒤 MA 근처인 40으로 풀백했는데, 이때도 매우 좋
은 징조였다. 풀백에서 거래량이 75퍼센트 이상 줄어든 것이다. 만일
거래가 최고 수준을 유지했다면, 더 이상 주식을 살 기회가 없었을 것
이다. 그런데 돌파 시점부터 엄청나게 늘어난 거래량이 풀백에서 또
크게 줄어들었다면, 이 주식을 더 사야 한다는 뜻이 된다. 이때는 남

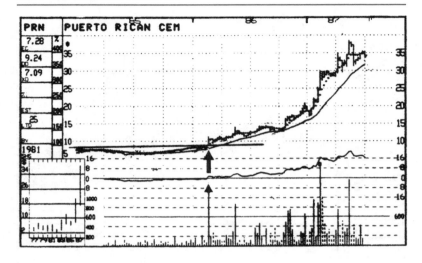

겨놓은 투자금을 다 쏟아부어야 한다.

도움을 주는 예가 하나 더 있다. 푸에르토 리칸 시멘트^{Puerto Rican Cem}

ent(〈차트 4-10〉)와 텍사스 인더스트리^{Texas Industries}(〈차트 4-11〉)는 같은
업종에 속하면서 같은 시장 주기에 있었다. 그런데 한 주식은 300퍼
센트 안팎의 높은 수익률을 달성한 반면, 다른 주식은 손해를 입었다.
왜 그랬을까? 운 때문이 아니라 바로 거래량 때문이다. 푸에르토 리
칸은 1986년 초 돌파가 일어나기 전 4주 동안 평균 거래량이 120 정
도였다. 돌파 후 거래량은 열 배 증가했는데, 이는 사람들이 갑작스레
주식을 매수했기 때문이다. 이때 사람들은 주식을 9에 매입하여 15개
월 뒤 38½에 매도했으니, 제대로 투자한 것이다.

텍사스 인더스트리는 1986년 초 돌파를 기록했던 또 다른 시멘트

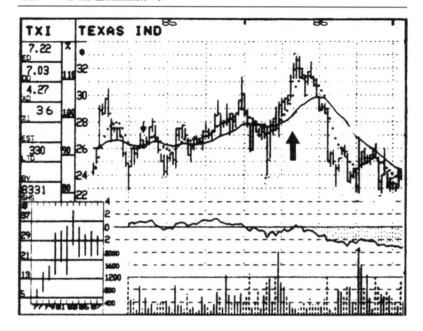

주식이다. 그러나 이 주식은 신나게 큰 소리를 내지 않고 지글지글 작은 소리를 냈다. 거래량은 증가하기는커녕 줄었으며, 주가는 몇 개월 전의 고점 아래에 머물렀다. 이럴 경우 주가가 31½ 이상으로 상승했을 때에도 매수하지 말고 그냥 넘겨버려야 한다. 이처럼 거래량을 잘 살피면 위험을 피해갈 수 있는데 몇 개월 뒤 텍사스 인더스트리는 22로 급락했고, 푸에르토 리칸 시멘트는 고공 행진을 했다.

배울 것이 아직 많지만, 잠시 멈추고 꼭 알아두어야 할 요점을 다시 한 번 정리해보자.

- ▶ 첫째, 시장 추세가 상승세인지를 파악해야 한다.
- ▶ 둘째, 업종이 성장세에 있어야 한다.
- ▶ 셋째, 좋은 업종 중에서 위쪽 저항선의 부담을 되도록 적게 받으면서 2단계로 돌파하는 주식을 찾아야 한다.
- ▶ 마지막으로 돌파 시점의 거래량을 꼭 확인해야 한다.

이 네 가지를 잘 점검하여 주식을 고른다면, 끔찍한 주식은 피해가고 좋은 주식을 만나게 될 것이다.

차트를 보고 기술적으로 분석할 때는 이처럼 배워야 할 것이 많다. 일부 학구적인 경제학자들은 시장은 제멋대로여서 차트는 아무 소용이 없다는 말을 하기도 한다. 몇 년 전까지만 해도 이런 말에 나는 당황했지만, 이제는 혼자 웃고 만다.

내가 지금까지 말한 주식 패턴이 정말 제멋대로인 것으로 보이는가? 주식 1,000개가 돌파했다고 해서 1,000개가 다 A+로 나아갈 수 있겠는가? 그렇다면 이는 프로 야구 선수와 어린이 야구 선수의 타율을 똑같이 취급하여 평균을 구하는 것과 같다. 어찌 되었든 괜찮다. 차트는 요술과 비슷하여 믿을 수 없다고 생각하는 무작위 주식 투자자가 돌파 시점에서 주식을 우리에게 팔고, 주가가 하락하는 4단계에서 주식을 사도록 내버려두면 된다.

RS가
받쳐주어야 한다

유망 매수 종목을 찾아 나갈 때 확인해야 할 또 다른 요소는 상보강
도Relative Strength,즉 RS이다. RS는 개별 주식이 전체 시장과 비교해 어
떻게 움직이는지를 보여주는 척도다. 주가가 상승하는 개별 주식도
RS가 열세일 때가 있고, 하락하는 주식이라도 RS가 플러스인 경우가
있다.

한번 생각해보자. 스탠다드앤푸어즈 종합주가지수가 20퍼센트 상
승했는데 개별 주식인 XYZ 주식이 겨우 10퍼센트 올랐다면, XYZ 주
식은 뒤쳐진 것이다. 다시 말해 이 주식은 시장을 끌고가는 것이 아니
라 억지로 끌려간다는 뜻이다. 전체 증시가 하락세로 돌아서면 XYZ
주식은 폭탄을 맞게 될 가능성이 매우 크다. 이와 반대로 전체 증시의
평균 주가가 20퍼센트 하락했는데 XYZ 주식은 10퍼센트만 하락했

다면, XYZ 주식은 강력한 RS를 지녔음을 보여준다. 이 경우 일단 중시가 상승하기 시작하면, 이 주식은 히트를 치며 시장을 끌어갈 것이다.

RS를 계산하는 공식은 아주 간단하다.[■]

$$\frac{xyz\ 주가등락비율}{벤치\ 마크\ 지수\ 등락비율}$$

XYZ 주식이 50이고 스탠다드앤푸어즈 종합주가지수가 310이면, XYZ 주식의 RS는 0.16(=50/310)이다. 어떤 분석가는 이 수치를 매일 계산하지만, 그럴 필요는 없다. 일주일에 한 번 RS를 계산해보면,[■■] 시간에 따라 형성되는 명확한 패턴을 파악할 수 있다. 그러면 시간에 따른 움직임을 잘 이해하게 된다. 이번 주에는 RS가 플러스였으나 다음 주에는 마이너스가 되기도 한다. 시장이 어떻게 움직이는지 제대로 알려면 어느 정도 시간이 필요하다.

〈차트 4-12〉에서 위쪽 선은 XYZ의 주가선이고 아래쪽 선은 XYZ 주식의 RS를 나타내는 선이다. 주가의 움직임이 중립적인데 반해(51과 55 사이 트레이딩 범위 내에서 움직이고 있다) RS선은 다른 양상을 보인다. RS선의 상승은 좋은 징조다. 주가가 상승할 가능성이 크다는

■　RS에 대한 옮긴이 해설은 4장 끝부분 참조
■■　매주 같은 요일에 하도록 한다. 한 주의 거래가 마감되는 금요일에 하면 좋다. −지은이 주

것을 보여주기 때문이다. 설사
주식이 우리를 바보 취급하며
하락세로 돌아섰다 하더라도,
RS가 좋을 때는 주식을 공매
도하고 싶은 마음이 잘 안 날
것이다.■

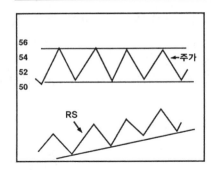

차트 4-12 XYZ 주식

RS가 좋으니 하락세는 곧
멈출 것처럼 보인다. 그렇지만
그런 주식을 보유하고 있다면 주가 하락을 무시해서는 안 된다. 이때
는 장에서 빠져나와야 한다.

RS를 직접 계산하여 그래프를 그리는 대신 업체에서 제공하는 차
트를 이용할 수 있다.■■

〈차트 4-13〉에서 보듯이 맨스필드 차트는 RS선을 표시해준다. 맨
스필드는 복잡한 가중치를 이용한 공식을 사용하고 있지만, 결과는
마찬가지다. 어쨌든 주가의 성과에 비해 열악한 RS선을 보여주는 주
식은 절대 사면 안 된다. 이와 반대로 RS선이 플러스일 때는 그 주식
을 공매도할 생각을 하지 않는 것이 좋다.

그러면 실례로 머크Merck의 〈차트 4-13〉을 살펴보자. 머크 주식이

■ 일반 주식 투자자는 기관 투자자가 주식을 빌려서 팔기도 한다는 사실을 알고 있어야 한다. 이를 기관대주거래
라고 하는데, 그래서 주식 가격이 떨어질 때는 무섭다.
■■ 요즘은 우리나라 대부분의 증권사 사이트에서 RS선을 표시한 차트를 제공하고 있다. 이 사이트들은 RS선 외
에도 필요한 지표를 옵션으로 선택해 볼 수 있도록 하고 있다.

차트 4-13 머크(MRK)

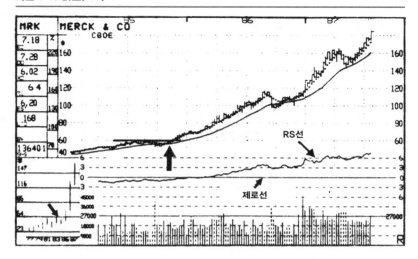

차트 4-14 아담-러셀(AAR)

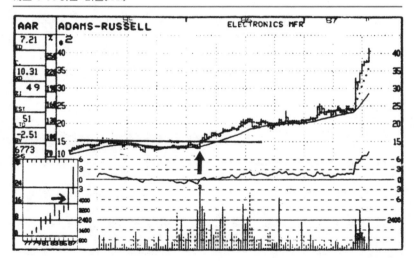

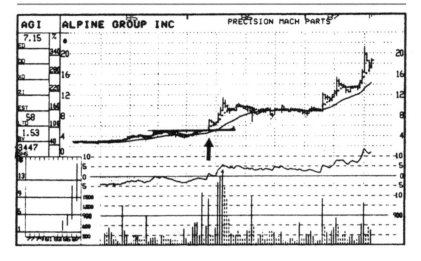

1985년 말 60위로 돌파하기 이전부터 RS선은 상승하기 시작했다. 그리고 60을 돌파한 뒤 RS선은 플러스 영역으로 올라와서 1986년과 1988년 상반기까지 계속 상승세를 이어갔다. 머크 주가가 세 배로 뛰어오르며 그 기간 동안 가장 주목받는 블루칩이 된 것은 놀라운 일이 아니다.

〈차트 4-14〉와 〈차트 4-15〉도 RS가 주가에 끼치는 영향을 잘 보여준다. 아담-러셀Adam-Russell(〈차트 4-14〉)은 1986년 초 주가가 15 위로 돌파하면서 거래량도 크게 늘었다. 주가가 16 위로 상승한 시점에서 장기 차트를 보면 부담되는 저항은 안 보이나 돌파에 앞서 RS는 그저 그랬다. 그러나 돌파 몇 주 전부터 주가가 상승하기 시작했고, 돌파가 되자 RS선은 플러스 영역을 올라왔다. 앞에서 말한 매수 조건(시장이 상승세에다 업종도 성장세이고, 저항을 별로 받지 않고 2단계에 들어서야 한

다)을 갖춘 이 주식은 그 후 1년
반 동안 세 배 이상 상승했다.

알파인 그룹Alpine Group(〈차트
4-15〉)은 1986년 초 주가가 5½
위로 돌파했다. 거래량도 급격
히 증가했다. 장기 차트를 참고
해볼 때 저항은 없었고, RS선도

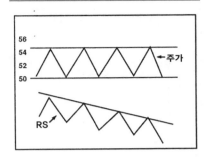

차트 4-16 XYZ 주식

좋았다. RS선은 돌파 전 마이너스 영역에 있었지만 돌파 90일 전부터
상승하기 시작했다. 주가가 5 위로 올라섰을 때, RS선도 제로선 위로
상승했다. 이 주식은 예상대로 진행되어 1년 반 동안 4배 상승했다.

자, 그러면 RS가 좋지 않았을 때를 보자. RS가 수반되지 않은 평범
한 돌파도 얼마 동안은 호조를 보일 수 있다. 그러나 여기에 연연해서
는 안 된다. 우리의 계획은 높은 승률을 보이는 종목을 찾는 것이지,
큰 도박을 하는 것이 아니기 때문이다. 이런 도박은 경마 도박 상습자
나 할 일이다.

〈차트 4-16〉은 RS가 열세인 경우다. XYZ 주식이 50~55 사이 트레
이딩 범위 안에서 옆으로 일정한 주기를 그리며 움직이고 있지만, RS
선은 하락세를 보이고 있다. 하락하는 RS선은 그 주식이 전체 시장에
비해 미약하게 움직이고 있음을 뜻한다. 이런 경우 돌파가 이루어진
다 해도 결국 하락세로 이어질 가능성이 크다. 아주 드문 경우지만 이
주식이 상승세를 보인다 하더라도 상승세가 미약하기 때문에 매수할

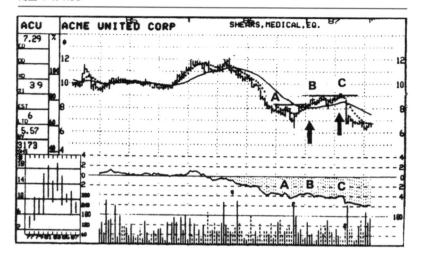

가치는 없다.

〈차트 4-17〉의 ACU^Acme United Corporation는 1987년 초 8½(B지점)에서 돌파하며 상승했다. 그러나 RS선은 돌파 시점이라도 주식을 매수하지 말라고 첫 번째 경고를 보내고 있다. 그 이유는 RS선이 마이너스 영역에 깊이 자리 잡고 있기 때문이다. RS선이 나약한 주식은 잊어버리는 편이 낫다. 두 번째 경고 메시지는 RS선이 1986년 초 고점을 형성한 이후 12개월 동안 하락했다는 점에서 찾을 수 있다. 이어 ACU가 B에서 돌파할 때 세 번째 경고 신호가 커졌다. 주가는 상승했지만 RS선이 A지점일 때보다 낮게 형성되었기 때문이다.

이런 주식은 매수할 생각을 하지 말아야 한다. 그러나 경솔한 사람들을 끌어들이기 위해서인지, 주가는 몇 달 후 9½(C지점)에서 다시 돌파했다. RS선은 이전의 고점과 비교해 훨씬 낮게 형성되었다(RS선

차트 4-18 케어 엔터프라이즈(CREA)

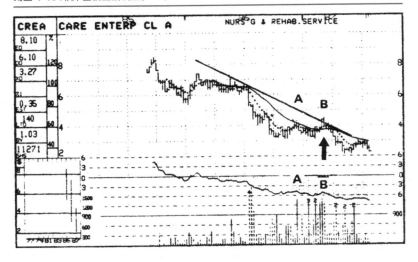

차트 4-19 그랜드 오토(GAI)

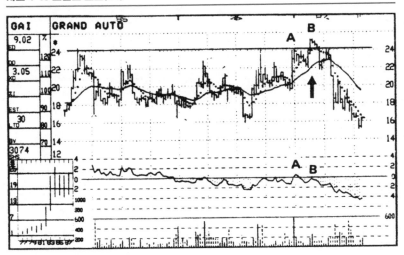

에서 C는 B보다 낮다). 그 결과 ACU는 급격히 상승하는 다우존스 지수와 함께 상승하지 못하고 오히려 하락했다.

이와 똑같은 하락세의 패턴은 케어 엔터프라이즈Care Enterprises(〈차트 4-18〉)에서도 볼 수 있다. 1987년 초 케어 주식은 $4\frac{1}{4}$(B지점)에서 돌파했으나 RS선은 좋지 않은 모양새였다. 크게 하락하며 마이너스 영역에 머물렀고, A지점보다 B지점에서 더 낮아졌다. 그러더니 결국 시장 평균 주가는 크게 오르는데도 이 주가는 반이나 떨어졌다.

마지막으로 〈차트 4-19〉를 통해 확실한 예를 살펴보자. 그랜드 오토Grand Auto는 전체적으로 보약이 절실히 필요한 RS선을 갖고 있었다. 돌파할 때(B지점)도 RS는 여전히 빈약한 상태였으며(RS선은 A지점보다 B지점이 더 낮다) RS선은 마이너스 영역에 있고, 주가는 하락하고 있었다(이 돌파 시점에서 볼 수 있는 또 다른 위험 표시는 거래량이 부족한 점이다).

RS를 표시하는 RS선을 무시하면 위험을 무릅쓰게 된다. 안전한 유망 매수 종목을 찾는 데 이보다 더 든든한 밑받침도 없다. 더구나 이 선은 미래의 유망주를 예측하는 데도 꽤 정확한 정보를 알려준다.

사기 전에
점검해야 할 사항

진도를 더 나가기 전에, 아래 항목을 점검해보자. 이 점검 목록은 두 가지 면에서 매우 쓸모가 있다. 첫째, 이 목록은 주식을 매수할 때 빠뜨려서는 안 되는 사항을 점검해볼 수 있게 해준다. 둘째, 이 목록을 순서대로 밟아가면 유망 종목을 찾아낼 수 있으니 좋은 지침서 구실을 한다.

▸ 전체 시장의 흐름을 확인한다.

▸ 차트를 기술적으로 분석해 최고로 보이는 업종을 몇 개 찾아낸다.

▸ 상승세인 업종 가운데 트레이딩 범위 내에서 움직이는 주식을 찾아 목록을 만든다.

▸ 목록에 오른 주식 중 위로 저항을 갖고 있는 주식은 지워나간다.

▸ 목록에 오른 주식의 RS선을 확인하고, 대상을 더 좁혀나간다.

▸ 위의 매수 조건에 맞는 소수의 주식 종목을 사되 전체 투자액의 반을 먼저 투자한다. 가격 주문방식(자동 추격매수)* 으로 매수한다.

▸ 돌파 때에 거래량이 늘어나고 하락 때에 감소한다면, 돌파 수준으로 풀백할 때 나머지 투자액으로 그 주식을 매수한다.

▸ 돌파 때 거래량이 충분하지 않은 경우엔 돌파 직후 주가가 오를 때 주식을 판다. 만약 주가가 오르지 못하고 돌파 때보다 아래로 하락하면 즉시 처분한다.

■ 증권가에서는 '시장가 매수'라고 한다. 어느 가격이든지 시장에서 거래되는 가격에 매수하는 것이다. 증권가에서는 최유리지정가, 최우선지정가가 가장 유리하다.

큰 수익을 보장하는
헤드앤숄더 패턴 2가지

지금까지 다룬 내용, 즉 매수할 때 꼭 점검하고 밟아야 할 각 단계에 대한 정보는 매우 중요해서 10점 만점에 모두 10점짜리 정보라고 할 수 있다. 그 단계만 제대로 밟아나가도 놀라운 성적을 거둘 수 있다. 이제 정교함을 더해줄 몇 가지 요령을 소개하고자 한다. 이 요령은 지금까지 소개한 정보처럼 중요하지만 않지만, 수익을 한층 더 높여줄 것이다.

이 책을 읽기 전에는 말할 것도 없고 이 책을 읽은 뒤에도 당신은 차트로 주식 투자하는 법이라든지 기술적 분석법에 대해 소개한 책을 읽을 기회가 있을 것이다. 그런 책을 펼치자마자 별의별 희한한 도표와 도형을 공부하게 되고, 삼각형이니 깃발형이니 하는 세계로 들어서게 된다. 이러한 화려한 도표와 형태가 아무 도움이 안 된다고 말할 수는 없지만 높은 이익을 창출하는 데는 중요하지 않다. 나는 책 서두에서 제일 중요한 기술적 지표만을 다루겠다고 선언했다. 그러니 받침 접시니 V자형 대형이니 하는 것은 잊어버리도록 하자. 그렇지만 꼭 알아두어야 할 몇 가지 대형이 있다. 쉽고, 아주 유익한 대형이니 한번 익혀보자.

헤드앤숄더 바닥형

▸ 좌우 모양이 대칭을 이룬다.

▸ 30주간 MA가 하락세일 때는 사지 마라.

▸ 돌파 시점에는 거래량이 크게 늘어난다.

먼저 알아두어야 할 대형은 헤드앤숄더 바닥형Head-and-Shoulder Bottom
[*]이다. 이 대형은 바닥시세에서 나타나는데, 바닥 시세 형태 중에서는 가장 강력하고 믿을 만한 대형이다. 투자자 대부분이 헤드앤숄더 바닥형이라는 말을 들어본 적은 있지만 차트상에서 이 대형을 잘 구분해내지는 못한다. 초보 분석가는 차트 책을 넘길 때마다 헤드앤숄더를 떠올리곤 한다. 마치 의대 1년생이 질병을 공부하면서 자신도 이 병에 걸리지 않았나 하고 의심하는 것과 비슷하다.

---

[*] 3개의 봉우리가, 마치 양 어깨가 머리를 사이에 두고 대칭을 이룬 것처럼 보이는 대형. '삼봉형'이라고도 하며, 천장형과 바닥형이 있다.

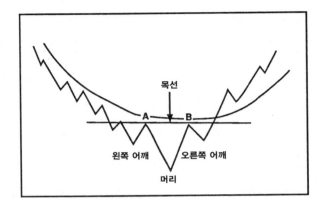

이 역동적인 헤드앤숄더는 주식이 크게 하락한 후에 나타나는데, 이 대형이 보이면 주식은 곧 상승세로 역전할 준비가 된 상태라 할 수 있다. 〈차트 4-20〉은 헤드앤숄더가 전개되는 과정을 잘 보여준다. 우선 XYZ의 주가가 계속 하락하여 새로운 저점을 형성하고 곧이어 과잉 매도에 의한 상승(A지점)이 따른다. 이렇게 해서 왼쪽 어깨가 형성되지만 이 시점에서 그 사실을 알아채기란 쉽지 않다.

이후 다음 주가를 또 한 번 4단계의 저점으로 떨어뜨리는 붕괴가 있다(머리 부분). 그러나 마침내 힘이 모이기 시작한다는 신호도 보인다. 급한 매도가 다 이루어지고 나면 XYZ 주식은 놀랍게도 지난번 저항선 수준(B지점)까지 상승한다. 머리 부분이 막 형성된 셈인데, 계속 하락하던 이전의 경우와 달리 매우 낙관적인 움직임이다(이전의 경우, 새로운 저점을 기록한 후 나타난 상승세는 바로 직전의 고점보다 훨씬 아래에서 멈췄다). 매수하기에는 아직 이르지만, 어떤 일이 일어나고 있다는 것만은 확실하다.

B지점에 오른 뒤 다시 주가는 떨어지지만 새로운 저점을 만들지는 않는다. 이는 힘을 모으고 있다는 작은 신호다. 헤드앤숄더 바닥형의 가장 전형적인 모양은 차트에서처럼 상승세의 고점(A와 B의 지점)은 거의 똑같은 수준이고 양 어깨에 해당하는 하락 지점도 거의 똑같은 꼴이다. 그러나 모양과 수치에 지나치게 집착할 필요는 없다. 다만 좌우 대칭 모양을 이룬다는 것만 기억해두자.

급격한 하락이 멈추고 주식이 상승세를 타면 오른쪽 어깨가 완성된다. 이때 하나 알아두어야 할 것은 A지점과 B지점은 목선^{Neckline}으로 불리는 추세선으로 연결되어야 한다는 점이다. 주식이 이 목선 위로 올라오면 대개 상승세를 탄다는 신호이므로 목선으로 잘 지켜봐야 한다.

헤드앤숄더 바닥형의 거래량에 관해서는 아주 다양한 이론이 있으나 대부분 다음 시나리오를 상승세라고 본다. 왼쪽 어깨가 형성될 때는 엄청난 거래량을 동반하나, 머리 부분에서는 거래량이 별로 많지 않고, 오른쪽 어깨가 형성될 때는 거래량이 줄어든다는 것이다. 그러나 이 대형에서 거래량은 신경 쓰지 않는 편이 낫다.

문자 그대로 수천 가지 패턴을 연구한 결과, 나는 헤드앤숄더 바닥형에서는 거래량이 별 상관없다는 결론을 냈다. 대신, 중요하고 매우 믿을 만한 두 가지 신호를 알아볼 수 있어야 하는데 어느 하나도 무시해서는 안 된다.

첫째 신호는 30주간의 MA가 좋은 형태를 취하고 있어야 한다는 것이다. MA가 더 이상 하락해서는 안 되고, 주가가 저항을 뚫고 위로 돌파한 뒤 MA 아래에 있어서도 안 된다. 만약 MA가 하락세라면 주가가 목선 위로 돌파하고 MA 위로 상승했다 하더라도 절대로 주식을 사서는 안 된다. 그러나 MA가 하락을 멈췄다면 MA 근처에서 일어난 풀백에서 주식을 사들여도 된다. 주가가 목선 위로는 상승했지만 아직 MA 아래에 있다면 MA를 벗어날 때까지 기다리는 것이 좋다.

두 번째 중요한 신호는 주가가 목선과 MA선 위로 상승한 다음의 거래량이다. 헤드앤숄더 바닥형에서는 거래량이 별 문제가 안 되지만 목선을 벗어난 이후에는 신경을 써야 한다. 특히 돌파 시점에는 거래량이 크게 늘어나야 한다.

헤드앤숄더 바닥형은 주간 그래프보다는 일일 차트에서 알아보기가 확실히 쉽다. 물론 패턴이 아주 두드러질 경우엔 주간 차트에서도 찾아낼 수 있다.

그러면 이 대형을 찾아내는 연습을 해보자. 우선 주간 〈차트 4-21〉의 유노컬Unocal을 보자. 일단 주가가 24$\frac{7}{8}$의 목선 위로 상승하자 확실한 매수가 있었다. 거래량이 늘었고 RS도 향상되어 향후 몇 개월 동안 큰 상승세가 이어지리라는 것을 예견할 수 있다.

이번에는 〈차트 4-22〉를 보자. 1년에 걸쳐 형성된 헤드앤숄더가 보인다. 일반적으로 이 대형은 형성되기까지 1년이 걸리지 않지만, 시간이 많이 걸렸다고 헤드앤숄더가 아니란 법은 없다. 이 지그재그 패턴

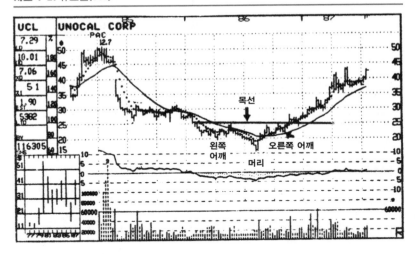

을 자세히 살펴보면 배울 것이 많으니 일단은 따라가보자.

〈차트 4-22〉에 나타난 ASA 주식은 1985년 말 32까지 하락한 후, 1986년 초 41 가까이 반등했다. 왼쪽 어깨가 형성된 것이다. 그런 다음 하락세가 꽤 오래 이어져 1986년 중반에 이르러 주가가 28로 떨어졌다. 그 뒤 주가는 급격하게 상승하여 지난번 최고치와 근접한 41½까지 올라가서 꺾였다. 머리가 형성된 것이다. 주식이 새로운 저점에서 돌파하여 지난번 최고치 수준까지 반등했다는 것은 매우 중요한 신호로, 이때 공격적인 매수자들이 돌아오기 시작한다.

그러나 아직 본격적인 상승세로 가기까지는 좀 더 시간이 필요하다. ASA 주가는 다시 하락하여 34⅜으로 떨어졌는데, 이는 왼쪽 어깨의 바닥시세보다 2포인트 정도 높다. 그런 다음 상승세가 시작되면서 오른쪽 어깨가 형성되는데, 2개의 상승점 A와 B를 연결하면 목선이

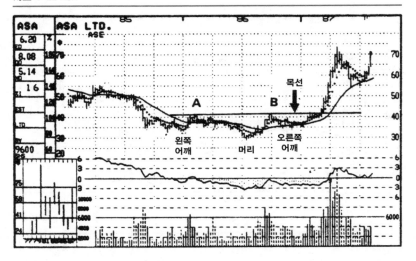

완성된다.

이제부터는 기다리며 관찰할 시간이다. ASA 주가가 42½에서 목선 위로 상승할 때, 이때가 바로 자동 추격매수 주문이 실행돼야 할 시점이다. 거래량은 돌파 때에 증가했으니 고무적이다. 돌파를 전후한 몇 주 사이 RS선은 눈에 띄게 좋아졌다. 마지막으로 저항을 살펴보면 40 중반부터 저항이 시작되었지만 2년 전에 비해 그리 강력한 편은 아니다. 앞에서 공부한 대로 안전한 단계를 밟아왔다면, 투자액의 반으로 주식을 매수해도 좋은 시점이다.

차트에서 이 대형을 알아보기는 쉽지 않지만 ASA 주가가 44 위로 급히 상승한 후 다시 42로 풀백했을 때 바로 추가 매수가 이루어져야 한다. 이후 주가는 49까지 상승했고 다시 46으로 하락했는데, 바로 이때가 73½로 주가가 급등하기 전 ASA 주식을 매수할 수 있는 마지

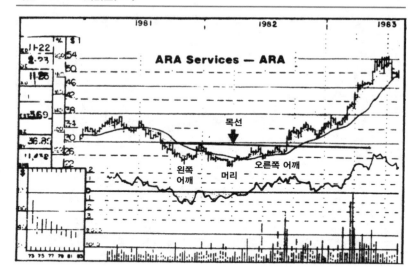

막 기회다.

ARA 서비스(〈차트 4-23〉)는 바닥시세 헤드앤숄더의 경이로움을 잘 보여주는 좋은 예다. 잠시라도 24 가까이로 하락했다가 이전의 고점이었던 30으로 회복했을 때 왼쪽 어깨가 만들어졌다. 그리고 1982년 초 주가는 22로 떨어지며 4단계의 새로운 저점을 형성했다. 그러자 매수자들이 움직이기 시작했고, 주가가 다시 한 번 이전의 고점 수준으로 회복하면서 머리 부분과 목선이 갖추어졌다.

그런 다음 ARA는 이전의 저점보다 위인 25로 다시 하락했는데, 이때 주목해야 할 흥미로운 현상이 발생했다. 주가는 다시 상승하여 29 가까이 접근했으나 돌파를 보여주지 못하고 그 뒤 바로 26 아래로 떨

어져 오른쪽 어깨가 두 개 생기게 된 것이다.[■]

그러나 이런 현상은 그리 드문 것이 아니며, 상승세를 약화시키는 것도 아니다. 순수주의자들은 오른쪽 어깨가 두 개 있다면, 왼쪽에도 두 개 있어야 한다고 주장하지만 꼭 그럴 필요는 없다. 요건만 갖추었다면 꼭 들어맞는 좌우 대칭이 아니어도 괜찮다. 여하튼 목선 위로 돌파한 30에서 ARA 주식은 뛰어난 매수 종목이 된다. 거래량이 엄청나게 늘었고 RS도 뚜렷하게 개선되어 큰 도움을 받는다.

이제 무엇을 어떻게 찾아내야 할지 알겠는가? 1단계에서 이 헤드앤숄더 바닥형을 찾아낼 수만 있다면 과감하게 투자해도 좋을 것이다. 이 대형은 아마추어 분석가가 믿는 만큼 자주 나타나지는 않지만, 일단 나타난다면 놓치지 않고 투자 기회를 잡아야 한다.

마지막으로 주목해야 할 점은 헤드앤숄더 바닥형이 전체 증시 또는 업종 지표로도 사용될 수 있다는 점이다. 물론 한두 개의 대형으로 전체 시장을 대표할 수는 없지만, 동일한 기간 내에 그런 대형이 여러 개 형성되었다면 전체 시장을 반영하고 있다고 봐야 한다.

1974년 말과 1982년 중반에 이런 대형이 많이 나타났는데, 이는 전체 주식시장이 상승세라는 지표였다. 증시 역사를 기억하는 이라면, 1974년 말과 1982년 중반 상승장세가 시작된 사실을 잘 알 것이다.

■ 〈차트 4-21〉에 나타난 유노컬의 헤드앤숄더 바닥형에서도 똑같은 현상이 나타났다 -지은이 주

이와 같은 맥락에서, 한 업종에서 헤드앤숄더 바닥형 패턴이 몇 개씩 나타난다면, 그 업종이 곧 상승장세가 되리라는 신호로 보면 된다. 그 완벽한 예가 1986년의 오일 업종이다. 1987년 굉장한 상승세를 타기 전 오일 관련 주식(오일, 석유 시추, 오일 서비스)중 몇몇 주식에서 헤드앤숄더 바닥형이 나타났다.

이중 바닥시세 대형

- ▶ 두 번째 상승에서 이전의 고점 부근까지 올라가야 한다.
- ▶ 돌파 때 거래량이 늘고 RS가 제로선을 넘어 상승해야 한다.
- ▶ 돌파 때 저항이 거의 없어야 한다.

다음에 공부할 이중 바닥시세 대형은 헤드앤숄더만큼 역동적이지는 않지만, 매수하기에 아주 바람직한 패턴이다. 이 패턴이 나타나고 동시에 거래량이 증가하는 한편 바람직한 형태의 RS에다 저항마저 최소한으로 나타나면, 매우 강력한 상승장세를 이루게 된다.

〈차트 4-24〉에서 볼 수 있듯이 XYZ 주식은 저점(A지점)을 통과한 후 매도세가 감소하자

차트 4-24 XYZ 주식

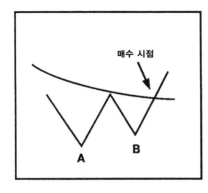

반등했다. 그리고 두 번째 매도세가 발달하여 주가를 그전의 저점 가까이(B지점)로 끌어내렸다. 이 회복된 매도세가 주가를 크게 떨어뜨리지 않는다면 이는 바람직한 신호다. 새로운 저점인 B지점의 포인트가 A보다 더 떨어졌다 해도 상관없다. 그러나 주목해야 할 점은 다음번 상승에서 이전의 고점 부근까지 올라가야 한다는 것이다. 돌파는 그 뒤 바로 일어날 수 있다. 간혹 주식이 저항선 위를 돌파해 2단계로 진행하기 전 몇 주 동안 힘을 규합하기도 한다.

바닥시세가 어떤 형태를 취하든지 예단하거나 조급하게 주식을 매수해서는 안 된다. 어떤 경우에는 돌파가 발생하지 않고 주가가 다시금 곤두박질치기도 하고 어떤 때는 돌파가 몇 달 후에나 일어나기도 한다. 그러면 투자자는 낭패감을 참지 못하고 주식을 매도해버리기 쉽다.

차트 4-25 앵커 글래스 컨테이너(ANC)

이 패턴은 앵커 글래스 컨테이너Anchor Glass Containers(〈차트 4-25〉)와 선 마이크로시스템Sun Microsystems(〈차트 4-26〉)에서처럼 보통 몇 주 만에 형성되지만, 드물게는 하버드 인더스트리Harvard Industries처럼 시간이 더 걸리기도 한다(〈차트 4-27〉). 3개의 차트를 각각 찬찬히 살펴보도록 하자.

앵커 글래스 컨테이너(〈차트 4-25〉)의 경우 주가는 10부근(A지점)으로 하락한 후, 14⅛로 상승했고 1986년 말에 일어난 두 번째 매도세는 주가를 10½(B지점)로 떨어뜨렸다. 그러나 이때 느리지만 상승세가 진행되고 있었고, 거래량도 증가하기 시작했다(매우 낙관적이다). 그러다가 주가가 13½에 이르자, 상승세는 저항선인 14⅛을 뚫지 못하고 이후 몇 주 동안 숨을 고르며 힘을 모았다. 그러나 일단 주가가 추세선과 14⅛의 저항선 위로 상승하자 2단계의 상승 국면으로 진입했다.

차트 4-26 선 마이크로시스템(SUNM)

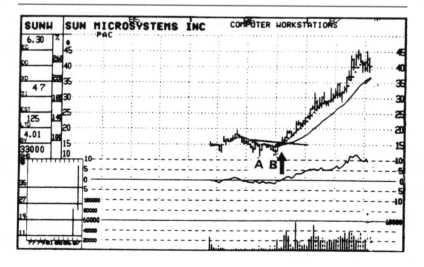

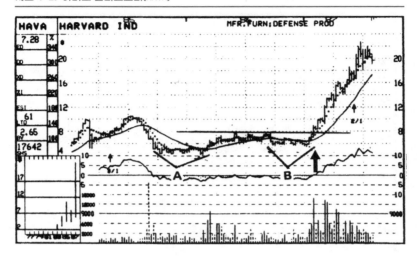

선 마이크로시스템(〈차트 4-26〉)의 경우 빠른 시간 안에 이중 바닥 시세가 형성되었다. 일단 주가가 저항선인 15¼ 위로 상승하자 주식은 궤도에 오를 준비를 마쳤다. RS도 향상되어 플러스 영역으로 움직였고, 거래량도 굉장했다. 그리고 마침내 주가가 20선을 뚫자 위쪽의 저항도 나타나지 않게 되었다.

하버드 인더스트리(〈차트 4-27〉)의 경우는 15개월에 걸쳐 이중 바닥 시세가 형성되어 시간은 좀 오래 걸렸지만 일단 대형이 완성되고 주가가 저항선인 8을 뚫고 난 다음에는 앵커 글래스나 선 마이크로시스템과 같은 결과를 보였다.

당신은 개별 주식 종목에서뿐 아니라 시장 평균 주가에서도 이러한 대형을 찾도록 해야 한다. 1929~1932년 이후 최악의 하락장세를 기록한 1974년 말, 강력한 이중 바닥시세가 다우존스 산업평균지수에

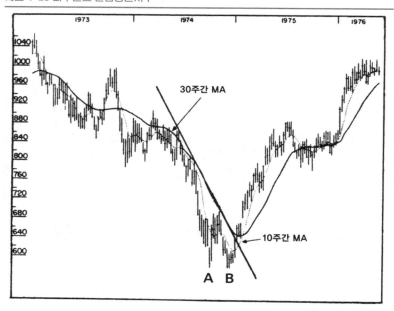

나타났다(〈차트 4-28〉). 주가는 B지점으로 떨어진 후, 하락하는 추세선과 30주간의 MA 위로 올라섰다. 이후 1975~1976년에는 상승장세가 이어졌다.

그러나 이중 바닥시세를 다룰 때는 조심해야 한다. 믿을 만한 '헤드 앤숄더 바닥형'은 좀처럼 나타나지 않는 데 반해 이 패턴은 자주 나타나기 때문이다. 그러니 앞서 다루었던 모든 기준을 철저히 따르고 지켜서, B-나 C-급 이중 바닥시세 패턴에서 성급하게 주식을 매수하는 실수를 저질러서는 안 되겠다.

기초 지역이
넓어야 한다

분석가들 사이에 회자되는 말이 있다. "기초 지역이 넓을수록 상승세도 더 커진다"느니 "상승세가 클수록 하락세도 더 커진다"느니 하는 것인데, 이 말은 사실이다. 크게 상승할 요건을 다 갖춘 주식이라면 1단계 기초 지역에 머무는 기간이 비록 짧다 해도 훌륭한 수익을 거두지만, 그래도 기초 지역이 넓은 주식을 찾는 것이 더 낫다. 기초 지역이 넓을수록, 즉 기초 지역에 머문 시간이 길수록 상승세도 오래가기 때문이다.

큰 집을 세우려면 튼튼한 토대가 필요한 것처럼, 기초 지역이 중요하다는 말은 쉽게 납득이 간다. 기술적으로 분석해보아도 맞는 말이다. 기초 지역이 크다는 것은 1단계에서 무수히 많은 사람이 거래했다는 뜻이다. 급락한 주식을 사들였다가 오르지 않자 도중에 저가로

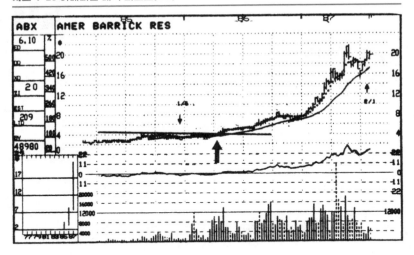

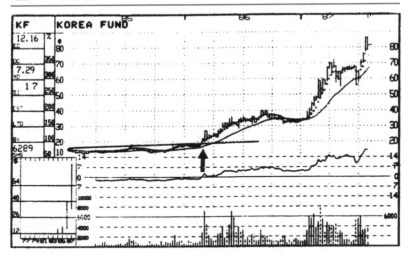

팔아버린 사람도 많을 것이다. 앞으로 나타날 저항이 미리 줄어든 셈이다. 트레이딩 범위에서 매도할 가능성이 많은 잠재적인 매도자들은 지겨움을 참지 못해 미리 떠나고, 대신 새로 주식을 사들인 사람은 좀 더 인내심을 갖고 주식이 상승하기를 기다린다.

두 가지 예를 보자. 아메리칸 배릭 리소스스American Barrick Resource s(〈차트 4-29〉)는 1986년 초, 4 부근에서 저항선을 돌파한 후 15개월간 400퍼센트 이상 올랐다. 이 주식은 앞에서 강조했던 모든 요건을 갖추고 있었다. 저항선 위로 오르기 전 오랜 기간에 걸쳐 기초 지역을 형성했고, 돌파 때 거래량도 대단했을 뿐 아니라 돌파 몇 주 전부터 이미 거래량이 증가하고 있었다. 또한 가까이에 저항도 없고 RS선도 돌파 때 플러스 영역으로 진입했다.

이와 똑같은 완벽한 조합은 1986년 코리아 펀드Korea Fund(〈차트 4-30〉)에서도 나타났다. 장기간에 걸쳐 기초 지역이 마무리되면서 주가가 18에서 저항선 위로 상승했는데 이때 주식은 대단한 상승세를 탈 준비가 되어 있었다. 그 뒤 1년 반 사이 주가는 86까지, 실로 엄청난 상승세를 과시했다. 늘어난 거래량에서부터 플러스로 올라온 RS선과 근처에 저항이 없었던 점까지, 모든 것이 교과서에서 말한 것처럼 완벽했다.

시장에서 승리하려면 욕망을 절제하며 규칙에 따라 행동하고, 유망 종목 패턴을 제때 찾아내는 능력이 필요하다는 사실을 기억하자. 그리고 좋은 패턴과 함께할수록 승률은 높아지고 수익도 커진다는 것도.

사지 말아야 할 주식 체크리스트

지금까지 당신은 언제 무엇을 매수할지 잘 배웠다. 이번에는 조심해야 할 점을 알아보자. 다음은 사지 말아야 할 주식, 사서는 안 될 때를 알려주는 목록이다. 이 목록은 짧지만 여기에 담긴 지혜는 아주 깊다. 앞으로 이 목록을 준수한다면, 당신은 시장에서 즐겁고 유익한 경험을 하게 될 것이다.

- ▶ 전체 증시가 하락세면 주식을 매수하지 마라.
- ▶ 흐름이 좋지 않은 업종에 속한 주식은 매수하지 마라.
- ▶ 30주간의 MA 아래에 있는 주식은 매수하지 마라.
- ▶ 30주간의 MA가 하락세인 주식은 매수하지 마라(비록 주가가 MA 위에 형성되어 있다 하더라도).

▸ 주식이 상승세에 있더라도 이상적인 진입 시점이 훨씬 지나 상승세의 후반에 들어간 주식은 매수하지 마라.

▸ 돌파 때 거래량이 빈약한 주식은 매수하지 마라. 만약 자동 추격매수 지점에서 매수했다면, 빨리 매각해버려라.

▸ RS선이 열세인 주식은 매수하지 마라.

▸ 위쪽으로 엄청난 저항 세력을 보이는 주식은 매수하지 마라.

▸ 바닥시세로 보인다고 함부로 주식을 사지 마라. 염가로 보이는 주식이 알고 보면 값비싼 4단계의 주식인 경우도 있다. 그 대신 저항선 위로 돌파하는 주식을 매수하라.

여러 종목으로 나누어서
투자한다

이제 당신은 어떤 주식을 매수해야 하고, 어떤 주식을 매수하면 안 되는지 알게 되었다. 마지막으로 다루어야 할 주제는 종목의 다양화다. 내 방식을 잘 이해하고 따랐다고 해서 완벽한 것은 아니다. 단지 불확실한 미래에 높은 승률을 유지할 수 있을 뿐이다. 그러다 보니 때로는 실수도 하게 된다. 그러므로 여러 종목에 나누어 투자하는 것이 현명한 처사다. 그래야 치명적인 결과를 막을 수 있다.

보유 주식 종목을 다양화하지 않으면 큰 손해를 볼 수 있다. 전체 투자액을 한 종목에 투자해 15퍼센트 손실을 본다면, 전체 재정 상태가 흔들리게 된다. 운이 좋지 않아, 또다시 15퍼센트의 손해를 입게 된다면 자본마저 고갈될 것이다. 그러나 15개 종목에 고루 투자하여 한 종목에서 15퍼센트의 손해를 입는다면 전체 투자액의 1퍼센트에

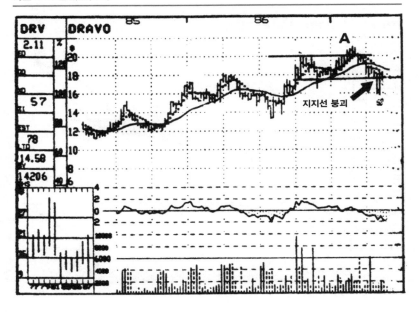

해당하는 손해에 그친다.

1987년 초 〈테이프 읽기 전문가〉에서 나는 주식시장의 평균 법칙의 예를 소개한 바 있다. 1987년 1월 내가 추천한 매수 종목은 드라보 Dravo(〈차트 4-31〉), 탠덤컴퓨터Tandem Computer(〈차트 4-32〉), 텍사스 인스트루먼츠Texas Instruments였다.

드라보 주식은 20(A지점)에서 저항선 위로 돌파하면서 몇 해 만에 새로운 고점을 만들어냈다. 이 주식은 상승세를 보이긴 했지만 불행히도 주요 지지선인 18 아래로 하락하고는 멈춰버렸다. 그런데 같은 시기에 탠덤컴퓨터는 추천가인 19$\frac{7}{8}$(A지점)에서 급등하며 주가가 두

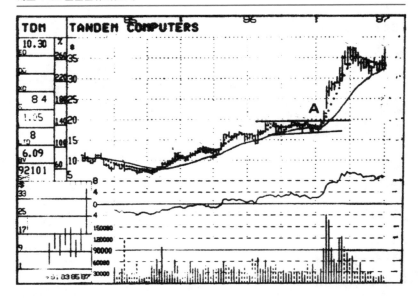

배 가까이 상승했다. 또한 텍사스는 추천가인 $41\frac{5}{8}$에서 주가가 두 배로 상승하는 데 시간은 좀 걸렸지만 결과는 A+였다.

당신이 투자액 전부를 드라보에 투자했다면, 1987년 시장이 아무리 강력한 상승세였다 해도 큰 손실을 입었을 테지만 투자액을 세 곳에 분산했다면 아마 웃으며 시장을 빠져나왔을 것이다.

내 세미나에 참석한 많은 사람이 이렇게 묻는다.

"몇 개 주식에 분산 투자해야 내 포트폴리오에 가장 적합할까요? 8개? 10개? 아니면 12개?"

정답은 없다. 모든 사람에게 통하는 마법의 숫자는 없다. 그러나 바람직한 숫자는 있다. 전체 투자액을 한두 종목에 투자하는 것은 위험하다. 그렇다고 40개나 50개에 투자한다면 성과를 추적하고 관리하기가 어렵다. 포트폴리오를 관리하는 것은 부모 노릇을 하는 것과 아주 비슷하다. 책임져야 할 아이가 많으면 아이 하나하나에 주의를 기울이기가 어려워진다. 관리해야 할 주식도 종목이 너무 많으면 일일이 신경 쓰기가 힘들다. 시장 자산을 50종목에 분산한다면 종목 하나하나가 어떻게 움직이는지 파악하기 매우 어렵다. 그래서 좋은 성과를 보이는 종목에만 집중하게 되고 뒤처진 종목은 '언젠가 좋아지겠지' 하며 방치하게 된다. 그러면 우량 종목에서 나온 수익이 나쁜 종목의 손실을 메워주는 꼴밖에 안 된다.

주식을 관리할 때는 각 종목이 자신이 가진 유일한 재산이라고 생각해야 한다. 그 종목이 훌륭한 성과를 낸다면 계속 유지하면 되지만 휘청거리며 불안하게 움직인다면 적자를 보더라도 팔아치워 부담을 없애야 한다. 그렇게 팔아서 나온 돈은 2단계 초기에 진입한 유망한 주식에 투자하면 된다. 내 경우를 예로 들자면, 1만 달러에서 2만 5,000달러 정도 되는 포트폴리오일 때는 대여섯 종목으로 분산투자한다. 그러나 더 큰 액수의 포트폴리오를 구성하게 되면 한 번에 10종목에서 20종목까지 투자한다.

포트폴리오를 구성할 때는 금액을 기준으로 나누는 것이 좋다. 많은 투자자가 그러듯이 주식 수를 중심으로 투자액을 나누면 안 된다. 사람들은 주가가 주당 40달러든 50달러든 상관없이 1,000주씩 매수한다. 생각하기 쉽도록 우수리 없는 숫자를 사용하고자 한다면, 주식 수보다는 투자액을 일정하게 하는 편이 좋다. 즉 10가지 종목에 10만 달러를 투자한다고 할 때 각 배당 종목의 몫은 1만 달러 정도여야 한다. 주당 50달러짜리라면 200주를 사들이고, 주당 10달러짜리라면 1,000주를 산다. 포트폴리오를 구성할 때는 상식적으로 해야 한다. 달걀을 한 바구니에 담아서는 안 되지만 그렇다고 또 너무 많은 바구니를 사용해서도 안 된다.

종목 말고 다양하게 해야 할 것이 또 있다. 바로 업종이다. 기술적으로 분석해본 결과 서너 업종이 잘나간다면, 각 업종에서 2단계를 돌파하는 주식을 골라 매수하면 된다. 그러면 한 업종이 갑자기 나빠져도 포트폴리오는 별 탈 없을 것이다. 업종과 개별 종목을 다양화하고 지금까지 배운 방식을 잘 지켜나간다면, 주식시장에서 좋은 성과를 거둘 것이다.▪

▪ 한국에서는 돈 버는 방식에 따라 포트폴리오를 짜는 것이 좋을 듯하다. 수출해서 돈을 버는 기업, 내수에 의존하여 돈을 버는 기업, 그리고 들어온 돈을 운용하는 금융기업으로 나누는 것이다. 다시 말해 수출 업종, 내수 업종, 금융 업종으로 나눠 분산 투자하는 것이다.

RS는 상대강도가 아니라
상보강도다

4장에서 저자는 RS^{Relative Strength} 개념을 다음과 같이 서술했습니다.

$$\frac{\text{XYZ 주가}}{\text{증시 평균 증가}}$$

이 값이 0보다 크면 양의 영역이라고 하고, 이 값이 0보다 작으면 음의 영역이라고 되어 있습니다. 그러나 역자가 오랜 기간 연구한 결과 차트를 분석할 때 아래 공식이 현재 더 잘 들어맞습니다.

$$\frac{XYZ \text{ 주가의 상승률(하락률)}}{\text{증시 평균 주가의 상승률(하락률)}}$$

 나아가, 우리나라 증시에 적용할 때 실질적인 분석이 가능한 공식은 다음과 같습니다.

$$\frac{XYZ \text{ 주식 시가총액의 1주일간 상승률(하락률)}}{\text{코스피 시가총액의 1주일간 상승률(하락률)}}$$

 평균 주가 대신 시가총액으로 계산할 경우 저자가 가장 중요하게 생각하는 ①주가 ②거래량 ③상보강도가 모두 반영됩니다. 여기서 1주일을 1년(52주)으로 하면 주가의 변곡점을 정확히 찾을 수 있습니다. 아울러, 명칭도 '상대강도'가 아닌 '상보相補강도'로 바꾸어 읽으면 더 명쾌하게 이해할 수 있습니다. 이 부분을 읽을 때 위 내용을 참고하시기 바랍니다.

5장

탁월한 수익을 내는
특별한 비결

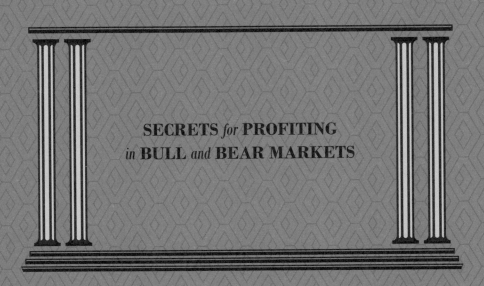

SECRETS *for* PROFITING
in BULL *and* BEAR MARKETS

차트는 인수 합병을
이미 알고 있다

어제 주식을 샀는데, 자고 일어났더니 그 회사가 높은 가격에 매각될 거라는 신나는 뉴스를 들어본 적이 있는가? 그런 상황을 꿈이라도 꿔 본 적이 있는가? 이번 장에서는 가끔은 이런 꿈을 실현할 수 있는 방법을 소개하고자 한다. 또한 나만의 비법도 공개할 예정이다. 내가 개발한 이 방법은 합병 소식처럼 깜짝 놀랄 만한 이익을 창출할 수 있도록 도와준다.

우선 대부분의 투자자가 꿈꾸는(결국은 악몽으로 끝나지만) 기업 인수를 검토해보자. 나는 투자자들이 꼬리를 물고 이어지는 소문에 이끌려 주식을 매수했다가 보람 없이 끝나버리는 경우를 수없이 보아왔다. 소문만 믿고 사놓으면 인수 합병 발표를 기다리는 동안 손실만 늘어날 뿐이다.

그렇다면 왜 많은 투자자가 이런 무지개를 좇을까? 심리학적으로 말하자면 이유는 간단하다.

첫째, 욕심 때문이다. 사람은 누구나 빨리 성과를 거두고 싶어한다. 그래서 '이번에야말로 크게 한 방 터뜨릴 차례'라고 생각하며 꿈을 꾼다.

사람들이 무지개를 좇는 두 번째 이유는, 심리학 이론을 빌려 말하자면, 비정기적 반응강화 때문이다. 이 이론은 어떤 동물이 원하는 것을 아주 드물게라도 얻은 경험을 하게 되면, 계속해서 얻기 위해 같은 행동을 반복하는 것을 말한다. 쥐가 미로를 돌아다니다가 치즈를 얻으면, 쥐는 계속 미로를 돌아다닌다. 사람도 동물과 다르지 않다. 그렇지 않다면 왜 라스베이거스로 날아가 슬롯머신을 당기고 번번이 복권을 사려고 애를 쓰겠는가? 카지노에서 잭팟을 터뜨리는 경험을 한 번 하거나 신문 기사에 복권 당첨자가 등장하면 우리는 꿈을 꾸기 시작한다.

비정기적 반응강화는 도박 성향을 강화한다. 인간에게는 도박 성향이 있지만 잘 조절하여 슬롯머신에 동전 몇 개만 투입하고 복권도 가끔씩 사는 정도라면 이런 '너무나 인간적인' 특성은 큰일이 아니다. 그러나 그럴듯한 소문이 들릴 때마다 주식을 매입한다면 증세가 매우 심각하다고 할 수 있다. 그렇게 되면 엄청난 대가를 치른다. 수백 가지 소문 가운데 사실로 밝혀지는 경우는 겨우 하나가 될까 말까 하기 때문이다. 나머지는 모두 4단계의 하락세에서 끝나버린다. 수백 번에 한 번 성공할까 말까 하는 것, 그것은 승률이라고 할 수도 없다.

인수 합병 소문을 들었을 때 따져보아야 할 점

인수 합병으로 '한 방'을 꿈꾸는 사람들이 소문을 듣고 주식을 사들이면 그 주식은 인기가 치솟고, 그러면 더 많은 인수 합병 광신자가 모여든다. 이 게임을 현명하게 할 방법은 없을까? 물론 있다. 정답은 역시 차트에 있다. 다음과 같이 하면 된다.

첫째, 자산 중 일부만 가지고 게임을 하되, 매수 종목은 자신이 직접 연구해서 선택해야 한다. 둘째, 소문이 나면 먼저 그 출처를 알아봐야 한다. 주식 중개인이 소문을 전해주었다면 이전에 그가 추천했던 종목이 성과를 제대로 냈는지 꼼꼼히 따져보자. 물론 번번이 엉터리 종목을 추천했던 중개인보다 제대로 찍었던 중개인이 전해주는 소문은 좀 더 신빙성이 있다고 볼 수 있다.

그러나 믿을 만한 중개인이 추천했다고 해서 안심하고 손을 놓으면 안 된다. 소문이 믿을 만하다고 판단했다면 이제 직접 나서야 한다. 그 주식의 차트를 보고 자세히 연구할 시간인 것이다. 그 주식 차트가 1987년 중반 베벌리 엔터프라이즈^{Beverly Enterprises} 상황(〈차트 5-1〉)이라면 아무리 기업 인수 소문이 믿을 만하다 해도 매수할 생각은 버려야 한다. 4단계에 있는 데다 RS도 마이너스인 주식은 동전을 넣을 만한 슬롯머신이 아니다.

1987년 중반 앵커 글래스 컨테이너(〈차트 5-2〉)는 상승세를 보였지만 이상적인 진입 지점에서 멀리 떨어진 28에 와 있다. 이런 주식도 잊어버려야 한다. 위험성은 크고 수익 가능성은 작은 주식을 매수

차트 5-1 베벌리 엔터프라이즈(BEV)

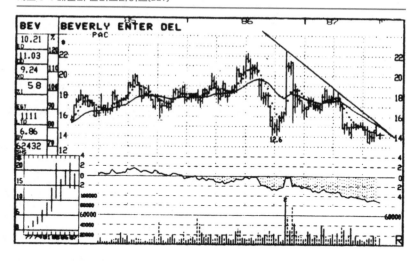

차트 5-2 앵커 글래스 컨테이너(ANC)

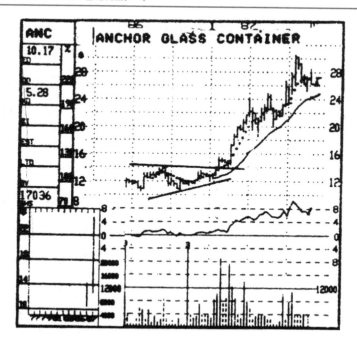

하기보다는 차라리 예상수익을 잃는 편이 낫다. 예상수익이란 좋은 주식을 샀을 때 얻을 수 있는 이익을 말한다. 그러나 버스가 한 번 지나가도 또 오게 마련이듯 좋은 주식은 또 나타나게 되어 있다. 좋은 주식을 못 사면 예상수익을 놓치는 것으로 끝나지만, 주식을 잘못 사면 소중한 자산을 잃게 된다.

계산을 좀 해보자. 5만 달러를 투자해 20퍼센트 손실을 입었다면, 자본은 4만 달러로 줄어든다. 최소한 잃어버린 투자액을 회복하려면 다음 거래에서 25퍼센트 수익을 내야 한다. 두 번째 거래에서도 실패한다면, 부담은 점점 늘고 자산은 점점 줄게 된다. 그래서 자기 절제와 선택이 필요하다. 예상수익을 놓치지 않으려고 조금이라도 가능성 있는 주식을 다 사들이다가는 투자액을 날리기 십상이다.

다음 사항을 꼭 기억해두기 바란다. 좋은 주식 100가지가 있다면 한 해에 10종목만 매수하고, 그중 7~8 종목만 수익을 올려도 주식시장에서 큰돈을 벌 수 있다는 사실 말이다.

기업 인수의 가장 확실한 증거는 거래량이다

그런데 소문이 퍼진 주식이 상승세인데다 아직 돌파도 하지 않았다면? 또는 주가가 저항선 위로는 올라왔으나, 아직 진입해도 괜찮은 지점에 있다면? 아직 소문이 없다 해도 만약 모든 조건이 좋아서 살 만한 주식이라 생각한다면 당연히 사야 한다. 기업 인수 가능성은 케

차트 5-3 키디(KDE)

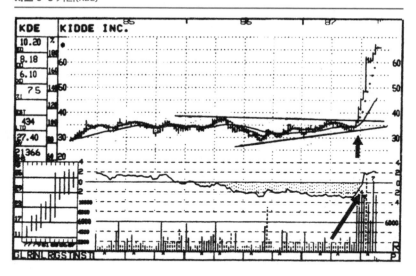

차트 5-4 해머밀 페이퍼(HML)

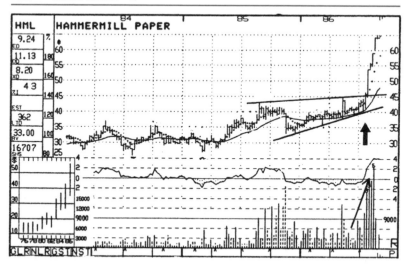

198 ——————

이크 위의 장식처럼 있으면 좋고 없어도 그만이다.

1987년 중반의 키디Kiddie(〈차트 5-3〉) 차트를 보자. 주식은 소문과 상관없이 거래량이 엄청나게 늘어난 데다 주가도 37 위로 상승해 유망 매수 종목이 되었다. RS선도 향상되었고, 더 이상 위의 저항도 없었다. 게다가 몇 주 후 핸슨 인더스트리Hanson Industries가 키디를 인수할 거라는 뉴스까지 가세해 주가는 67¼로 급상승하며 더욱 유망주로 부상했다.

차트의 규칙은 언제나 통한다. 거래량이나 다른 중요한 요소가 부정적이면, 소문에 귀 기울이지 말고 그런 주식은 못 본 체 해야 한다. 만약 기업 인수 소식이 들리면, 확실한 증거를 찾아야 한다. 그 증거는 바로 거래량이다. 기업 인수가 몇 주 안에 이루어지는 거라면 더더욱 거래량을 확인해야 한다. 기업 인수를 눈앞에 둔 경우 거래량은 폭발적으로 증가한다. 기업 인수가 임박했다는 소식은 퍼져 나가게 마련이기 때문이다.

이런 내부 정보가 흘러나올 것 같지 않다고? 천만에! 실제로 그런 일은 빈번하게 발생한다. 차트를 보면 그 정보를 알고 있는 사람이 주식을 사들이는 모습이 고스란히 보인다. 그러니 갑자기 늘어나는 거래량만큼 확실한 증거는 없다.

자, 그러면 인수 합병되는 기업의 주식을 찾아내는 방법을 익히기 위해 몇 가지 실례를 살펴보자. 먼저 해머밀 페이퍼Hammermill Paper의 〈차트 5-4〉를 공부해보자. 1986년 중반 이 기업이 합병되리라는 소문이 있었다. 설령 그 소식을 듣지 못했다 하더라도 상관없다. 앞서 소개한 기준에 따라 차트를 살펴보면 주가가 45 위로 상승했을 때 이 주식을 사야겠다고 생각했을 테니까.

차트를 보면 전체 시장이 호황이고 관련 업종도 상승세여서 이 업종의 다른 종목도 주가가 오르고 있음을 알 수 있다. 더욱이 RS선도 플러스 영역으로 올라와 빠른 속도로 상승 중이었다. 또 주가가 45 저항선을 돌파하자 더 이상 위쪽으로 저항이 없었다는 점도 긍정적인 요소였다. 가장 중요한 것은 거래량인데, 이 또한 실로 대단했다.

거래량은 기업 인수의 사실 여부를 알아내는 열쇠이므로 거래량 패턴을 좀 더 자세히 살펴보자. 거래량이 돌파 때에 폭발적으로 늘어났는데, 이는 활황세라는 신호다. 그런데 이전 8주 동안에도 거래량은

차트 5-5 체스브루 폰즈(CBH)

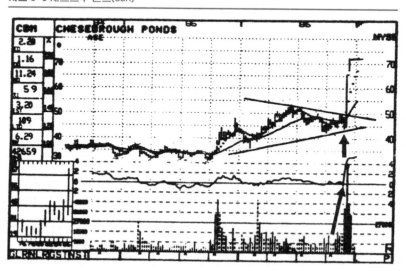

꾸준히 증가해왔다. 이것이야말로 결정적인 증거다. 아무런 정보나 소문을 듣지 못했다 하더라도 차트를 보면 이 주식은 매수 유망 종목임을 알 수 있다. 결국 해머밀 페이퍼는 돌파 이후 5주 동안 주가가 45⅛에서 65로 급상승했고, 인터내셔널 페이퍼International Paper에 인수 합병되었다.

체스브루 폰즈Chesebrough Ponds도 1987년 초 똑같은 패턴을 보여주었다(〈차트 5-5〉). 주식 중개인이 당신에게 말을 했든 안 했든 간에, 모든 기술 분석적인 요소를 따져보면 이 주식이 매수 유망 종목이라는 것을 알 수 있다. 시장은 활황이고, 업종은 상승세였으며 위로 큰 저항이 없었고, RS선도 뛰어났다. 게다가 결정적으로 거래량이 증가했다. 주가가 저항선을 돌파하자 거래량은 차트상 최고치를 경신했다. 이는 곧 누가 이 주식에 관해 속삭이건 말건, 이 주식은 반드시 사야 할 종목이라는 뜻이다. 결국 주가는 50에서 72 이상으로 멋지게 상승했다.

모든 정보는 차트에 다 있다

어떤 소문이나 정보보다 정확한 출처는 차트다. 믿을 만한 소식통이 없어도 차트만 보면 무슨 일이 일어나고 있는지 다 보인다.

1986년 말 벌링튼 인더스트리Burlington Industries(〈차트 5-6〉)는 40 근처에서 저항선 위로 돌파했을 때 이미 2단계의 상승세에 있었다. 모

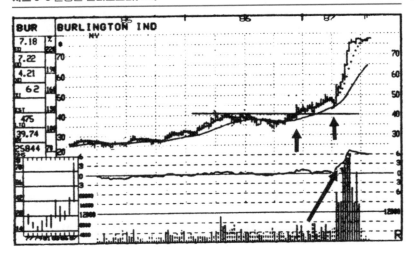

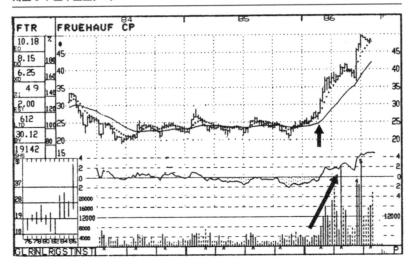

든 요인이 낙관적이었고 주식은 돌파를 거듭하며 유망주로 떠올랐다. 그러나 거래량이 그리 대단하지 않았다. 그럼에도 불구하고 주가는 몇 주 후 높이 상승했고 1987년 4월 초 신나는 일이 생기려는 분위기가 조성되기 시작했다.

곧이어 벌링튼을 둘러싼 소문이 돌더니 주가는 엄청난 거래량과 함께 저항선 50을 돌파했다. 이때는 이미 이 주식을 매수한 사람도 더 사들여야 하며 아직 사지 않은 사람이라면 서둘러 사야 할 때다. 결국 주가는 향후 몇 달 동안 50에서 77½로 급등했다. 다시 한 번 말하지만, 거래량 증가는 기업 합병이 진행되고 있다는 증거다.

이처럼 실례를 공부하고 나서도 내부자 정보로 거래하는 사람이 없다고 믿는다면, 그는 정말로 소박한 믿음을 가진 사람일 것이다. 프루호프Fruehauf를 보면 1단계 기초 지역은 아주 넓으나 저항은 크지 않고 RS선도 향상되고 있음을 알 수 있다(〈차트 5-7〉). 이 경우 무엇보다 중요한 것은, 거래량이 아주 바람직하게 늘어났다는 점이다. 한마디로 전형적인 A+ 패턴을 보여주고 있다. 따라서 주가가 1986년 초 27을 돌파했을 때, 어떤 소문을 들었든 못 들었든 간에 이 주식은 반드시 매수해야 할 종목이었다. 이후 주가는 50으로 급상승하며 큰 수익을 냈다.

기술적 분석 법칙을 따른다면, 퓨로레이터 쿠리에Purolator Courier도 상당한 수익을 올릴 매수 종목임을 알아챌 수 있을 것이다(〈차트 5-8〉). 1986년 말 20½에서 하락세의 추세선 위로 돌파했을 때 RS선은 제로선 위로 올라왔다. 그리고 거래량이 극적으로 증가된 데다가

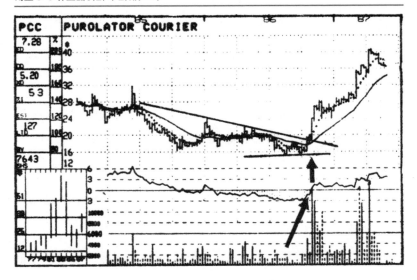

24 부근에서 저항마저 사라졌는데 이때가 가장 좋은 기회였다. 이후 주가는 40 수준으로 급상승하면서 이 주식이 대어大漁라는 것을 증명했다.

이제 기업 인수 대상이 되는 주식을 찾을 때 확인해야 할 사항이 무엇인지 분명히 알았을 것이다. 아무리 많은 소문이 나돌아도 파이낸셜 코퍼레이션 오브 아메리카Financial Corp. of America(〈차트 5-9〉)처럼 차트에서 부정적인 4단계 패턴이 나타나면 눈길을 돌려야 한다. 그러나 1986년 세이프웨이 스토어Safeway Stores(〈차트 5-10〉)처럼 강력한 A+ 패턴을 보여주는 주식에 대한 좋은 소문을 들었다면, 나는 반드시 유망 매수 종목 목록에 그 주식을 올려놓았을 것이다. RS선이 플러스로

차트 5-9 파이낸셜 코퍼레이션 오브 아메리카(FIN)

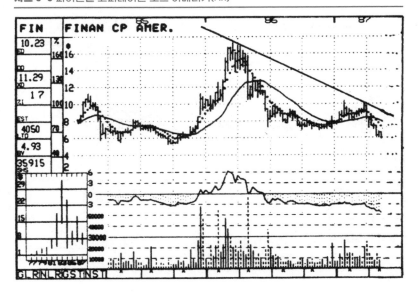

차트 5-10 세이프웨이 스토어(SA)

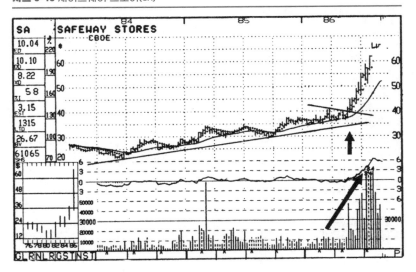

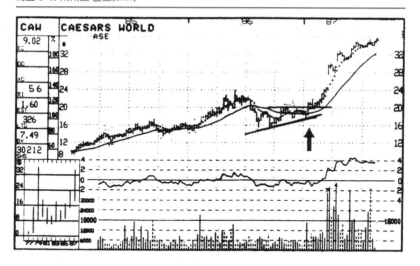

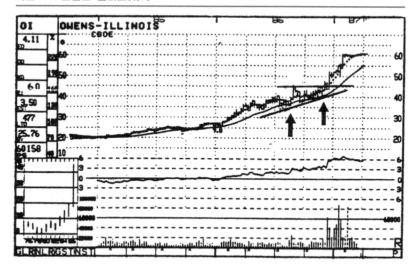

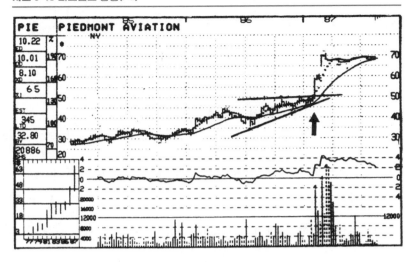

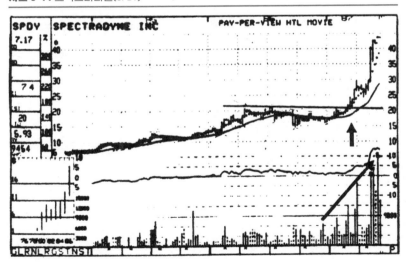

올라서고, 위로 더 이상 저항이 보이지 않으며 거래량이 증가하면서 주가가 40 위로 돌파했을 때, 이 주식은 기업 인수 여부와 상관없이 강력한 매수 추천 종목이 된다. 이후 실제로 기업 인수가 성사되자, 이 주식은 이 장에 소개한 모든 주식(베벌리 엔터프라이즈와 파이낸셜 코퍼레이션은 제외)처럼 대어가 되었다.

이처럼 간단한 규칙에 맞춰 차트만 잘 읽으면 내부자 정보 없이도 내부자가 매수한 주식을 살 수 있다. 이는 놀랄 일이 아니다. 내가 〈테이프 읽기 전문가〉에서 추천했던 시저스 월드, 오웬즈-일리노이 Owens-Illinois, 피드먼트 항공, 스펙트라다인(〈차트 5-11〉부터 〈차트 5-14〉까지)에서도 똑같은 일이 일어났다. 이 주식들은 몇몇 추천 종목과 더불어 기업 인수의 표적이 되었고, 이후 몇 달 동안 주가가 상당히 올랐다. 어떤 이들은 내가 무슨 좋은 정보라도 얻어들었을 거라고 생각하지만, 사실은 차트가 나타내는 메시지를 정확히 읽었을 뿐이다. 당신도 나와 똑같이 할 수 있다.

A+ 주식을 짚어주는
3가지 요건

큰 이익을 창출할 수 있는 패턴이 또 하나 있다. 이는 기업 인수와는 아무 상관이 없지만 그 결과는 기업 인수만큼이나 대단하다. 어떤 때는 인수 합병 주식보다 더 큰 이익을 남기기도 한다.

나는 오래전 이 패턴을 찾아내어 1970년대 중반 〈테이프 읽기 전문가〉에서 소개한 바 있다. 이 대형은 엄청난 수익을 만들어내지만 단기간의 트레이딩용이 아니라 적극적인 투자자들이 장기적으로 큰 상승세를 탈 수 있는 유망주를 미리 찾아내는 데 적합한 방법이다.

축구에서 중요한 세 분야는 달리기, 패스, 차기다. 이 모든 분야에 고루 뛰어난 선수는 매우 드물다. 이처럼 주식에서도 서로 다른 세 분야에서 골고루 뛰어난 가능성을 보여주는 패턴은 어쩌다 가끔 나타난다.

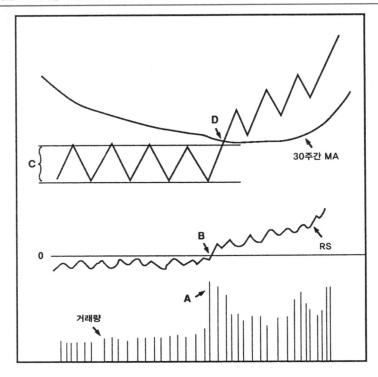

주가가 MA선 위에 있어야 한다는 기본 요건 외에, 다음 세 가지가 반드시 있어야 한다.

첫째, 거래량이다. 거래량은 절대적인 요건이다. 우수한 주식은 1단계 기초 지역에 머물 때보다 돌파 때 엄청난 거래량을 동반한다. 특히 돌파 이전 4주간의 평균 거래량보다 두 배 이상 늘어나면 좋다. 또한 늘어난 거래량이 적어도 몇 주 동안 지속되어야 한다. 이는 사람들이 이 주식에 큰 관심을 가지고 있고, 앞으로도 이 주식을 사려는 사람이 많다는 것을 암시한다. 주식은 한번 상승세를 타면 계속 오르려고 하기 때문에 매수자들은 서둘러 이 주식을 사들이게 되고, 매수 주문을 처리하기에 물량이 너무 적으면 매수자들은 때로 당황하게 된다.

다시 말하지만 늘어난 거래량(〈차트 5-15〉의 A)은 대어가 되는 중대한 요소다. 그러나 유일한 요소는 아니다.

눈여겨보아야 할 둘째 요소는 RS선이다(〈차트 5-15〉의 B). 이는 '그냥 좋은' 매수 종목과 '아주 좋은' 종목을 구분하는 척도다. 대어가 될 수 있는 차트 패턴에서 RS선은 마이너스 영역이나 제로 라인 가까이 있어야 한다. 그리고 2단계로 올라가는 돌파가 일어날 때, RS선은 플러스 영역으로 분명히 이동해야 한다. 이는 정말로 중요하다. RS선이 꾸준히 상승 중이고 다른 모든 요소가 긍정적이라면, 비록 RS선이 마이너스 영역에 머물러도 그 주식을 매수할 수 있다고 앞에서 말했다. 그러나 정말로 특별한 대어를 찾을 때는, 타협의 여지가 없다. RS선이 마이너스 영역에 머무른다면, 비록 그 주식이 좋은 매수 종목이고 꽤 괜찮은 이익을 창출할 수는 있어도, 대어가 될 수 없다.

마지막으로 확인해야 할 셋째 요건은 주가가 돌파하기 전 일어나는 급격한 상승이다(〈차트 5-15〉의 C). 우리는 모두 주식을 싸게 사길 바라기 때문에 이 말이 이상하게 들리지 모른다. 그러나 이 특별한 대어를 약속하는 패턴에서는 상승이 아주 중요하다. 만일 주식이 1단계의 기초 지역에 있으면서 큰 폭의 움직임을 보인다면, 일단 돌파 후 엄청난 행동파가 될 가능성이 아주 크다. 마치 높이뛰기 선수가 위로 뛰어오르기 전에 낮은 자세를 취하는 것과 마찬가지로, 처음에는 살짝 하락했다가 큰 힘으로 도약하는 주식은 일단 출발하면 훨씬 더 힘차게 올라간다. 대개 돌파하기 전 40~50퍼센트 또는 그 이상 상승한 주식이 다음 몇 개월간 최고의 상승세를 보인다. 그러나 이는 당장의 돌파에 리스크를 더해주기 때문에 앞서 말했듯이 이런 식의 매수는 트레이더보다는 투자가에게 더 적합하다.

1971년으로 돌아가 앤서니 인더스트리Anthony Industries의 차트를 보

차트 5-16 앤서니 인더스트리

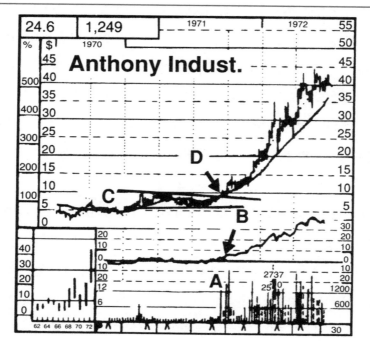

면 지금 말한 세 가지 요건을 완벽하게 갖추고 있음을 알 수 있다.

첫째 요소인 거래량은 평균보다 네 배 이상 증가했는데, 이는 매수에 관심이 높은 사람이 많다는 신호다(〈차트 5-16〉의 A지점). 크게 늘어난 거래량은 향후 몇 주 동안 지속되었다. 그리고 둘째 요소인 RS 선도 플러스 영역으로 확실히 옮겨갔다(〈차트 5-16〉의 B지점). 그리고 1단계 기초 지역에서 심한 변동이 나타나 곧 엄청난 성과를 거둘 날이 다가왔다는 의미심장한 세 번째 신호를 보내고 있다. 지지선인 5와 저항선인 10 사이에서 주가는 등락을 계속하고 있었다(〈차트 5-16〉의 C지점). 그래서 1971년 말 $10\frac{1}{2}$에서 처음 돌파했을 때(〈차트 5-16〉의 D지점), 이미 주가는 100퍼센트 상승한 상태였다.

많은 매수자가 주가가 과잉 매수되었기 때문에 이때 팔아야 한다고 생각했다. 그러나 차트를 제대로 보는 눈을 가진 사람이라면 이 상황을 달리 봤을 것이다. D지점에서 앤서니 주식은 엄청난 거래량과 함께 2단계로 이동했기 때문이다. 과잉 매수와 과대 평가와 같은 상투적인 용어에 휘말리지 않고 할 수 있는 말은 딱 한마디다.

"사라!"

그 뒤 8개월 동안 앤서니 주식은 300퍼센트 이상 올랐고 세 가지 확인 이론은 현실이 되었다.

내셔널 세미컨덕터National Semiconductor(〈차트 5-17〉)는 1973년 이와 똑같이 대어가 될 잠재력을 보여주었다. 전반적인 시장 평균이 이미 하락세로 돌아섰기 때문에, 절대로 주식을 매수해서는 안 되는 상황이었다. 이런 하락장세에서는 공매도 기회를 최대한 이용해야 한다. 그러나 내셔널 세미컨덕터 주식과 같은 탁월한 패턴을 보이는 주식을 하나라도 만나게 되면, 이 유망 종목으로 공매도를 보완할 수도 있다. 그러나 우선 그 후보 종목이 A+임을 확신해야 한다. 전체 증시가 하락세면 그만큼 더 조심해야 하기 때문이다.

다행히 내셔널 세미컨덕터 주식은 A+ 종목이었다. 거래량이 지난 몇 주의 평균보다 3배 이상 증가했기 때문에(〈차트 5-17〉의 A지점) 세 가지 조건을 두루 갖춘 대어라 할 수 있다. 우선 거래량이 돌파 이후 몇 주 동안 엄청난 수준을 유지했다. 또한 RS선도 2단계 돌파 전에는 제로선 근처에 머물렀다가 빠르게 상승하며 플러스 영역으로 이동했다(〈차트 5-17〉의 B지점).

차트 5-17 내셔널 세미컨덕터(NSM)

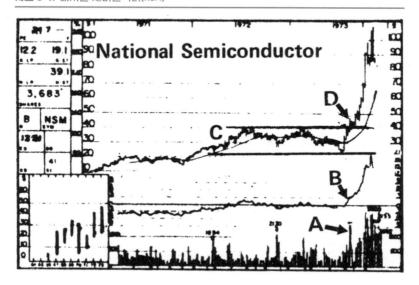

큰 상승세로 발전하고 있다는 세 번째 신호는 2단계로 들어가는 돌파가 일어나기 전에 보여준 큰 움직임이다. 주가는 D지점인 40½에서 돌파하기 전, 20에서 40으로 두 배 상승했다(〈차트 5-17〉의 C지점). 그러자 많은 사람이 주가가 너무 높아졌다고 생각했지만, 잘 보면 세 가지 요건이 확실하게 이루어졌다는 것을 확인할 수 있다. 이 주식은 3개월 만에 150퍼센트 이상 올라 연간 600퍼센트 급상승했다. 이 정도라면 어떤 장세에서도 대단한 급상승에 속하지만, 1973~1974년 중반 하락장세에서는 더욱 그랬다. 그러니 언제나 이런 대형에 주목해야 한다. 그리고 일단 이런 대형을 발견하면, 절대로 놓쳐서는 안 된다. 이건 진짜 대어니까.

그러면 마지막으로 복습할 겸 몇 가지 사례를 살펴보자. 1987년 초

차트 5-18 블로커 에너지(BLK)

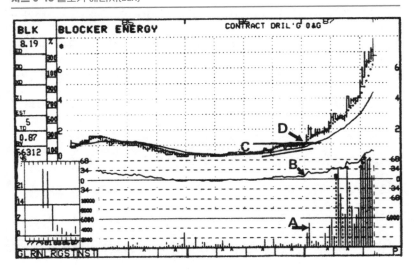

블로커 에너지Blocker Energy(〈차트 5-18〉)는 $1\frac{3}{8}$에서 1단계 기초지역을 돌파할 때, 거래량이 급격히 증가했다. 그전 몇 주의 평균을 두 배로 뛰어넘는 정도가 아니라 이미 다섯 배 이상 불어났다. 이런 큰 증가는 큰손이 이 주식에 관심을 갖고 있다는 증거이자 앞으로 상당한 상승세를 탈 것임을 예고하는 징표다. 블로커 에너지도 예외는 아니었다. 이처럼 대어를 찾아내는 것이 그리 어렵지만은 않다. 펀더멘털이 매혹적이지도 않았고 손실도 컸지만 차트에 나타난 암시는 분명했다.

첫째, 업종이 상승세인 데다 걱정해야 할 저항 또한 그리 크지 않고 이미 1년 반 정도 되어 1단계 기초 지역이 매우 넓었다. 시장이 상승 장세인데다 대어가 될 수 있는 모든 요소를 갖춘 것이다.

둘째, 이 주식의 RS선은 제로선 근처, 플러스 영역에 살짝 올라와 있었는데, 일단 돌파가 일어나자 주가는 위로만 올라가고 RS선은 중립적인 제로선을 날아올랐다.

마지막으로 주가는 낮은 가격으로 위장되어 있지만, 돌파가 일어나기 전에 이미 크게 오른 상태였다. $\frac{3}{8}$의 낮은 가격에서 돌파 때에는 $1\frac{1}{8}$로 뛰었으니 200퍼센트 이상 상승한 셈이다. 그러나 진짜 큰 상승은 뒤에 기다리고 있었다. 향후 11개월 동안 블로커 주가는 600퍼센트 수익을 냈다.

이런 행운을 어쩌다가 운 좋게 잡은 것일까? 절대 그렇지 않다. 이러한 패턴은 매일 또는 매주 만날 수 있는 것이 아니다. 그렇지만 정기적으로 나타나는 경향이 있다. 차트를 읽는 데 능숙해지면 이런 패턴을 찾아낼 수 있고, 그 패턴의 가치, 정말로 풍부한 가치를 얻기 위

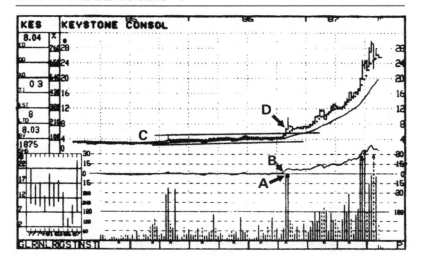

해 적절히 움직이게 된다.

1980년대 중반 키스톤 콘솔리데이티드^{Keystone Consolidated}와 필리핀 장거리전화^{Philippine Long Distance Telephone}(〈차트 5-19〉와 〈차트 5-20〉)는 대어의 세 가지 조건을 다 갖춘 주식이었다. 물론 결과는 대단했다. 흥미롭게도 키스톤의 상승은 4¾에서 시작했지만, 그전 12개월 연속 수익은 주당 3.7달러의 적자를 기록했다. P/E를 주목하는 많은 사람은 회사가 곧 파산할 거라고 우려했다. 다행히 주가가 제트 엔진을 단 듯 30까지 상승했는데 그렇다면 과연 수익은 얼마가 되었을까? 주가가 30으로 오른 1987년 중반까지 누적 수익은 많이 회복되었으나 주당 1.16달러의 적자를 기록하고 있었다. 여전히 적자였던 것이다. P/E에 대해서는 이쯤 해두자. 기초 지역 내의 움직임은 이 차트로 말하기 어

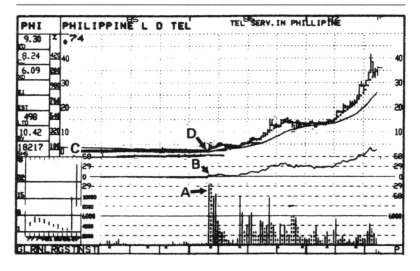

렵지만 돌파 전 40퍼센트 이상 상승이라는 기준을 달성했다.

맨스필드 차트의 약점은 대수나 퍼센트, 비율보다는 단순한 산술에 가깝다는 점이다. 주가가 낮은 주식이 급격히 상승하면 비율은 매우 높지만 움직임은 매우 미미해 보인다. 어쨌든 이 특별한 대어 패턴을 하나 발견했다면, 연타석 만루 홈런을 칠 가능성이 크므로 많이 투자해야 한다. 이 장에서 배운 개념을 숙지한다면, 자본을 채권에 넣어두는 것보다 더 많은 보상을 가져다주는 것이 어떤 것인지 알게 될 것이다. 그리고 언제 그것을 움켜쥐어야 하는지도.

6장

최적의 매도 타이밍을
찾는 법

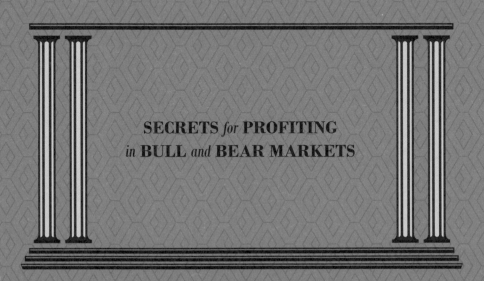

SECRETS *for* PROFITING
in BULL *and* BEAR MARKETS

팔아야 할 시점은
차트가 말해준다

지금까지 배운 방법으로 우리는 성공적인 투자에 이르는 길을 반 이상 지나왔다. 그러나 목적지에 다다르기까지 아직 가야 할 길이 남아 있다. 다음으로 배울 방법은 '언제 파느냐'는 것이다. 매도 시점을 제대로 맞추는 것은 투자를 성공으로 이끄는 데 결정적인 역할을 한다. 그러나 불행히도 전문가조차 이를 능숙하게 해내지 못하는 경우가 많다.

　한때는 대박이었지만 결국 쪽박이 되고 만 주식으로 채워진 포트폴리오를 나는 여러 번 보았다. 어떻게 그런 포트폴리오를 갖게 되었는지 당신도 익히 알고 있으리라. 40에 매수한 주식이 60으로 급상승했는데, 곧 100으로 뛸 것이라는 말이 돌고 있다. 그러면 팔겠는가? "그걸 왜 팔아?"라고 반문하겠지만, 그 주식이 20으로 급락하면 왜 팔아

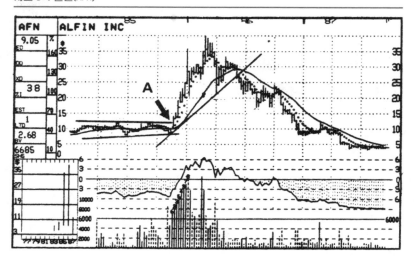

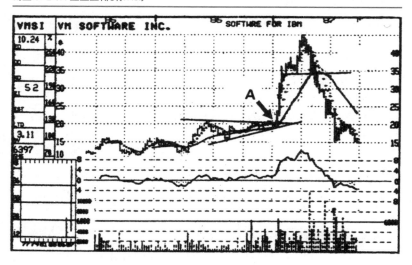

야 하는지 알게 된다.

앨핀Alfin(⟨차트 6-1⟩)과 VM 소프트웨어VM Software(⟨차트 6-2⟩)는 주식을 제때 파는 것이 얼마나 중요한지를 보여준다. 두 주식의 경우, 매수 신호(A지점)가 나타난 뒤 몇 개월간 상승세를 이어가 매수자에게는 알토란같은 꿈의 종목이 되었다. 그러나 이 주식을 계속 갖고 있었다면 꿈은 악몽으로 변해버릴 수도 있었다. 사실 이 두 주식은 한껏 상승한 뒤 충분한 결실을 거두어 매수자들에게 돌려주기는 했다. 그러나 결실을 본 뒤 주가는 떨어졌다. 매도 시점이 언제인지 제대로 알면, 다시는 이처럼 속을 비틀어대는 롤러코스터 같은 움직임에 낭패를 보지 않을 것이다.

포트폴리오가 적자를 기록하는 가장 큰 이유는 주식을 너무 빨리 매도해버리는 경향 때문이다. 이미 팔아버린 주식이 12~18개월 사이에 3배 이상 오르는 것을 본 적이 있는가? 40에 산 주식이 120까지 오르기를 기다리지 못하고, 빨리 환매하지 않으면 빈털터리가 될 것 같아 50에 재빨리 매도해버린 적은? 누구나 때로 실수를 저지르는데, 실수로 입은 손실을 상쇄하기 위해서는 가끔 엄청난 수익을 잡아줘야 한다. 그런데 수익을 눈앞에 두고 미리 팔아버리면 실수를 만회할 기회를 놓치는 것이다.

투자가나 트레이더가 주식을 성급하게 팔아버리는 것은 주가가 이미 충분히 올랐다고 생각해서다. 그렇게 감感에 따라 팔고 나면 그 주식이 점점 더 올라가는 것을 앉아서 구경하는 신세가 되고 만다. 그러면 주식이 언제 무너질지 확실히 판단할 방법이 있을까?

물론 있다. 그것도 거의 확실하게 판단할 수 있는 방법이 있는데, 내가 쓰는 단계별 분석법이 바로 그것이다. 그러나 이 방법을 소개하기 전에 먼저 왜 많은 투자자가 매도 시점을 제대로 잡지 못하는지 알아보자. 실수에서 매우 중요한 사실을 배울 수 있다.

매도에 실패하는 사람들이
놓치는 8가지 원칙

세금 때문에 매도를 주저하면 안 된다

이것은 주객이 완전히 바뀐 경우다. 투자자는 흔히 세금을 많이 무는 것이 싫어서 주식을 팔지 않으려고 한다. 그러는 사이 주가는 폭락하고 쌓아놓았던 이익도 대부분 잃고 만다. 그러나 하락이 시작되었어도 빨리 팔기만 한다면 세금을 내고도 이윤을 남길 수 있다. 그 이윤으로 2단계에 들어서는 다른 주식을 사면 새로운 수익을 창출할 수도 있다.

다음 실화를 보면 내 말이 무슨 뜻인지 잘 알 수 있을 것이다. 1978년 투자 세미나에서 나는 주가가 오른 카지노 주식을 갖고 있는 사람은 빨리 팔라고 말했다. 강연이 끝난 뒤 곤혹스러운 표정을 한 투

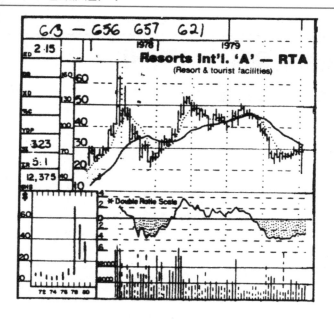

자자가 다가와 고민을 털어놓았다. 그는 리조트 인터내셔널Resorts International(〈차트 6-3〉) 주식을 수천 주 보유하고 있었는데, 당시 그 주식의 주가는 65였고 70이 최고가였으므로 나는 그가 최대 5포인트의 손실을 보았으리라 짐작했다. 그래서 그에게 이렇게 말했다.

"너무 당혹스러워하지 마세요. 손실이 적은 편이니 다른 종목에서 충분히 상쇄할 수 있을 거예요."

그러자 그가 다음과 같이 대답하여 나를 놀라게 했다.

"오, 나는 손해를 입은 건 아니에요. 그 주식을 20에 매수했으니까요. 내 문제는 차익이 너무 커 세금을 많이 내야 할 것 같다는 것이지요."

나는 그에게 모든 사람이 똑같이 그런 세금을 내고 있고, 주식 거래에 따르는 세금을 사업 경비로 간주하라고 말해주었다.

1년 뒤 나는 그 투자 세미나에서 또다시 강연했는데, 그 사람을 또 만났다. 그가 나에게 인사하며 1년 전 대화를 끄집어냈다. 나는 그 사람이 그 문제를 어떻게 해결했는지 궁금해서 물어보았더니 그가 태평한 표정으로 대답했다.

"오, 이제 골치 아픈 문제는 없어졌어요. 리조트 주가가 다시 20이 됐으니 세금을 낼 만한 수익이랄 게 없죠."

당신은 절대로 그와 같은 덫에 걸리지 않길 바란다. 일단 주식이 하락세에 들어가면 이익을 봤건, 손해를 봤건, 세금이 얼마가 됐건 주식을 팔아야 한다. 증시는 투자자가 주식을 얼마에 샀는지 알지도 못하고 상관도 하지 않는다. 그러니 투자자 스스로 객관적이고 냉정하게 판단해야 한다.

수익을 낸 주식이라도 계속 갖고 있으면 안 된다

상당한 배당금을 지급한다는 이유로 약세에 들어간 주식을 그대로 보유하는 투자자가 참으로 많다. 미안하지만 이는 정말로 어리석은 결정이다.

1987년 로체스터 가스전기Rochester Gas & Electric(〈차트 6-4〉)는 몇 포인트 하락하더니 곧이어 급격히 떨어져 그해 배당금 전액과 그 이상

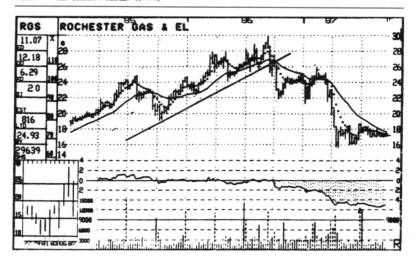

까지 쓸어가 버렸다. 투자자들이 무작정 끌어안고 잘 팔지 않으려 하는 주식은 보통 이윤을 많이 남기는 공공시설 관련 종목이다. 이런 주식이 2단계에 있다면 보유해도 좋다. 이런 주식은 급상승하는 경우가 별로 없지만, 수익률이 은행 이자 5.5퍼센트보다는 확실히 높다. 그러나 일단 4단계로 들어가 떨어지기 시작하면 다른 4단계 주식보다 더 나쁜 것이 이런 주식이다. 만약 10퍼센트 이윤을 얻고 하락으로 20퍼센트 손해를 입었다면 수익은 없다. 이 정도는 약과이고 더 나쁠 수도 있다. 하락하는 주가는 그 기업의 장래가 밝지 않다는 신호탄이 되기도 한다. 따라서 자칫하면 배당금을 받지 못할 수도 있다. 추락하는 종목에 투자한 사람들은 엄청난 비용을 치르며 이 교훈을 배운다.

P/E가 낮은 주식이 언제나 좋은 것은 아니다

주가가 최고치로 오른 주식도 가끔 이 비율이 낮게 나타날 때가 있다. 그런 주식은 종종 하락하고 몇 개월 지나지 않아 형편없는 수준으로 떨어지기도 한다. 그렇게 되면 P/E는 높아지겠지만 이미 이윤을 남기고 팔기에는 너무 늦다. 그리고 P/E가 낮은데도 주가는 하락하는 경우도 많다. 체이스 맨해튼Chase Manhattan(〈차트 6-5〉)이 바로 이런 경우다. 1986년 주가가 50에 가까웠을 때, P/E는 매우 낮은 7이었다. 흥미롭게도 13개월 뒤 P/E는 6을 기록하며 더 유리해졌지만 이미 이 주식이 4단계로 이동하여 주가는 34로 떨어진 상태였다. P/E로 주식을 판단하는 것은 이제 그만두어야 한다.

차트 6-5 체이스 맨해튼(CMB)

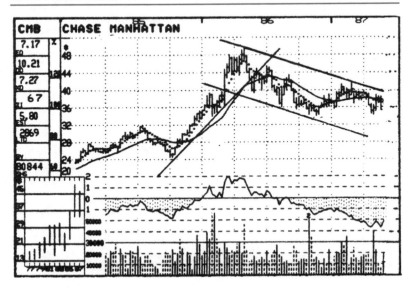

P/E가 높다고 서둘러 팔면 안 된다

앞의 경우와 정반대인 상황 또한 문제가 심각하다. 월스트리트에서 회자되는 오래된 농담이 있다. 어떤 투자자가 중개인에게 왜 주가가 상승하느냐고 묻자, 적절하게 설명하기 힘들었던 중개인은 "파는 사람보다 사려는 사람이 더 많기 때문"이라고 대답했다는 것이다. 이 간결하고 재치 있는 우스갯소리는 진실을 말하고 있지만 이 진실을 깨닫는 투자자는 별로 없는 것 같다. 투자자는 주식이 왜 그렇게 움직이는지 확실한 답을 듣길 원한다. 그래서 특별한 해석이나 추측에 귀 기울이곤 한다. 시장이 언제나 논리적으로 움직이지 않는다는 사실을 이해하지 못하는 것이다.

시장은 논리보다 투자자의 심리와 분위기에 더 많은 영향을 받는다. 만일 투자자가 아주 자신감에 차 있고 낙관적인 꿈에 빠져있으면, 높은 P/E는 더 높아질 수 있다. 탠덤 컴퓨터(〈차트 6-6〉)는 이 점을 잘 보여준다. P/E가 32라는 것은 이 주식이 10에서 저항선 위로 상승한 1985년 말에는 큰 매력이 아니었다. 15개월 후 주가가 38 수준으로 상승하자 P/E는 더 높은 44가 되었다.

투자자는 조울증 환자와 같다. 낙관적일 때는 P/E가 아무리 높아도 매수할 핑계를 찾는다. 반대로 비관적이고 걱정이 많으면 P/E가 낮아도 매수하기를 꺼린다. 주식이 2단계로 이동할 때는 보통 P/E가 더 높아질 수 있으므로, 아주 심한 경우가 아니라면 3단계가 시작될 때까지 팔지 말고 기다려야 한다.

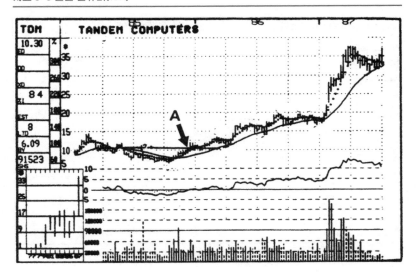

P/E가 높은 것은 큰 문제가 못 된다. 이 경우 P/E가 오르는 것은, 주가를 올린 강력한 매수세가 그만큼 강력한 매도세를 만났음을 객관적으로 보여주는 것이기 때문이다. 주가가 오른 것은 주식이 과대평가되어서라기보다 수요에 맞는 공급이 이루어졌기 때문이다.

맥스터Maxtor Corporation의 〈차트 6-7〉은 이를 잘 보여준다. 1986년 초 이 주식이 저항선 8 위로 상승했을 때 P/E는 16으로 결코 낮은 편은 아니었다. 그러나 2단계에 들어섰으니 확실한 매수 종목이었다. A지점에서 P/E는 매우 높아져 28을 기록했다. B지점에서도 P/E는 여전히 위험한 수준인 24였다. C에서도 20으로 아직 높은 편이었다. 이 경우 MA는 상승하고 있고, 주식은 2단계의 상승 중에 있으니 P/E의 위험을 무시하고 아직 더 보유해야 한다. 몇 달 뒤 주가는 34 근처에

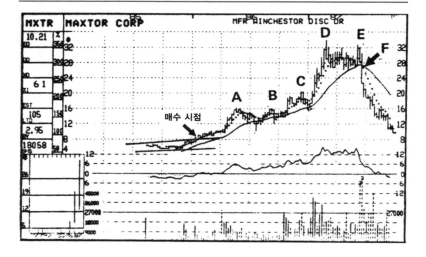

서 멈추고, P/E는 매우 높은 33(D지점)에 육박했다. 그 뒤 E지점에서 P/E는 28이었다.

P/E를 근거로 이 주식을 팔아야 한다면, 16(A지점)에서 팔아야 한다. 그러나 차트에서 '진짜' 매도 시점을 찾아보면, 주가가 최정상을 지난 뒤 붕괴하면서 MA가 평평해지는 F지점이다. 몇 달 뒤 주식은 9⅝로 급락했다. P/E가 18개월 동안 줄곧 높은 수준을 유지했으나 주가는 올랐다는 사실에 주목해야 한다. 수요와 공급이 균형을 이루고, 3단계 최정상을 지난 뒤에야 맥스터 주식은 마침내 하락하기 시작했다. 이는 우리가 배운 기술적 방법이 P/E에 지나치게 의존하는 주관적인 이론보다 훨씬 도움이 되고 정확하다는 것을 보여준다.

하락세에서 주식을 더 사들이지 마라▪

폴라로이드Polaroid(〈차트 6-8〉)가 1974년 150 부근에서 16으로 급락한 이유와 웨스턴 헬스 플랜즈Western Health Plans(〈차트 6-9〉)가 1985년 15⅞에서 2년 후 3으로 하락한 이유는 똑같다. 이 두 주식은 4단계로 진입했을 때 팔았어야 했다. 그러나 많은 투자자가 펀더멘털주의의 덫에 걸려 있었다. 그래서 이 두 회사는 훌륭한 기업이라는 이유로(또는 그렇게 생각했기 때문에) 주식을 팔지 않고 그대로 보유했다. 나중에 기업이 위험에 빠진 것을 알게 된 뒤에는 곧 다음 상승기를 눈앞에

차트 6-8 폴라로이드(PRD)

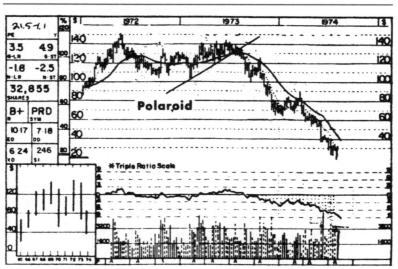

▪ 주가가 떨어졌다고 물타기 매수를 하지 말라는 뜻.

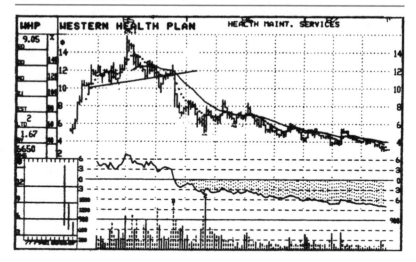

두고 있었는데도 주식을 처분하고 빠져나갔다.

4단계 폭탄을 맞은 주식을 보유한 사람은 절대로 그냥 무사히 빠져 나갈 수 없다. 공포에 질린 불운한 투자자는 주식을 물타기[■]하여 더욱 더 곤경에 처하곤 한다. 물타기는 이론적으로는 그럴듯하지만 실제로는 자살 행위나 마찬가지다. 재난을 가져오는 아주 위험한 방법이 바로 물타기이기 때문이다. 1983~1984년 애나콤프^{Anacomp}(〈차트 6-10〉)와 1981~1982년의 할리버튼^{Halliburton}(〈차트 6-11〉) 사례는 물타 기로 완전히 망한 수백 가지 사례 중 일부일 뿐이다. 애나콤프는 18에 서 붕괴하면서 매도 신호를 분명히 보냈고 결국 주가는 2로 떨어졌 다. 할리버튼 역시 MA 아래 저항선 70에서 붕괴하며 팔라는 신호를

■ 주가가 떨어졌을 때 자신이 산 주식의 평균매입단가를 낮추기 위해 주식을 더 사는 것을 말한다.

차트 6-10 애나콤프(AAC)

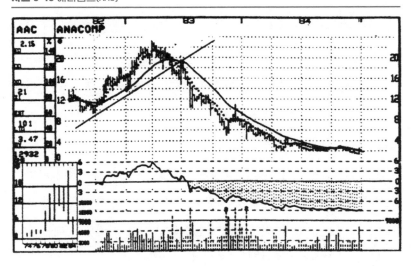

차트 6-11 할리버튼(HAL)

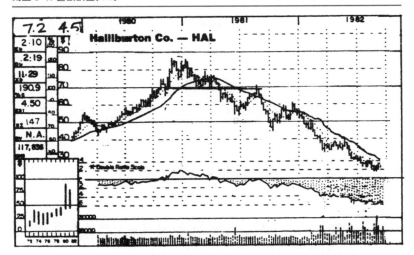

보낸 뒤 21까지 곤두박질쳤다.

사람들은 자신이 보유한 주식의 값이 떨어지면 그 주식을 더 사들여 '주가가 50퍼센트 정도 상승하면 주식을 처분하고 증시를 빠져나와야지' 하고 생각한다. 그것이 바로 유혹의 덫이다. 그런 덫에 빠지지 말고 전문가처럼 행동해야 한다(전문가는 주가 평균을 높이지, 낮추는 물타기는 하지 않는다).

전문가는 문제의 주식을 깔고 앉아 있는 것이 아니라 빨리 팔아치우고 신속하게 빠져나간다. 증시가 움직이기 시작하면 전문가가 옳았다는 것을 알 수 있다. 전문가는 자신들의 자산을 지켜냈기 때문이다. 손해 보는 상황에서 손해를 어떻게 최소화하는지 아는 것, 그것이 성공 투자의 비법이다. 수익을 거두는 것보다 더 중요한 것이 수익을 잃지 않는 것, 또는 손실을 최소화하는 것이기 때문에 6장 후반부 전체를 이 중요한 주제에 할애할 것이다.

값이 떨어진 주식을 더 사들임으로써 주가를 높이려 안간힘을 쓰는 사람은 수익과는 점점 더 멀어진다. 잠깐 동안 주가가 살짝 올라가면, 이 사람에겐 더 나쁜 일이 생긴다. 그는 이제 매도할 가격을 나름대로 정하고, 최소한 얼마 정도 되었을 때 팔고 빠져나오겠다는 결심을 한다. 그래서 주가가 자신이 정해둔 목표치에 다다르지 못하면 인상을 쓰면서도 주식을 계속 붙들고 있게 된다.

앞의 사례에서 알 수 있듯이, 물타기를 하여 주가 평균을 낮추는 행위는 4단계 붕괴 국면에서 주식을 계속 보유하는 것만큼이나 소용없는 짓이다. 주가가 내릴 만큼 내렸다는 생각을 하며 매번 희망을 품고 주식을 더 사들이면 더 많은 손해를 보태는 꼴이 된다. 이는 일부러 적자를 보기 위해 멀쩡한 돈을 쓰는 것과 같다. 이 안타까운 수법은 보수적인 전략이라기보다 오히려 무모한 투기에 가깝다. 힘을 잃어가는 주식이 어디까지 떨어질지 누가 추측할 수 있단 말인가? 그런 시도는 바다에서 손가락으로 낚시하는 것과 같다. 결코 이룰 수 없는 희망으로 주식을 붙들고 있고, 어리석게도 더 사들이기까지 한다.

매도가격 역지정 주문을 해두면 사둔 주식이 신통치 않을 때 손해를 최대한 막을 수 있다. 이렇게 하면 최소한 다른 주식을 살 자본은 확보된다. 그래야 손해를 상쇄할 기회도 얻을 것 아닌가.

시장이 상승세라고 팔지 않고 계속 갖고만 있으면 안 된다

시장이 활황이어서 상승장세가 계속되면 잘못 산 주식도 오르게 마련이다. 그러나 상승장세가 모든 문제를 해결하는 만병통치약은 아니다. 물론 전체 시장이 상승세면 개별 주식 종목도 몇 포인트씩 더 올라가며, 상승세가 아주 강할 때는 약한 주식도 하락하지 않고 꽤 버틴다. 그래서 월스트리트에 회자되는 이런 옛말이 있다.

"판단과 상승장세를 혼돈하지 마라."

어쨌든 기술 분석적으로 보아 주식이 조금이라도 위태해 보인다면 두 번 생각하지 말고 당장 빠져나와야 한다. 상승장세인데도 보유한 주식이 신통치 않다면 곧 재난이 닥칠 징조다. 맥린 인더스트리McLean

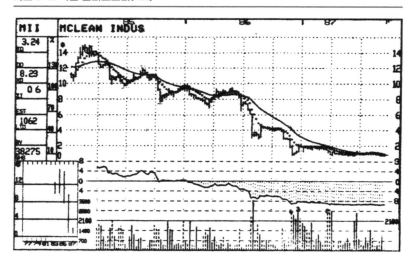

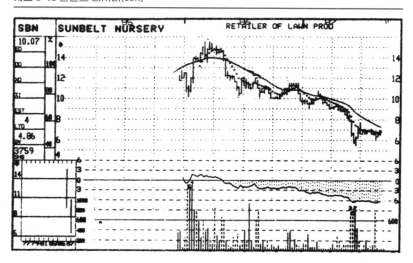

Industries(〈차트 6-12〉)과 선벨트 너서리Sunbelt Nursery(〈차트 6-13〉)가 좋
은 사례다. 다우존스 산업평균지수가 1250에서 2746으로 상승할 때,

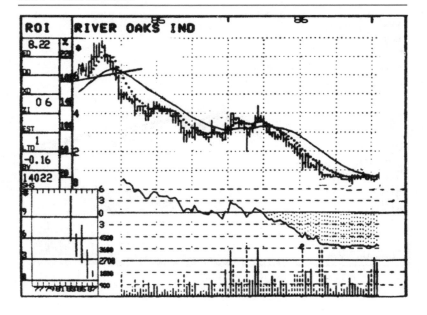

맥린의 주가는 15에서 0.75로 추락했다. 선벨트 주가 역시 다우존스 지수가 1500에서 2746으로 상승할 때 15½에서 5½로 하락했다. 전체 증시가 아무리 상승세라 해도 4단계의 재난에 빠진 주식 종목에서는 희망을 찾을 수 없다. 이런 주식을 보유하고 있다가는 매우 값비싼 대가를 치르게 된다. 다시는 이런 덫에 빠지지 않기를 바란다.

다음 상승 때까지 기다리면 너무 늦다

차트 패턴에서 위험 신호를 보내면 즉시 빠져나와야 하는데, 몇 포인

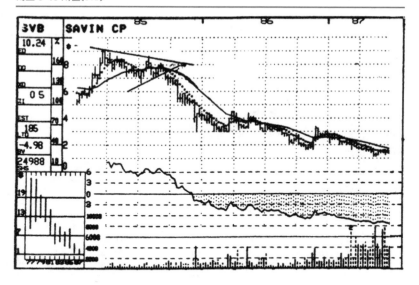

트라도 더 올려서 조금이나마 손실을 메워보려고 상승세를 기다리 다 보면 결국 투자 자금을 크게 잃게 된다. 리버 오크스River Oaks(〈차트 6-14〉)와 사빈Savin(〈차트 6-15〉)은 이런 상황을 잘 보여주는 예다. 차트 를 보면 리버 오크스 주가가 6 밑으로 붕괴되었을 때 즉시 매도했어 야 한다는 사실을 분명히 알 수 있다. 이 주식은 주가 25퍼센트로 떨 어질 때까지 단 한 번도 붕괴 수준인 6으로 상승하지 못했다. 사빈도 7¼에서 붕괴할 때 분명히 매도 시점이라는 신호를 보냈다. 주가는 급 락을 계속하는 동안 한 번도 붕괴 이전 수준으로 올라서지 못했고, 결 국 1⅛에서 바닥을 쳤다.

이처럼 위험 경고가 보이면 즉시 주식을 매도해야 한다는 것을 명심 하고, 또 행동으로 옮겨야 한다. 일단 주식을 처분한 다음에는 더 나은 가격에 팔수도 있었을 텐데 하며 아주 조금 손해 본 것에 연연하지 말아야 한다.

좋은 주식이라고 무조건 갖고 있는 것이 능사는 아니다

아무리 우량 주식이라고 해도 주기에 따라 움직인다. 일단 주식이 안좋은 주기에 들어서면 어떤 주식이든 재정적으로 압박을 주는 두통거리가 된다. IBM^{International Business Machines} 주식은 대표적인 우량 주식이지만 〈차트 6-16〉을 보면 이런 주식도 영원한 안식처가 될 수 없음을 알 수 있다. 1973년 초 주가가 360 이상으로 최고치에 다다랐을 때 연속 12개월 수익은 주당 8.82달러였다. 그 후 수익은 주당 12.24달러까지 상승했다. 그러나 안타깝게도 주가는 시장과 아무 상관도 없다는 것을 보여주고 말았다. 이 주식이 4단계로 진입하자 주가는 155로 떨어졌던 것이다.

센트럴 허드슨 가스전기^{Central Hudson Gas & Electric}(〈차트 6-17〉) 또한 매우 중요한 교훈을 가르쳐주고 있다. 1986년 강력한 상승장세가 전개될 때, 이 주식의 주가는 하락세에 접어들어 35 아래에서 붕괴했고 23까지 급락했다. 증시에서는 '쥐구멍에도 볕들 날'이 있다. 우량주식이 아닌 주식도 2단계에 진입하는 날이 바로 그날이다. 이런 주식이 4단계에 들어선 우량 주식보다 낫다.

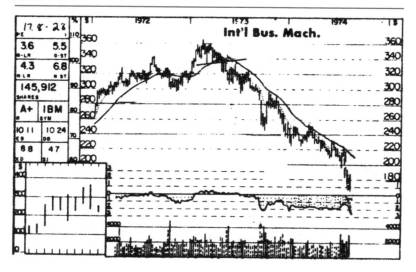

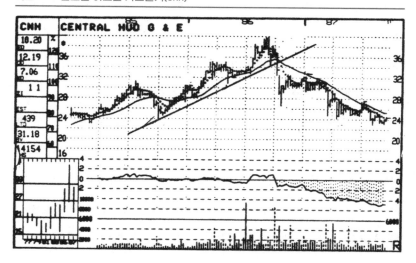

투자가의 매도 시점

지금까지 매도할 때 주의해야 할 점을 알아보았으니 이제는 언제 팔아야 할지, 매도 시점을 제대로 정하는 방법을 알아보자. 이 방법은 기본적으로는 투자가나 트레이더에게 모두 적용되지만, 각각 다른 가이드라인과 지침이 있다. 우선 투자가의 길을 다루어보자.▪

　선물 트레이더라면 매도 시점이 투자를 성공으로 이끄는 결정적인 요인임을 잘 알 것이다. 증시도 다르지 않다. 단지 움직임이 느릴 뿐이다. 주가지수 선물거래가 출현하고 거래가 프로그램화되면서 증시와 선물의 차이는 빠른 속도로 좁혀지고 있다. 1950년대와 1960년대에는 몇 년에 걸쳐 일어나던 주가가 지금은 몇 개월 안에 일어나고

▪ 트레이더는 하루 종일 시장을 들여다보는 사람들로서 이들은 지정가 주문이라는 다른 보호막을 가지고 있다.

있다.

증시에서 변동이 빨라진 현상은 동전의 양면과 같은 결과를 불러온다. 긍정적으로 보자면 훨씬 빨리 돈을 벌 수 있게 되었다는 것이고, 부정적인 면은 주식이 2단계에서 3단계로 더욱 빠르게 이동한다는 점이다. 기관 투자자가 선호하는 주식일 경우 더욱 그렇다. 이런 주식은 나쁜 뉴스가 나와 기관 투자자가 곤경에 처하게 되면 갑작스레 방향을 틀어 나락으로 빠져버린다.

트레이더의 매도 시점

내가 자주 받는 질문 중 몇 가지는 트레이딩과 관련된 것이다. 트레이더를 어떻게 정의하며, 어떤 방식으로 트레이드를 하는지, 또 왜 트레이딩을 하는지, 투자하는 것이 나은지, 아니면 트레이드하는 것이 나은지 등이다.

증시라는 전쟁터를 꽤 누벼본 노장이라면 자신이 트레이더 성향인지, 투자가 성향인지를 잘 알 것이다. 그러나 초심자는 어떤 길을 갈지 혼란스러울 때가 있다. 그리고 놀랍게도 경험 많은 선수조차 때론 투자가의 길을 가야 할지 트레이더의 길을 가야 할지 확신하지 못하는 경우가 있다. 자신은 투자가라고 생각했는데 실제 심리구조는 트레이더에 적합하다면 투자 결과가 신통치 않을 수 있다.

트레이더의 매도 시점을 다루기 전에, 잠시 철학 강의를 하고자 한다. 나는 트레이드를 하는 것이 나을지, 투자가의 길을 가는 것이 나을지에 대한 절대적인 대답이 있다고는 믿지 않는다. 성공한 트레이더도 많고 또 큰 수익을 거둔 투자가도 많기 때문이다. 다만 확실히 말할 수 있는 것은, 증시에 참가하는 사람, 특히 초심자는 일반적으로 트레이더보다는 투자가의 방식을 취하는 것이 성공을 거두기 쉽다는 것이다. 시간을 적게 할애해도 될 뿐 아니라 기술도 덜 필요하고, 감정을 조절하기도 쉽기 때문이다.

그러면 어떤 사람들이 트레이딩을 하려고 하는가? 답은 간단하다. 트레이더에게는 도전과 행동이 필요하다. 투자가는 대부분 보수적인 성향에다 평화롭고 고요하게 살기 원하는 한편, 트레이더는 팽팽한 긴장 속에 사는 삶을 즐기는 성향이 있다. 그들은 전쟁의 전율을 사랑하고, 최전선에서 판단하고 결정하는 경쟁적인 긴장을 즐긴다.

트레이딩과 투자 중 어느 쪽의 수익이 더 나은지 결정하느라 고민하고 시간을 낭비할 필요는 없다. 무엇이 더 낫다는 정답은 없다. 어떤 방법이든 기술적으로 제대로만 해나간다면 성공할 수 있다. 그 대신 자신이 어떤 유형인지 그리고 어떤 접근법이 자신에게 더 편안한지 알아야 한다. 자신이 어떤 자질의 사람인지 먼저 성찰을 해야 최고의 투자가든 타고난 트레이더든 될 수 있다. 투자가가 되기로 결정한 사람이 주가가 6~7포인트 빠졌다고 화가 나서 다음 상승세를 바로 앞두고 주식을 투매해버린다면 엄청난 재난이 닥친다. 그러니 먼

저 자신과 진솔한 대화를
해보아야 한다.

흥미롭게도 투자가와 트
레이더 성향을 반씩 갖고
있으며, 두 가지 방법을 다
취하고 있는 투자자가 꽤
많다. 만약 당신이 이런 범
주에 속한다면 복합 방식

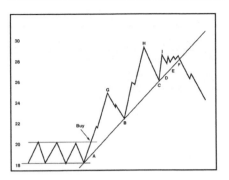

을 권하고 싶다. 기본적으로는 투자가의 길을 가면서 만약 시장 지표
가 주가 하락 신호를 강하게 보내면 트레이딩을 하고 주가가 빠르게
상승하여 지나치게 과열되면, 즉 30주간의 MA 훨씬 위로 상승하면
재빨리 이익을 챙기는 방식이다. 이런 경우 투자액의 3분의 1에서 절
반 정도는 일정 기간 묶어두는 투자에 배당하고 나머지 금액으로는
매도가격 역지정 주문을 잘 이용하는 것이 현명하다.▪

▪ 만일 투자에 전념하는 트레이더가 되고자 한다면, 그리고 더 큰 수익을 얻고 싶다면 추세선을 거래 계획과 연관
시키는 법을 배워야 한다. 추세선은 실제로 존재하는 선이 아니라 인간의 마음을 반영한 선인데 컴퓨터에 나타
나는 추세선은 디지털 추세선으로, 0과 1로 조합된 어거지 숫자로 만든 선이다. 이 사실을 아는 외국인 투자자
들과 전문가는 매수 혹은 매도 시 기계식으로 하는 가격 역지정 주문 개념을 이용하고 있다. 매수가 역지정 주문
은 자신의 생각이 틀렸을 때 자동 추격매수 하는 것을 말하며, 매도가 역지정 주문은 주가가 자신의 기대 밖으로
내렸을 때 자동으로 손절매하는 것을 말한다. 〈차트 6-18〉에서 A-B-C-D-E-F로 이어지는 선이 추세선이다.
F부터는 추세를 벗어나 4단계 국면에 접어들게 된다.

최적의 매도 시점을 알려주는 스윙의 법칙

트레이딩에 매우 효과적인 기술이 하나 있다. 이 기술은 잘 알려지지 않았지만 확실한 효과가 있어 트레이딩 실력을 한 단계 올려줄 수 있다.

기술 분석가는 오랜 세월에 걸쳐 주식 동향을 예측하는 갖가지 매력적인 이론과 유형을 발표했다. 나도 이런 것들에 잠깐 관심을 갖고 가장 간단한 것부터 가장 복잡한 것까지 두루 살펴보았다. 결론만 말하면, 이런 것들은 알려고 애쓸 가치가 없다. 그러므로 구체적으로 설명하지는 않겠다.

그러나 반드시 알아두어야 할 단순한 개념이 하나 있다. 매우 정확히 예측하도록 도와주는 이 개념을 잘 이해하고 정리하여 트레이딩 기술의 하나로 삼는다면, 최전선에 나설 준비가 잘 되어 있다고 하겠다.

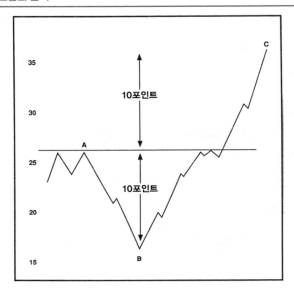

주가 동향을 예측하는 이 방법은 일명 '스윙의 법칙'이라 하는데 이 법칙을 읽어낼 수 있는 상황은 자주 나타나지 않지만 한번 나타나면 상승세가 어디에서 끝날지 꽤 정확히 예측할 수 있다. 그러다 보니 너무나 딱 들어맞아서 다음 주 신문을 오늘 읽는 것과 같을 때도 가끔 있다.

이렇게 정확한 예측을 얻기 위해 해야 할 일은, 우선 주요 하락세가 시작되기 전 최고치 주가에서 다음의 최저치 주가를 빼면 된다. 〈차트 6-19〉에서 XYZ 주식은 26이 최고치였다가 다음에 최저치는 16이었다. 이를 계산하면 26(A지점)−16(B지점)=10이다. 즉 10포인트 차를 보인다. 여기서 XYZ 주가가 지난 최고치인 26보다 상승하면, 10포인트를 A지점의 최고치에 더하면 되는데(26+10=36) 이는 곧 이어질 상

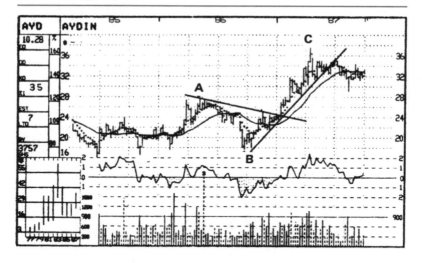

승세의 최고점을 가리킨다. 물론 이 수치는 근사치이므로 꼭 36이 아니라 35 또는 38이 될 수도 있다. 어쨌든 주가가 이 부근에 다다르면 최정상이 형성되고 있다는 점을 기억해야 한다.

에이딘Aydin(〈차트 6-20〉)은 1986년 하락세에 들어서기 전 $27\frac{7}{8}$(A지점)에서 최고치를 형성했다. 붕괴가 끝났을 때, 주가는 $17\frac{1}{2}$(B지점)에서 최저가를 이루었다. 1987년 초 에이딘은 25에서 저항선 위로 상승했다. 목선 이상으로 상승한 주가는 헤드앤숄더 바닥형을 완성했다. 주가는 1986년 최고치였던 $27\frac{7}{8}$를 통과하고 기세 좋게 상승해 나갔다. 스윙의 법칙으로 계산하면($27\frac{7}{8}$-$17\frac{1}{2}$=$10\frac{3}{8}$), $10\frac{3}{8}$ 포인트 차이가 난다.

그러면 에이딘이 연료가 바닥나 완전히 하락하기 전에 얼마까지 상승할지 예상해보자. 이전 최고치 $27\frac{3}{8}$에 $10\frac{3}{8}$포인트를 더하면 목표치 $37\frac{3}{4}$을 얻을 수 있다. 실제로 에이딘은 몇 주에 걸쳐 최정상을 향해 갔고, 이후 $33\frac{7}{8}$에서 상승세의 추세선 아래로 떨어졌다. 최고치를 이룬 C지점의 가격은 얼마였을까? 실제 최고치는 우리가 예측한 $37\frac{3}{4}$이 아니라 $37\frac{1}{2}$이었다. 이 정도면 그리 나쁘지 않은 예측이다.

이러한 스윙의 법칙을 제대로 활용하려면, 주가가 예상 가격 가까이 갔을 때 트레이딩으로 투자한 주식 일부를 매각하는 것이 좋다. 그리고 나머지는 자동 매도 주문을 걸어둔 지점에서 팔면 된다.[■] 이 경우는 주가가 추세선 아래로 형성되었을 때인 $33\frac{7}{8}$이었다.

에이딘이 유일한 사례는 아니다. 리복Reebok(〈차트 6-21〉)의 주식 동향을 살펴보자. 1986년 중반 최고치는 $17\frac{3}{8}$(A지점)였다. 주가는 1987년 초 $10\frac{1}{4}$(B지점)로 하락했다. $17\frac{3}{8}$에서 $10\frac{1}{4}$을 빼면 $7\frac{1}{8}$이 나온다. 여기다 이전의 최고치 $17\frac{3}{8}$를 더하면, 25라는 트레이딩 목표치를 얻게 된다. 주가는 실제로 $25\frac{1}{4}$(C지점)에서 최고치를 이뤘다.

마지막으로 타이거 인터내셔널Tiger International(〈차트 6-22〉) 주식 동향을 살펴보자. 주가가 6 위로 올라온 1986년 말이 매수 시점이었다. 이 매수 지점에 이르기 전, 주가는 최고치가 $10\frac{1}{2}$(A지점)이었고 최저치는 $3\frac{7}{8}$(B지점)였다. 그 차이는 $6\frac{5}{8}$이다. 1987년 상승세 예상치를 구하기 위해, $6\frac{5}{8}$을 이전의 최고치 $10\frac{1}{2}$에 더한다. 스윙의 법칙을 적용해서 나온 상승세 예상 목표치는 $17\frac{1}{8}$이다. 놀랍게도 주가는 $17\frac{3}{4}$(C지점)

[■] 자신의 주식중개인이나 PB와 상의하여 기계식으로 지정된 자동 매도 주문으로 처분하면 좋다.

차트 6-21 리복(RBK)

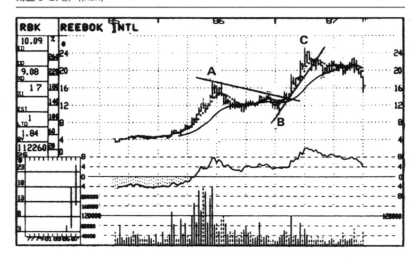

차트 6-22 타이거 인터내셔널(TGR)

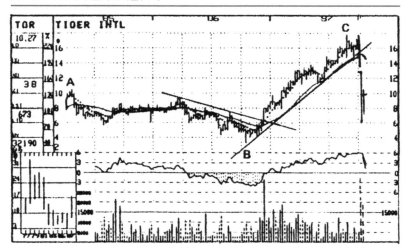

에서 최고치를 이룬 뒤 6 아래로 하락했다.

스윙의 법칙을 이용한 예측이 다 이와 같이 정확하지는 않지만, 대부분 예상 목표치가 정확했다. 주식을 트레이딩할 때는 이 놀라운 측정 기술을 최대한 이용하라. 주가가 예상 목표치에 근접하면 적어도 투자금 일부를 처분해야 한다. 추세선과 스윙이 법칙을 잘 활용하면, 이처럼 유익한 트레이딩을 할 수 있다.

자존심을 버리고
차트를 믿어라

내 시스템이 아무리 훌륭하다 해도 당신이 언제나 100퍼센트 성공할 수는 없다. 이는 어쩔 수 없는 사실이다. 이 분명한 삶의 조건을 어떻게 다루는지에 따라 사람들은 큰돈을 벌 수도 있고, 못 벌 수도 있다. 사실 증시에서 오랜 세월을 보낸 내가 발견한 가장 확실한 승리의 열쇠는 '어떻게 패배하는지 배우는 것'이다. 잠시 생각해보자. 여러 군데 분산 투자를 해놓았는데 한두 군데에서 손해를 입는다는 것이 그렇게 끔찍한 일인가? 대부분의 사람들은 이를 끔찍하게 여긴다. 그래서 결국 엉터리 결정을 하게 된다.

그러나 증시 전문가는 한두 군데에서 보는 손실을 피할 수 없는 삶의 현실이라고 생각하며 사업비용, 교훈을 배우는 데 드는 수업비 정도로 간주한다. 전문가는 비록 투자에서 손실이 났다 해도 잠을 못 이루거나 하지는 않는다. 다만 손실보다 중요한 두 가지를 걱정한다. 첫째, 모든 투자의 순이익 또는 순손실이다(그 결과가 이익을 남기는 쪽이라면 그들은 만족한다). 둘째, 신통치 않은 주식을 어느 수준에서 처분할까 하는 것이다.

이런 태도를 견지하는 사람은 별로 없지만 이런 태도야말로 증시에 임하는 성숙하며 합리적인 태도다. 테니스를 칠 때, 공이 네트를 치는 일은 결코 없을 거라고 확신할 수 있는가? 현실적으로 당신이 친 공 중 몇은 빗나갈 수도 있다는 사실을 받아들여야 한다. 경기에서 점수를 따는 공이 더 많다면, 한두 번 빗나갔다고 해도 그리 당황할 이유가 없다. 모름지기 주식시장에서 오랫동안 합리적으로 수익을 내고 싶다면 이런 식으로 여유 있게 생각할 줄 알아야 한다.

테니스를 잘못 쳐서 공을 하늘로 날려 보내는 사람, 또는 골프 코스에서 퍼트를 잘못 하는 사람을 본 적이 있을 것이다. 모든 사람은 실수를 한다. 실수를 했을 때 감정을 제대로 조절하지 못하면 파괴적으로 변한다. 나는 증시 참가자들이 특히 상승세 시장에서 아주 잘해오다가 한 종목에서 본 손실로 전체 투자를 망쳐버리는 경우를 수없이 보았다. 처음에 조금 손해를 봤을 때 이 정도 손실은 괜찮다고 생각하며 빨리 처분하면 되는데, 이런 사람들은 자신이 가진 주식이 하나라도 급락하면 성을 내고 완고해진다. 그래서 주식을 가지고 버티다가 급기야 아주 낮은 수준까지 하락하면 4단계에 진입한 주식을 생돈을 주고 사들여 물타기를 한다.

더 심한 경우, 손실이 쌓여가면 문제의 주식을 파는 것이 아니라 아직 수익을 더 낼 수 있는 멀쩡한 주식을 환매해버리는 자기 파괴적인 결정을 내린다. 이렇게 하면 우선은 흑자로 돌아서 기분은 좀 나아질지 모르나 몇 달 뒤 포트폴리오에 끔찍한 결과를 남기게 된다. 간단히 말해서 이런 식으로 해나가면 2단계의 잘나가는 주식은 처분하고 4단계에 든 주식으로만 포트폴리오를 채우게 될 것이다.

자존심으로 투자하면 망한다

왜 이런 자기 파괴적인 태도를 취하는 걸까? 한마디로 '에고' 때문이다. 많은 트레이더와 투자가가 주식이 좋은 결과를 내면 자신이 천재라고 느끼고, 결과가 좋지 않으면 어리석다고 느낀다. 허술한 전술로도 수익을 냈다면 그건 운이 좋았던 것이다. 그러나 손실을 보고도 자신을 통제하며 규칙을 잘 따랐다면, 이는 현명한 투자를 한 것이다. 그러니 자신과 긴 대화를 나누어봐야 한다. 증시에서 결정을 내릴 때는 에고를 잘 싸서 옆으로 치워두어야 한다. 칵테일 파티에서 주식 투자로 돈 벌었다고 자랑하기 위해 증권에 투자해서는 안 된다. 멋진 수익을 내는 도전을 즐길 수 있어야 증시에 시간과 자본을 제대로 투자할 수 있다.

에고의 파괴성은 매일 볼 수 있다. 증권사 사무실에 앉아서 대화를 들어보라. '득실이 없는 수준으로' 주가가 회복되면 주식을 처분할 거라는 말을 자주 듣게 될 것이다. 왜 득실이 없는 수준이어야 하나? 손실은 좀 입었어도 위의 저항선으로 주가가 회복될 때에 왜 팔지 못하는가? 에고가 강한 투자자들에게 득실이 없다는 말은 곧 '나는 바보가 아니었다'는 의미다. 그들은 자존심을 이익과 손실에 걸고 있다.

이런 성격을 가진 사람이 손해를 보면, 아주 손쉬운 희생양이 될 만한 사람을 비난해야 한다. 주식중개인보다 더 손쉬운 희생양이 어디 있겠는가. 그래서 모든 비난이 중개인에게 쏟아진다.

물론 가끔 똑똑하지 못한 중개인을 만날 때도 있지만 중개인이 억지로 주식을 사거나 팔도록 만드는 것은 아니다. 더구나 무능한 중개인은 고객을 끌어들이지도 못한다. 결국 투자는 자신의 선택이다. 그러므로 자신의 선택과 행동에 책임지는 법을 배워야 한다. 자신의 선택과 행동이 좋은 결과를 낳았다면 그런 선택과 행동은 더욱 강화하고, 좋지 않은 결과를 냈다면 그 원인을 찾아 이해하고 바꾸도록 노력해야 한다.

주식투자를 하는 사람은 자존심 겨루기를 하는 것이 아니라 운전석에 앉아 차를 몰고 있다는 것을 명심해야 한다. 1987년 10월 증시 붕괴 때 강한 에고와 트레이딩 실패 때문에 끔찍한 사건이 일어났다. 심각한 손실로 고통받던 한 투자자가 자신의 중개인을 쏘아 죽이고 자살한 것이다.

독자 당신은 자신과 약속하기 바란다. 절대로 황당하게 자금을 날려버리지 않겠다고. 그러기 위해서는 첫째, 포트폴리오를 뮤추얼 펀

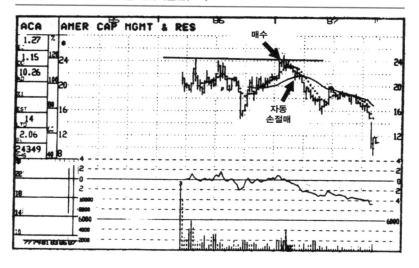

드처럼 취급해야 한다. 종목 하나하나에 매달리기보다 전체 투자액에 대한 총수익을 보는 것이다. 둘째, 보호 장치 없이는 어떤 주식도 장기는 물론 단기라도 보유하지 말아야 한다. 이 두 가지를 잘 지킨다면 감정에 휘둘려 포트폴리오를 망치는 일은 없을 것이다.

자, 이제 실례를 살펴보도록 하자. 큰 수익을 거둔 사람들의 행동을 검토하는 것을 재미있지만, 그보다 더 중요한 것은 그들이 예기치 못한 상황을 어떻게 다루는지 배우는 것이다.

나는 1988년 1월, 아메리칸 캐피털 매니지먼트American Capital Management(〈차트 6-23〉) 주식이 저항선 24 위로 올라서고 RS선이 플러스 영역으로 이동해갔을 때, 이 주식을 추천했다. 차트 정보는 '사라'는 신호를 보내는 것 같았지만 이 주식은 더 이상 올라가지 못하고 멈춰서고 말았다. 이는 트레이더에게는 매우 중요한 경고 신호다. 주식이 돌파할 때 시원스레 올라오지 못하면 트레이더는 이 주식에 배당한 투자금을 즉시 줄이고, 돌파 때 주가의 5퍼센트 아래에서 자동으로 손절매하도록 주문해 자금을 보호해야 한다.■ 아메리칸 캐피탈의 경우, 매도 역지정가는 $22\frac{7}{8}$이 될 것이다.

이렇게 하면 트레이더가 보는 손실을 최대한 줄일 수 있다. 투자가도 상식적으로 움직인다면 주가가 돌파 수준 위로 상승하지 못할 때 배당금을 줄여야 할 것이다. 한편 투자가의 기계식 매도 주문 수준은 MA 바로 아래인 22가 된다. 그래서 주가가 하락하기 시작했을 때, 이 주식 투자금은 9퍼센트 손실을 보고 처리되었다. 만일 이러한 규칙을 따르지 않았다면, 주가가 몇 달 뒤 $8\frac{1}{4}$로 급락했을 때 손실은 65퍼센트로 늘었을 것이다.

〈차트 6-24〉는 유망 종목이었던 롤린스 환경Rollins Environmental이 잘못되어가는 과정을 보여준다. 다시 한 번 말하건대, 떨어지는 주식을 다루는 우리의 방법에는 아무런 문제가 없었다. 롤린스가 $23\frac{1}{2}$에서 마지막 저항선 위로 상승했을 때, 추가 매수를 해도 괜찮을 만큼 좋아 보였다. 그런데 26으로 상승하기 전 주가는 잠시 돌파 수준인 $23\frac{1}{2}$ 아래로 후퇴했다.

■ 우리나라 기관 투자가는 회사 규정상 펀드매니저의 판단 착오를 막기 위해 매수가격 대비 10퍼센트 이하면 자동 손절매하도록 한다. 인간의 감정을 배제하고 기계적인 방법을 쓰는 것이다.

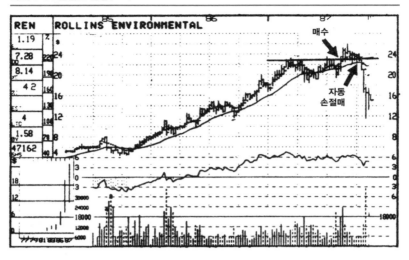

이렇게 되면 트레이더는 약간의 손해를 보더라도 주식을 처분해야
한다. 훌륭한 주식은 돌파 수준 아래로 후퇴하는 일이 거의 없기 때문
이다. 투자가는 이전의 저점이 22 바로 위였으니 21⅞에서 기계식 매
도 주문을 내도록 정했어야 한다. 내가 〈테이프 읽기 전문가〉에서 제
시한 기계식 매도 주문 수준도 바로 이 지점이었다. 또한 30주간의
MA도 22에 머물러 있는 상태이니, 롤린스 환경의 주가가 22 아래로
떨어졌을 때 7퍼센트 손실을 보고 곧바로 이별을 고했어야 했다. 몇
주 뒤 주가가 11½로 급락하면서 50퍼센트 이상 손실을 낸 것과 비교
하면 7퍼센트 손실은 오히려 수익에 가까웠다.

당신이 배워야 할 교훈은 분명하다. 투자한 종목에 대해서는 기계
식 매도 주문을 걸어 투자 금액을 보호해야 한다. 하나도 빠짐없이 그

래야 한다. 어떤 주식이든 특별한 상황이라는 이유로 예외를 두면 낭패를 보게 된다.

파는 시기를 놓치면 벌어놓은 돈을 잃게 된다

매도를 어떻게 해야 하는지, 또 어떤 식으로 이루어지는지 그 생리를 모두 이해하기에는 아직 충분치 않다. 당신은 수익을 내는 방법론도 배워야 하지만 수익이란 것이 무엇인지 그 철학도 이해해야 한다. 일반 투자자들이 생각하는 수익과 손실 개념은 내가 생각하는 것과 많이 다르다는 것을 종종 느낀다. 내가 보기에 그들이 생각하는 수익과 손실은 희한하기 짝이 없다. 수익과 손실을 그들처럼 해석하면 참으로 괴상하고 파괴적인 결정을 내릴 수밖에 없다.

예를 들어 XYZ 주식을 40에 매수한 10명에게 만일 주가가 20으로 하락한다면 얼마나 손해를 보는지 물어보면 그중 여덟은 아무것도 잃지 않는다고 대답한다. '주식을 처분하지 않았으니 잃는 게 없다' 또는 '단지 서류상의 손실'이라는 것이다. 얼마나 터무니없는 역설인가! 당신의 주식은 차트에 마지막으로 찍힌 가격의 가치밖에 없다. 그 가치는 바로 증시가 개장되면 언제라도 처분할 수 있는 자산이자 주식을 팔아 현금화했을 때 손에 쥐는 금액이다.

그런데도 많은 투자자가 가치가 50퍼센트 떨어진 주식은 손실이 아니라는 터무니없는 관점으로 그 주식을 계속 보유하고 '득실을 보지 않는 수준으로' 주가가 회복되기를 기다린다. 그래야 바보 같은 기분이 들지 않기 때문이다. 그런 사람들은 자본을 쓸데없이 깎아먹을 뿐 아니라, 주식을 처분한 돈으로 2단계에 있는 다른 좋은 주식을 매수할 기회도 놓치고 만다.

이와 반대되는 상황도 어처구니없기는 마찬가지다. 40에 매수한 주식이 80까지 상승했을 때도 이들은 아직 주식을 처분하지 않았으므로 수익을 내지 않았다고 생각한다. 그러면서도 사람들과 만나면 주식에 투자해 돈을 벌었다고 떠들어댄다. 이런 사람들은 자신이 실제 수익을 얻었다는 것, 그러나 그 수익은 제때 확보하지 않으면 잃을 수 있음을 잘 모르는 것 같다.

수익과 손실에 대한 생각을 바꾸면 자연 행동도 달라진다. 한번 생각해보자. 40에 매수한 XYZ 주식 1,000주가 80까지 상승했다면 4만 달러가 8만 달러가 되었다는 뜻이다. 이 주식을 처분하면 다른 좋은 주식에 투자할 수 있고, 집 살 때 계약금으로 낼 수도 있다. 그런데 이때 현명하게 팔지 않고 또 자동 손절매 주문도 해놓지 않은 상황에서 주가가 다시 40으로 돌아갔다면, 힘들게 얻은 4만 달러를 잃는 것이다.

주말마다 자신의 포트폴리오 가치를 표로 작성해보기를 바란다. 주에 따라 약간의 등락이 있겠지만 크게 걱정할 사안은 아니다. 시장이란 것이 본래 오르락내리락하는 것이니까. 그러나 20퍼센트 또는 25퍼센트 손실이 발생한다면 그건 뭔가 잘못됐다는 표시다. 기계식 손

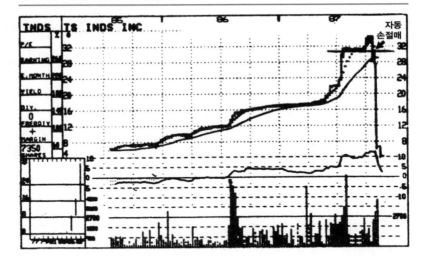

절매 방법을 이용하지 않아서 위험을 무릅쓰고 계속 주식을 사들였거나, 이도 아니라면 나쁜 시장 상황에서 각 종목이 계속 조금씩 손실을 낸 것이 쌓였기 때문인지도 모른다. 만일 그런 경우라면 시장 상황이 좋아질 때까지 당분간 물러나 있는 것이 좋다.

8장에서 이런 상황에 빠지지 않도록 방지하는, 지표를 쉽게 계산해내는 법을 몇 가지 소개하겠지만, 그때까지는 자신의 성적을 일정하게 표로 작성해보면서 자산의 변화를 감지하는 눈을 길러야 한다. 그래야 수익이 빠져나가지 않도록 막을 수 있다.

티에스 인더스트리TS Industries 〈차트 6-25〉를 보자. 내가 지금까지 말한 것이 무슨 뜻인지 잘 알 수 있을 것이다. 이 주식은 1987년 10월 증시 붕괴 때 큰 타격을 입었는데, 이 주식으로 엄청난 수익을 쌓았던 많은 투자자가 그동안 벌어들인 모든 수익을 잃었다. 어쩌면 그 이상을 잃었을지도 모른다. 그러나 이 주식을 최고점에서 팔아 수익을 내지 못했다면, 이런 일이 발생한 것에 어떤 변명도 있을 수 없다.

나는 1986년 초 〈테이프 읽기 전문가〉에서 10 아래에 있던 이 주식을 추천했다. 이 주식은 그 뒤 1년 반 동안 완벽한 2단계 패턴으로 상승했고, 30주간의 MA 아래로 단 한 번도 내려온 적이 없었다. 또 지지선을 침범하지도 않았다. 1987년 9월 말, 31 바로 위에 견고한 지지 지역을 확립한 주식은 34½의 최고점을 기록했다. MA가 상승 동력을 잃고 하락하기 시작한 후 나는 기계식 손절매 주문 수준을 30⅞로 올렸다. 몇 주 뒤 주가가 내가 지정해둔 자동 손절매 가격 아래로 하락했을 때 주식은 200퍼센트 이상의 수익을 내고 처분되었다.

그러나 놀랄 일은, 아무 계획 없이 주식을 사들인 사람들에게서 일어났다. 그 사람들은 언젠가 올라서리라는 막연한 기대로 이 주식이 가라앉는 것을 내버려둔 것이다. 내가 주식을 처분하고 몇 주가 지나자 주가는 92퍼센트까지 떨어져 2¾이 되었다. 불과 3주 사이에 지난 2년간 쌓아둔 수익이 모두 날아간 것이다. 이 사례는 당신이 따라야 할 규칙이 무엇인지 잘 보여준다. 그 규칙을 충실히 따른다면 절대로 잠 못 이루는 밤은 없을 것이다.

STAN WEINSTEIN'S

7장

쏠쏠한 수익을 낼 수 있는
공매도 활용법

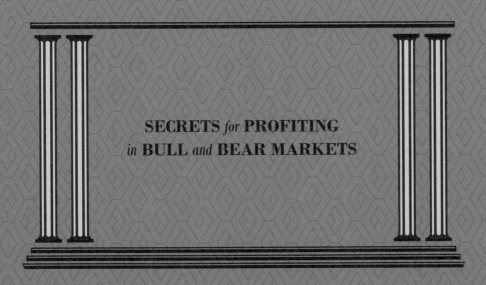

SECRETS *for* PROFITING
in BULL *and* BEAR MARKETS

약세장에서도
수익을 낼 수 있다면

주식 시장은 장기적인 시각으로 보면 오르게 마련이다. 그러나 내릴 때는 오를 때 걸린 시간의 1/3밖에 안 걸린다. 이러한 이치는 개별 주식에도 적용된다.

대부분의 투자자는 이 하락 단계를 시장에서 또는 특정 주식에서 벗어날 때로 간주한다. 그들은 이 기간 동안 은행과 MMF(머니 마켓 펀드)가 제공하는 미미한 수익에 만족하며 이른바 '물 안 좋은 시장'이 끝나기만을 기다린다.

개인 투자자들만이 오랜 기간 동안 그렇게 손 놓고 앉아 있는 것은 아니다. 그들의 재산을 관리하다는 PB나 증권회사 직원 같은 중개인은 더 나은 것도 아니고, 오히려 더 위험하기까지 하다. 그들은 값이 많이 내린 주식(실제로는 더 값이 떨어질 주식)이라고 매수를 추천함으로써 그러한 하락장에서도 수수료 수입을 올리면서 하루를 보내야만 하는 사람들이다.

이 장에서는 전체 책을 통틀어 가장 중요한 '공매도'를 다룬다. 선입견을 내려놓고 열린 마음으로 주의 깊게 읽으라. 만약 당신이 공매도 개념에 익숙하지 않다면 1장에서 공매도를 언급한 부분을 다시 읽어보라.

정말 내가 놀라지 않을 수 없는 것은, 아직도 수많은 사람이 공매도에 대한 연구와 실행을 거부하고 있다는 사실이다. 많은 사람이 단 한 순간도 공매도를 고려하지 않는다. 그들은 라스베이거스 카지노에서 집문서를 걸고 베팅을 하면 했지, 주식을 공매도하는 것은 안 하려고 할 것이다. 그들은 공매도가 위험하다고 보기 때문이다. 그러므로 왜 그들이 공매도라는 얘기만 나오면 그렇게 부정적으로 반응하는지 이해할 수 있다.

그러나 그러한 두려움은 근거가 없으며, 실제로 그런 사람들은 순식간에 큰돈을 벌 수 있는 기회를 놓쳐버리는 셈이다. 주식은 오를 때보다 내릴 때 그 속도가 훨씬 빠르다는 것은 통계적 사실이다. 이런 혼란 상황에서 수익을 만들어내는 법을 배운다면, 당신은 그 게임에서 앞서 달려갈 수 있다.

주식은 오를 때보다 훨씬 더 빠른 속도로 붕괴되는 법이다. 공포는 패닉 반응을 일으키는 반면, 탐욕은 쭈뼛쭈뼛하면서 시간이 걸리게 일어나기 때문이다.

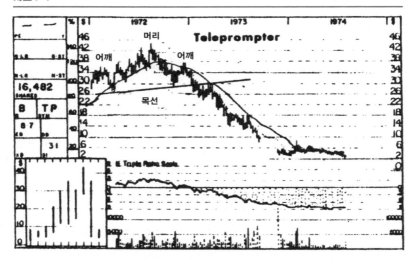

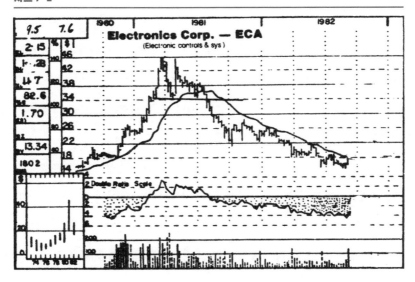

이 두 가지 취약한 차트는 〈테이프 읽기 전문가〉에서 공매도로 추천했던 차트들이다(〈차트 7-1〉과 〈차트 7-2〉). 이 두 차트는 분명히 부정적인 기술적 패턴과 약세 시장이 혼합되었을 때 발생하는 돈이 될 만한 결합반응을 확실하게 보여주었다.

많은 사람들이 낙관주의자다. 그리고 부정적인 상황에서 이익을 얻으려고 하는 것은 그 사람들의 본성과 마찰이 일어난다. 그러나 만약 당신이 시장에서 매수만 한다면, 전진 기어만 있는 자동차를 몰고 다니는 것과 같다.

물론 우리는 자동차를 운전하면서 전진 기어를 많이 쓴다. 그러나 드물기는 하지만 교통 체증 상황에서 역주행을 해야 할 때 후진 기어가 없다면 그것도 위험하다. 이 원리는 주식 시장에도 동일하게 적용된다.

시간상으로 보면, 시장은 강세장이 약세장보다 우세하기는 하다. 예를 들어 1960년과 1987년 사이에 단 8년 동안만 시장이 약세를 보였다. 그러나 약세장 기간 동안 주식 매매를 잘 하지 못했다면 당신은 당신이 벌었던 이익의 상당 부분을 빼앗겼을 것이다.

공매도를 통해 약세장에서도 돈을 벌어들이지 않았다면, 당신의 포트폴리오는 여전히 많은 어려움을 가지고 있을 것이다. 항상 시장과 친숙하게 지내는 간단하고 논리적인 방법은 강세장에서는 가장 좋은 주식을 사는 것이고, 약세장에서는 가장 쉽게 주가가 허물어질 것 같은 주식을 공매도하는 것을 배우는 것이다.

왜 공매도를
그렇게 두려워하는가?

만약 당신이 내 규칙을 따른다면, 공매도가 매수보다 더 위험한 것이 아님을 알게 될 것이다. 그렇다면 왜 그렇게 많은 사람들이 공매도를 거부하고, 이렇게 중요하고 수익성 있는 기술을 극도로 두려워하는 것일까? 다음은 내가 수년간 들어본 가장 일반적인 답변이다.

많은 투자자가 공매도를 미국인답지 않은 행위라고 느낀다. 그들은 우리 회사가 잘할 수 있도록 응원해야 한다고 믿는다. 그들은 그것이 당신의 지역 야구팀이나 축구팀을 응원하는 것과 비슷하다고 생각하여 공매도를 그 회사에 대한 충성심이 낮은 행위로 여긴다. 대부분의 미국인은 낙관적인 경향이 있기 때문에 공매도는 종종 부정적인 취미 같은 것으로 간주된다.

위에 대한 내 의견은 단순하다. 시장과 경제의 현실을 인식하는 데 전혀 잘못된 것이 없다. 순환은 인생의 자연적인 현상이며 올랐다 내렸다 하는 주가 사이클도 마찬가지다. 4단계에서 주식을 보유하는 것은 애국적인 요소와 아무 관련이 없다. 마찬가지로, 주식이 폭락하기 시작했을 때 큰 손실을 피하고 매도하는 것이 합리적인 것처럼, 판 뒤에 그 하락에서 생기는 이익을 갖는 것도 합리적인 것이다.

또한 공매도는 실제로 매우 유효한 경제적 기능을 제공한다. 공매도는 주식의 하강 속도를 빠르게 하여 그 하락 요인이 속히 없어지게 하는 완충 작용을 한다.

결국 XYZ 주식을 공매도한 사람은 언젠가는 그 주식을 다시 사야만 한다. 그래서 모든 공매도는 주식에 대한 미래 수요를 나타낸다. 주가가 하락하고 공매도로 주식을 다시 사면, 수요가 늘어나서 실제로 하락을 늦추게 된다.

마지막으로, 내 주변 동료 전문가 중에 공매도를 '비애국적'이라고 생각하는 사람은 아무도 없다. 더 중요한 것은 그 주식 전문가들은 공매도 하기를 주저하거나 자제하지 않는다는 것이다.

내가 지나치게 냉소적인지 모르지만, 대부분의 투자전문가들은 일반 대중이 미국인답지 않게 위험한 철 조각을 산 다음, 그것을 경기장에 남겨두고 가버렸다는 식으로 스스로를 불행하다고 생각하지 않는다는 것이다.

많은 사람이 공매도를 두려워하는 두 번째 이유에는 약간 고전적인 느낌이 있다. '당신 그러다가 전 재산을 날릴 수도 있다'는 식이다.

그러한 생각은 다음과 같이 진행된다. 만약 당신이 XYZ를 40에 매도하면 최악의 상황은 그 회사가 파산하고 그 주식이 결국 0으로 떨어지는 것이다. 그러나 공매도는 최대 한도가 없다. 무한대로 할 수도 있다. 이 이론적 위험은 대부분의 투자자가 스스로 멈출 수 있도록 하기에 충분하다. 그래서 그들은 공매도를 제쳐두고, 안전한 길로 돌아간다. 약세장에서 4단계 패턴에 있는 그 주식을 다시 사는 것이다.

반면에 당신이 판단이 잘못되어 주식 가격이 점점 높아져서 당신이 매도한 것을 다 받아먹고 올라갈 경우인데, 당신이 내 방법을 따르면 그런 일이 일어날 가능성은 '0'이다.

당신은 이미 내 접근 방식을 충분히 읽고 이해했으니 벌써 답을 알 것이다. 그 방법은 '역지정가 매수 주문'이다. 이 장치는 무한한 손실과 영원한 고통이라는 끔찍한 운명을 결코 겪지 않게 할 것이다. 주식 매수 방법에서 알려준 것과 다르지 않다.

적절하게 미리 주문을 넣어둔 '역지정가 매도 주문' 덕분에 해당 주식을 40에서 0까지 낮추어가며 매도하는 것이 불가능하듯이, '역지정가 매수 주문'으로 현명하게 포석을 깔아두면 XYZ가 40에서 200으로 올라갈 때 절대 매도 포지션을 계속 유지하게 두지는 않을 것이다.

이 중요한 도구를 실행하는 방법을 일단 배워보면, 공매도가 나쁘다고 경고하는 친구나 친척의 말이 허무맹랑한 난센스라는 것을 금방 알 수 있다.

많은 아마추어들이 두려워하는 것처럼 당신이 집, 차, 심지어 아이

들을 잃는 일은 없다. 최악의 경우, 당신 생각과 다른 상황이 오더라도 10~15%의 손실을 보는 수준에서 공매도는 마무리될 것이다. 이것은 주식을 살 때, 매수 전략 중 하나가 작동하지 않았을 때, 샀던 주식을 자동으로 다시 팔아버림으로써 그 상황이 종료되는 것과 마찬가지다.

시장을 제대로 보는 법을 배우면 그것이 단지 숫자 게임이라는 것을 알게 될 것이다.

2단계에 있는 A주식이 40을 돌파할 때 매수를 하지만, 동시에 당신의 판단이 잘못되었을 때를 대비하여 주가가 35 $\frac{7}{8}$에 다다르면 역지정가 매도 주문을 해서 손실을 최대 10%로 해당 포지션을 보호하는 것과 마찬가지로, 4단계에 있는 B주식을 40에 매도하지만, 당신의 판단과 달리 주가가 더 오르는 것을 대비하여 44 $\frac{1}{8}$에 다다르면 역지정가 매수 주문을 해서 당신 자신을 보호하는 것과 전혀 다를 바 없는 것이다. 어느 경우에도 당신 생각과 반대되는 상황이 발생할 때 10%의 손실만을 보게 된다.

그러니 무제한 위험이라는 말도 안 되는 난센스는 잊어버려라. 내 방법을 사용하면 가격이 0원이 될 때까지 계속 산다거나 가격이 무한대로 오를 때까지 계속 판다거나 하는 경우는 없다.

공매도를 할 때 저지르는 3가지 실수

최소 리스크로 큰 수익을 내는 올바른 공매도 방법을 보여주기 전에, 투자자가 공매도를 할 때 저지르는 가장 흔한 실수 몇 가지를 소개한다.

공매도 종목 선정 기준을 '과대 평가 주식군'에서 찾는다

높은 PER를 가진 주식이 공매도 대상종목이라는 함정에 빠지지 말라. 나는 앞에서 과대 평가의 주관성에 대해 말했다. 공매도 후보를 고려할 때 과대평가된 종목을 맹신하는 것은 너무 모호한 개념이다.

PER 비율에 비추어볼 때 너무 높은 것으로 보였지만 그 후 몇 달

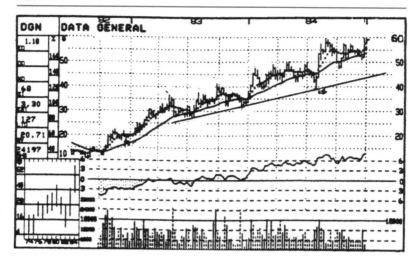

동안 훨씬 더 주가가 올라간 수많은 주식의 예를 들자면 이 책을 꽉 채울 수 있을 정도다.

〈차트 7-3〉의 데이터 제너럴Data General 주가는 약세 시장이 꿈틀거리기 시작한 1984년 초에 회사의 재무적 펀더맨틀 상태로만으로 볼 때 공매도하기에 매력적이었다.

그 주식은 PER 35배의 천문학적 수익으로 거래되고 있었고, 시장은 꺾일 준비가 되어 있었다. 그러나 다음 8개월 동안 다우 지수가 200포인트 이상 하락한 동안 데이터 제너럴 주식은 주가가 30에서 거의 60까지 상승했다. 이 주식은 탄탄한 2단계 상승 추세에 있었다. 당신은 그 단계에서 해당 주식을 공매도하겠다는 생각을 고려조차 해서는 안 된다는 것을 이미 알고 있을 것이다.

정말 흥미로운 것은 많은 주식이 4단계로 이동하여 매도 신호가 주

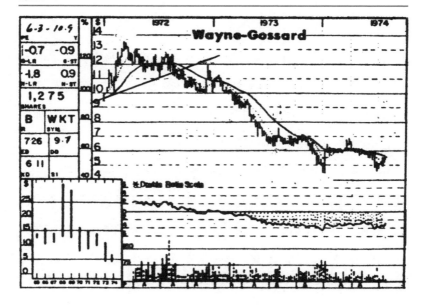

어졌을 때에는 P/E가 낮더라도 공매도한 측에서는 정말 큰 승자로 판명되는 주식이 많이 있었다는 것이다.

웨인 고사드Wayne Gossard(〈차트 7-4〉)는 1972년 말 PER의 10배 가까이 거래되고 있었는데 주가가 11 아래로 돌파하며 매도 신호를 보냈다. 1년 후 주가가 4½로 추락하면서 PER는 훨씬 더 낮아졌다. 교훈은 분명하다. 재무적, 회계적으로 과대 평가된 주식은 시장 참여자의 공매도 가능 종목군 우선순위에서 가장 일반적으로 사용되는 방법임에도 불구하고 공매도 종목을 발견하는 방법이 절대 아니라는 것이다.

주식이 너무 많이 올랐기 때문에 공매도한다

많은 트레이더와 투자자가 사용하는 또 다른 매우 파괴적인 접근 방식은 주식이 너무 많이 올라갔다고 느낄 때 공매도하는 것이다. '러시안 룰렛'을 하는 것과 비슷하다. 그러나 총이 발사되고 그로 인해 엄청난 손실을 입는 것은 시간문제일 뿐이다.

이런 게임을 하는 사람들은 해당 주식이 2단계를 눈앞에 두고 있는데 공매도를 하는 사람들이며, 왜 자신들이 엉망이 되었는지 이해도 못 한다. 그러나 우리는 주식의 4단계 분석법을 이해했으므로, 그들이 왜 해당 주식이 2단계 고점에 올랐다고 추측하여 그들의 머리를 상대방에게 넘겨주는 바보짓을 저질렀는지를 알 수 있다

차트 7-5

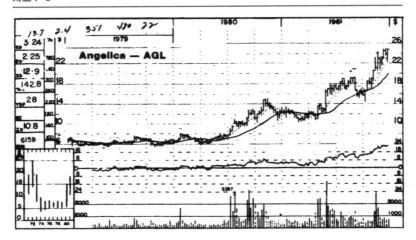

엔젤리카^{Angelica}의 〈차트 7-5〉는 당신이 러시안 룰렛 같은 추측 게임으로 주식투자를 할 때 일어날 수 있는 일에 대한 완벽한 예다. 1981년 4월, 약세장이 시작될 무렵 안젤리카는 두 배 이상 주가가 올라 있었고 주가는 14로 최고치를 기록했다. 8개월 후, 다우 지수가 200포인트 하락했음에도 불구하고 그 주가는 25까지 올라가 버렸다.

공매도 소용돌이에 빠진다

주식시장은 참으로 거부하기 힘든 '너무 좋은 제안'이 눈앞에 놓인 것과 동일하다. 우리는 너무나도 싼 가격으로 이런 제안이 우리에게 온 것 같은 여러 경우를 모두 보았다.

그러나 면밀히 조사를 해보면 당신의 본능이 정확하며, 이 세상에는 절대 공짜 점심이 있을 수 없다는 사실을 보여준다. 시장에서는 이런 경우가 '공매도 소용돌이' 형태로 나타난다. 이것은 하락할 것으로 보였는데 주가가치를 넘어서까지 상승한 주식이다.

모든 시장 사이클에는 수많은 공매도 소용돌이가 존재하며, 그들은 결국 코를 땅에 박아버리는 실수를 하게 된다. 그러나 그리 오랜 시간이 걸리지 않아서 당신은 공매도에 동참한 것이 큰 손실을 초래했다는 것을 알게 된다.

이러한 주식은 내가 피하라고 경고했던 두 가지 요인, 즉 높은 P/E와 급격한 상승이 결합된 경우다. 또한 이러한 주식은 눈이 튀어나올 정도로 주가가 올라 이미 많은 언론의 주목을 받는 주식인 경우가 많다.

마지막으로 가장 위험한 것은 평균 일일 거래량에 비해 매우 많은 공매도 수량을 기록하는 주식이다. 많은 주식이 일일 평균 거래의 3~4배(이것도 높은 편이다)에 해당하는 공매도 거래량을 가지고 있는 반면, 일일 평균 거래량의 5배 이상 공매도 물량이 쏟아지는 주식은 너무나 위험한 주식이다.

이러한 공매도 소용돌이에 휩쓸려 동참하는 것이 얼마나 위험한지 보여주는 두 가지 사례를 살펴보자. 먼저 공매도 거래량 정보를 얻을 수 있는 위치를 알아야 한다.■

1972~1973년의 바우머Bowmar 주식과 1986~1987년의 홈쇼핑 네트워크Home Shopping Network 주식은 내가 말하는 내용을 정확히 보여준다. 1970년대 초에 바우머 주가는 2에서 10으로, 15에서 20으로 올라갔다(〈차트 7-7〉). 증가 추세는 몹시 거칠었고, 주가가 더 올라갈 때마다 그 주가는 올라갈 실체가 없고 추락할 운명이라는 재무 보고서가 쏟아져 나왔다.

펀더멘털주의자들이 옳았는데, 그 이유는 바우머가 생산한 휴대용 계산기가 전국의 모든 책상에 이미 다 놓여서 추가 구매는 끝났는데도 그 주식이 여전히 오르고 있었기 때문이다.

■ 2020년 현재 한국은 모든 증권사 사이트에서 확인할 수 있다.

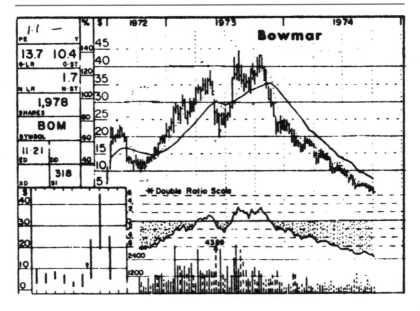

주식을 공매도한 이 펀더멘털주의자들과 많은 시장 참여자들은 바우머의 주가 추세가 우리가 배운 2단계에 있는 한 최고가가 훨씬 더 높아질 수 있다는 것을 이해하지 못했다.

그들이 고려하지 못한 두 번째 요인은 너무 많은 사람이 주식을 매도했다는 것이다. 매도 주체들은 거의 25만 주를 유치했다. 이는 일일 평균 거래량의 약 10배였다.

다시 말해서 공매도의 특성상, 언젠가는 해당 주식을 다시 사야만 하는 것인데 비정상적으로 큰 공매도 포지션은 랠리를 시작할 때마다 주식을 재구매해야 하는 공매도 주체세력끼리만으로도 주가를 더 높이 올릴 수 있었던 것이다.

이것은 바우머 주가가 이후 30, 35, 40으로 상승했을 때 정확히 일어난 일이다. 시간이 갈수록 공매도 세력이 다시 재매수하는 힘은 주가를 최고점인 45까지 끌어올렸고 심지어 1973년 약세장의 첫 10개월을 무시하고 주가는 올라섰다.

물론 당신은 주가의 4단계 분석을 이해했으므로 1972년과 1973년 내내 공매도를 할 필요가 없었음을 알고 있을 것이다. 너무나 간단하게도 우리는 장기 MA가 더 높이 치솟고 있는 것을 알기 때문이다.

이 점을 꼭 기억하라. 상승하는 30주 MA보다 높은 주식을 매도하지 말라. 만약 당신이 내가 알려준 주식 매수 방법을 모두 이해했다면 공매도를 하는 방법도 알고 있을 것이다. 물론 아직은 알아채지 못했겠지만 말이다. 그냥 모든 것을 거꾸로 하면 된다. 30주 MA 아래에서 거래되는 주식을 매수해서는 안 되는 것처럼, 30주 MA 위에 있는 주식은 아무리 매력적으로 보이더라도 결코 매도해서는 안 된다.

흥미롭게도, 바우머가 1973년 후반 45 부근에서 정점을 찍고 나중에 MA 아래로 주가가 곤두박질한 뒤, MA도 하락했다. 그후 대부분의 공매도는 처참할 정도로 다 손실을 보았다. 공매도를 했던 이들은 그 회사에 대해 아무것도 듣기 싫었을 것이다. 시장은 이미 기울어진 상태였고 바우머는 향후 2년 동안 주당 1달러 아래로까지 떨어졌다.

홈쇼핑 네트워크HSN도 공매도의 또 다른 예다. 〈차트 7-8〉은 HSN에서 1986년과 1987년 초에 발생한 놀라운 불꽃놀이를 온전히 다 보여주지는 못한다. 왜냐하면 그 주식은 두 번 액면분할되었는데, 1주를

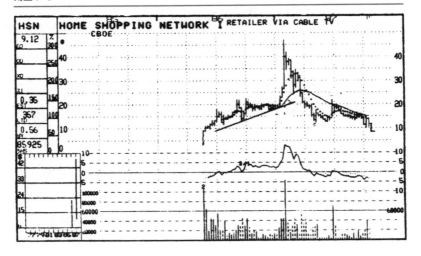

6주로 액면분할한 것이기 때문이다.

그러나 그래프를 한눈에 봐도, 공매한 사람이 얼마나 속이 쓰렸을
지 알 수 있을 것이다. 초기 공모가^{IPO}는 18이었는데, 주식은 첫날 민
을 수 없는 가격인 47¾으로 치솟아 마감되었다. 이제 게임이 시작되
었다.

첫 시초가 18에 매수한 투자자들은 주식 거래를 시작한 첫날 150퍼
센트 이상 수익을 올렸다. 다음 몇 번의 과정을 거쳐 50, 55, 60, 65로
치솟아올랐다. 그것은 시작에 불과했다.

이제 예상대로 공매도 세력이 실제로 슬슬 모습을 드러냈다. 그들
에게 HSN은 과대평가되어 가격이 내려야만 하는 주식이었다. 점점
더 많은 투기 세력이 하락에 베팅함에 따라 공매도 물량은 일일 평균
거래량의 10배 이상으로 증가했다.

그러는 사이, 증권회사 보고서는 해당 주식이 과대 평가되었다고 선언했지만, HSN 주식은 겨우 2단계에 있었고 숏 포지션은 너무 높았다. 자, 어떻게 되었을까?

공매도 소용돌이의 혼란 속에서 HSN 주식 가격은 100에서 282까지 수직 상승했다. 액면 분할 전 가격으로 말이다(6:1 분할을 고려하면 〈차트 7-8〉에서 47에 해당한다). 그런 다음, 늘 그렇듯이, 너무 일찍 시작된 공매도가 모두 끝나자 주식은 마침내 정점을 찍었고 30주 MA 아래로 돌파하며 하락했다.

공매도를
하지 말아야 할 때

내가 방금 지적한 세 가지 공매도 오류 외에도 하락장세에서 수익을 내기 위해 알아야 할 점은 더 있다. 거래량이 너무 빈약한 주식을 매도하지 않는 것도 중요하다. 주간 평균 거래량이 1만5,000주 미만이면 다른 주식을 살펴보아야 한다.

기억하라. 하루에 몇백 주만 거래되는 주식이라면, 당신이 매수하기만 해도(혹은 공매도 후 물량을 다시 사는 경우) 가격이 상승한다. 게다가, 규모가 작게 거래가 되면 다른 공매도 세력이 혼란스러워 한 나머지 숏 스퀴즈(주식을 다시 환매수함)를 유발하기도 한다.

또 다른 중대한 오류는 매우 강력한 추세를 가진 업종에 속한 종목을 매도하는 것이다. 매수할 때도 모든 주식 매수 원칙은 여전히 적용되지만, 여기서는 반대로 적용하면 된다. 시장이 약세이고, 그 업종

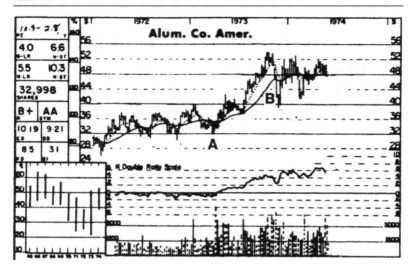

또한 약세일 때 사람들은 그 업종에 속한 주식을 공매도하려 한다.

〈차트 7-9〉의 알루미늄 컴퍼니 오브 아메리카Aluminium Company of Amer ica의 주가는 1973 년 초 MA 36(A지점) 밑으로 하락했을 때 약하게 보였다. 그해 말, 훨씬 더 높은 수준(B지점의 47)에서 다시 MA 아래로 돌파했을 때는, 더 취약해보였다.

두 경우 모두 알루미늄 업종 〈차트 7-10〉이 상대적인 강세가 계속 해서 상승함에 따라 너무 많은 강세를 보이고 있었기 때문에, 당신은 그 두 종목은 패스하고, 다른 약세 업종에서 다른 종목을 찾았어야만 했다.

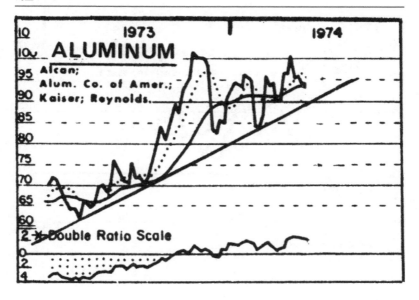

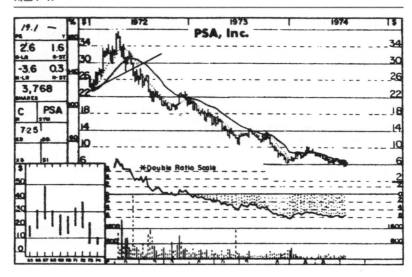

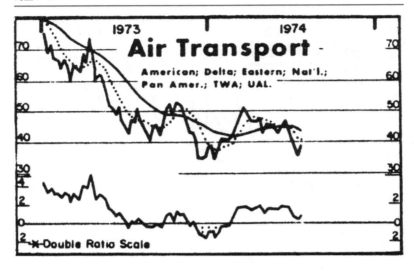

반면에 PSA(《차트 7-11》)가 추락하여 큰 공매도 종목으로 판명된 것은 전혀 놀라운 일이 아니다. 항공사 업종(《차트 7-12》)도 개별 주식과 함께 문제에 봉착했기 때문이다.

공매도를 하지 말아야 하는 경우의 체크리스트

▸ P/E가 너무 높다고 공매도하지 않는다.

▸ 주식이 너무 많이 올랐다고 공매도하지 않는다.

▸ 다른 사람들이 반드시 하락해야 한다고 하는 공매도 소용돌이에 휩쓸리지 않는다.

▸ 거래량이 적은 주식을 공매도하지 않는다.

▸ 2단계 주식을 공매도하지 않는다.

▸ 강한 업종에서 주식을 공매도하지 않는다.

공매도를 하기 위한
최적의 시점

이제 무엇을 하지 말아야 하는지 알았으니, 원칙을 가지고 감정을 배제하고, 성공적으로 공매도하는 법을 배워보자. 출발점은 작년에 상당한 상승세를 보인 주식을 찾는 것이다. 그러나 많은 아마추어들이 그러듯이, 그 단계를 넘어서야 한다.

공매도 대상 후보가 3단계의 평평한 MA 상에 있는지 살펴본다. 꺾이기 시작하는 MA라면 더 좋다. 또한 몇 주 동안 주가가 옆으로 가는 주식을 찾는다. 옆으로 간다는 것은 매도 매수세 간의 정점 현상이 펼쳐지고 있다는 의미이며, 그것은 주식의 특성상 밑으로 내려갈 힘을 더 갖게 하는 것이다.

마지막으로, 공매도 하기에 확실한 수준에 있는 주식, 또는 다른 조

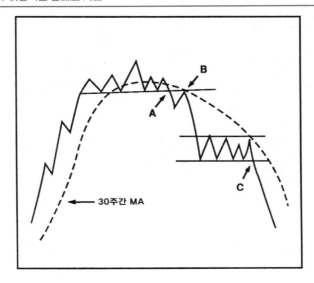

건이 충족되지 않았더라도 MA가 하락 4단계 초기임을 알리는 주식을 찾는다. 오히려 그것이 더 좋다.

〈차트 7-13〉은 이 점을 잘 보여준다. XYZ가 계속 올라가는 추세를 보이고 있고 MA가 상승하는 한 당신은 공매도를 고려하지 말아야 한다. 그러나 MA가 수평을 이루고 최고점이 완성된 후(A지점) 크게 하락할 가능성이 높아졌다.

다음으로 해결해야 할 질문은 '공매도 시작을 하는 가장 좋은 시기는 언제인가?'다.

초기 주가가 MA를 하향 돌파하거나(A지점) 주가가 다시 반등을 보이고 하락 돌파했던 지점으로 되돌아올 때일까?(B 지점)

다시 말하지만 매수할 때 배운 모든 것은 매도할 때도 유효하다. 그저 그 단계를 반대로 하기만 하면 된다.

앞서 주가가 MA를 상향 돌파할 때 풀백 지점에서 매수하면 위험이 낮아지지만, 만약 풀백이 없는 경우라면 주식을 완전히 놓칠 가능성이 항상 있다고 언급했다.

따라서 나는, 투자가에게 최선의 전략은 돌파시 절반을 매수하고, 나머지 절반은 다시 돌파지점으로 풀백을 할 때 매수하라고 강조했다. 반면에 트레이더는 돌파시에 전 포지션을 매수에 쏟아넣어야 한다.

공매도 경우에도 이 규칙은 동일하다. 트레이더는 MA 하향 돌파시

차트 7-14

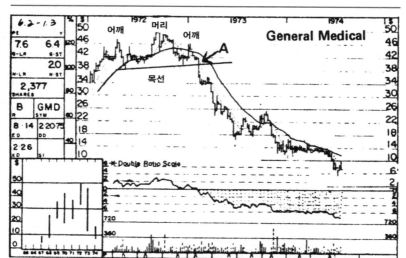

에 전체 포지션을 공매도 해야 한다. 이것은 트레이더가 꼭 깨달아야 하는 아주 중요한 사항이다. 돌파지점으로 다시 풀백하는 것은 절반 이상의 경우에 항상 발생하기는 하지만 그럼에도 불구하고 풀백 지점까지 일시 반등은 아주 적게 발생한다.

그 이유는 간단하다. 주식은 공포 때문에 하락하고, 패닉이 발생하면 폭탄이 터지는 것은 시간 문제이기 때문이다. 그럼에도 불구하고 위험을 최소화하고자 하는 보수적인 투자자는 초기 돌파에서 포지션의 절반만 매도하고 나머지 절반은 풀백시에 매도해야 한다.

〈테이프 읽기 전문가〉에서 1973년 공매도 추천 종목이었던 제너럴 메디컬General Medical의 〈차트 7-14〉는 내가 말하는 내용을 보여준다. 주식이 2단계에 있는 한, 우리는 대중을 좇아가지 않는다. 그들은 P/E가 말도 안 되는 47배라며 그것을 과대평가되었다고 팔아야 한다고 했다.

그러나 MA가 상승을 멈추고 정상 지역이 형성되면서 우리는 그것이 공매도 쇼핑 목록에 올릴 때라고 했다. 그런 다음 A지점에서 주가가 무너진 후, 점점 더 낮아지면서 우리에게는 본격적인 재미가 시작되었다.

반드시 수익을 내는
6단계 실행법

주식을 매수할 때 반드시 고려해야 하는 절차가 있듯이, 공매도를 할 때도 그런 절차가 있다.

시장

매우 중요한 시작점은 전반적인 시장 흐름이다. 나는 전체 시장이 강세장일때 공매도를 해서는 안 된다고 말하지는 않겠지만, 예외는 있게 마련이다. 그러나 법칙은 확실하게 아니다.

5장에서, 내가 1973년 약세장에서 내셔널 세미컨덕터 같은 현저하게 강세 차트 패턴을 보인 주식을 어떻게 매수할 수 있었는지를 보여

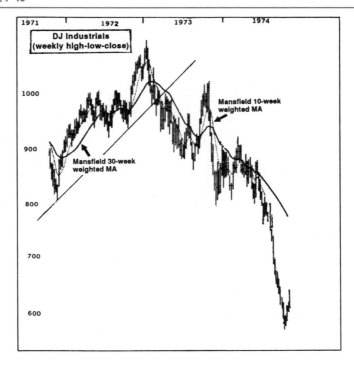

준 것처럼, 역시 전체 시장 추세가 우호적이었음에도 불구하고 눈에 띄게 약세 차트 패턴을 가진 주식을 공매도할 수도 있다.

약세장에서 내셔널 세미컨덕터를 매수하는 것은 사람들이 쏟아내는 많은 공매도에 대항하는 헤지^{hedge}로 실행해야 했다.▪

마찬가지로 매우 부정적인 차트 패턴을 발견하면 사람들은 자신들의 매수에 대한 헤지를 해두어야만 한다. 그러나 헤지를 단순하게 유

▪ 한국은 stop order, sell order 등의 헤지가 시장 교란의 사유로 금지되어 있다.

지해두는 것이 가장 좋다. 일반적으로 사람들은 시장의 주요 추세가 강세일 때 매수할 주식을 찾는다.

반대로, 투자 환경이 분명히 부정적일 때는 사람들은 매도를 원한다. 시작점은 분명히 부정적인 시장 평균이 나타나는 시기가 될 것이다(1962년, 1966년, 1973~1974년, 1977년, 1981~1982년이 그랬다).

그런 다음 공격적인 공매도를 원한다. 1973년 초에 그랬던 것처럼 (〈차트 7-15〉) 주요 추세가 분명히 약세로 바뀌면, 숏 사이드에서 큰 수익을 올리기가 쉬워진다.

따라서 모든 시장 평균이 30주 MA 미만이고, 주식은 4단계에 있고, 다른 장기적 측정도구도 대부분도 부정적이라는 것이 확인되면(8장에서 설명하겠다), 그때가 바로 좋은 공매도 후보를 찾기 시작해야 할 때다.

업종

다음 단계는 심각한 잠재적인 취약성을 보이는 시장 업종을 제외하는 것이다. 이를 위해 부정적인 형태를 지닌 업종 차트를 살펴보자.

그 업종이 30주 MA 이하로 떨어졌는지 확인해야 한다. 또 다른 핵심으로, 상대 강도선이 낮아지고 있는지 확인해야 한다. 마지막으로, 해당 업종에 속한 여러 종목 차트가 기술적으로 약세에 있는지 확인

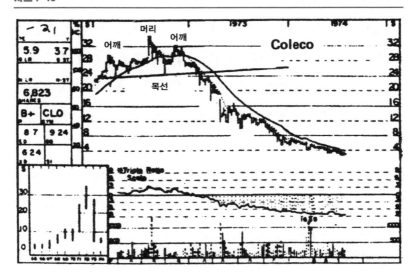

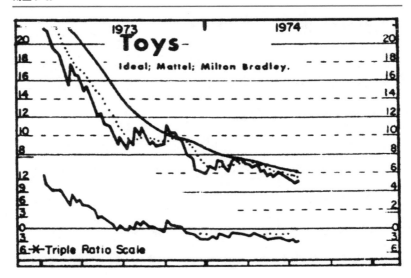

하는 것이 중요하다.

〈차트 7-16〉와 〈차트 7-17〉에서 알 수 있듯이, 하락세라는 것을 확인할 수 있는 단초는 약세장에 있는 업종과 해당 업종의 개별 주식 차트를 한꺼번에 확인함으로써 알 수 있다. 1973년 초에 PTR 공매도 추천이었던 콜레코Coleco가 하락추세 시장에서 큰 승자로 변한 것은 우연이 아니다.

이 주식에는 우리가 확인하고 싶었던 모든 것이 있었다. 예를 들면, 전반적인 시장 추세는 약세였고, 해당 업종은 부정적이었으며, 콜레코의 차트 패턴은 무너져서 완전히 헤드앤숄더 천장형을 완료한 끔찍한 패턴이었다(이 장 뒷부분에서 '헤드앤숄더 패턴'을 자세히 다룬다).

종목별 차트 패턴

이제 프로세스를 더 세분화해보겠다. 이상적인 공매도 후보를 구성하는 데는 몇 가지 요인이 있다.

우리는 '확실히 주가가 추락한다'는 신호가 떨어지는 공매도 종목을 원하지는 않는다. 우리는 A+ 수준을 원한다. 다음은 챔피언과 명청이를 구분하는 데 도움이 되는 필터다. 그 주식이 최고점이 형성되기 전에 충분히 발달해왔는지 확인해야 한다.

만약 주식 상투권이 그냥 평범한 2단계 진출 후에 형성되어 있다면, 그것은 약간의 하락으로 그전 영역으로 돌아가는 정도의 확률일 것

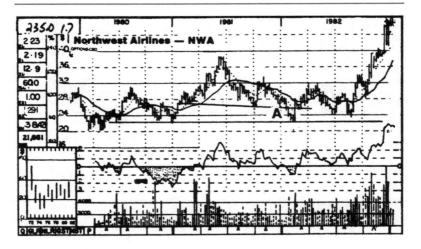

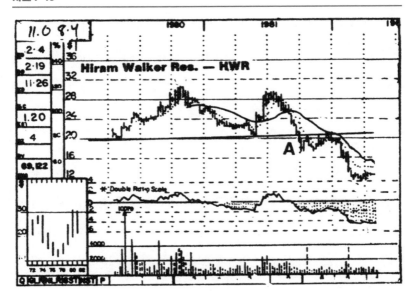

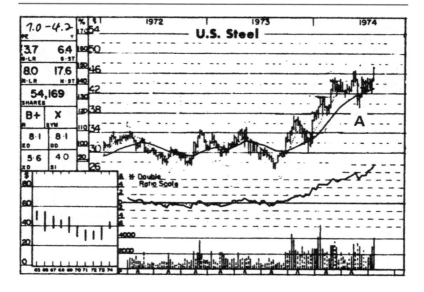

이며 스릴 넘치는 라이딩이 되지는 않을 것이다.

그러나 공매도 후보 종목군에 있는 주식이 3단계 정상에 도달하기 전에 로켓처럼 솟아올랐다면 큰 내리막이 기다리고 있을 가능성이 매우 높다. 엄격한 주의를 요구하는 두 번째 요인은 돌파지점과 가까운 곳에 지지 가격대가 있느냐 없느냐다.

다음은 3단계 정상을 형성한 다음 4단계로 분류 된 두 개의 차트다.

노스웨스트 항공NWA의 〈차트 7-18〉은 22 근처에 견고한 지지가 있었기 때문에 그저 그런 하락만을 했다. 돌파 지점인 26⅜(A지점)과 그다지 멀지 않았다. 당연히 NWA 주식은 주가가 22에 가까워지면서 하락이 멈췄다.

반면에 하이럼 워커Hiram Walker의 〈차트 7-19〉는 20(A지점)을 돌파하면서 근처에 더 이상 지지 가격대가 없었고, 거래 물량도 미미했다. 그러니 당연하게도 크게 폭락했다.

RS선

RS선이 제로선에 있거나 상대적으로 더 높은 추세인 경우, 특히 RS선이 우상향인 주식을 공매도하지 말라. 만약 어떤 주식 가격이 무너지고 당신이 그 주식을 소유하고 있다면 당신은 그 주식을 팔 것이다. 그러나 그 주식을 공매도할 생각은 하지 말라.

상대강도가 차트에서 제로선 위에 있으면 괜찮지만, 그 주식은 분명히 고점에서 내려올 것이고 하락 추세로 전환될 것이다. 해당 주식이 만약 하락 돌파가 RS선의 마이너스 영역으로 하락하면 훨씬 더 부정적이다. 이 주식들은 보통 A+ 승자로 판명되는 공매도다.

1974년 유에스 스틸US Steel의 〈차트 7-20〉은 강한 RS를 가진 주식을 절대 공매도해서는 안 된다는 점을 보여주는 완벽한 예다. 42(A지점)에서 지지선을 하향 돌파했더라도 RS선은 여전히 매우 강건했고, 그래서 이 주식은 수익성 있는 공매도 대상 종목이 될 수 없었던 것이다.

동시에 〈차트 7-21〉의 앨런Allen은 1972년 후반기에 공매도할 수 있

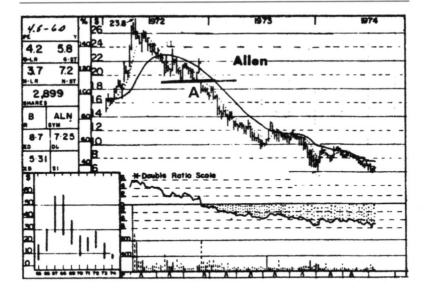

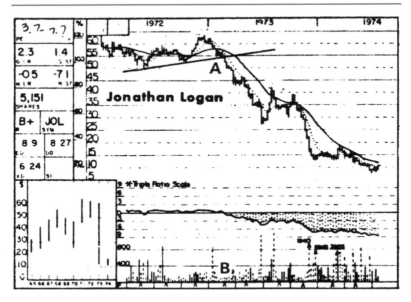

302

는 우수한 주식이었다. RS가 심하게 약화되었고, 19(A지점)에서 지지선 아래로 떨어지며 RS는 제로선 밑으로 뚫고 내려왔다. 차트를 한눈에 보면 4단계에서 어떤 영광을 누렸는지 알 것이다.

거래량

자, 이제 집중하라. 주식을 매수할 때 상승 돌파시, 거래량은 매우 중요하다. 확실한 거래량이 동반되지 않은 돌파에는 절대 매수해서는 안 된다. 만약 당신이 어떤 종목을 하나 샀는데 거래량이 확인되지 않는다면, 최초 상승 단계에서 그 주식을 팔아야 한다.

공매도 관점에서는 완전히 다르다. 거래량이 크게 상승하고 하락세를 확인하는 것은 좋지만, 거래량은 공매도에서 승리하는 데 필수불가결한 요소는 아니다. 주식을 올리는 데는 힘이 필요하지만, 주식이 내릴 때는 그 자체만의 무게로도 떨어질 수 있기 때문이다

1973년 조너선 로건$^{Jonathan Logan}$(JOL) 같이, 거래량 하락 돌파를 확인하지 않은 지역에서, 주식이 놀라운 승자로 판명된 사례가 많다. JOL(〈차트 7-22〉)는 55(A지점)에서 추세선을 하향 돌파하면서 주요 정점을 완료했다. B지점에서 거래량이 얼마나 낮았는지 확인해보라.

이 주식은 주가가 90퍼센트 가까이 떨어지는 것을 막지 못했다. 만약 거래량이 하락 돌파시에 증가한 다음 다시 풀백 지역으로 반등하면 이 것은 훨씬 더 부정적임을 보여준다.

공매도에서 잠재적인 승자를 찾을 때 거래량을 최우선 순위로 삼을 필요는 없다. 그러나 주식 매수 원칙에 따라 반드시 확인하고 넘어가야 할 것이다.

지지선

마지막으로 확인해야 할 요소는 '현 주가 수준 아래 얼마나 가까운 곳에 지지선이 있느냐'다. 이상적인 공매도는 약간의 조정만 거치며 가파르게 2단계를 거쳐 올라온 주식이다.

이 상황은 역추진 로켓이 발사되면 빠르게 미끄러질 것이다. 반면

차트 7-23

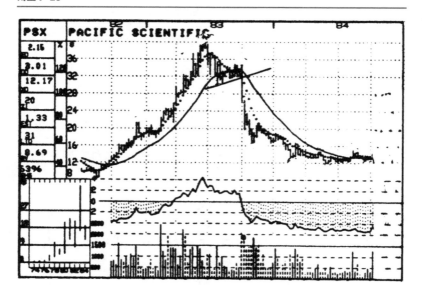

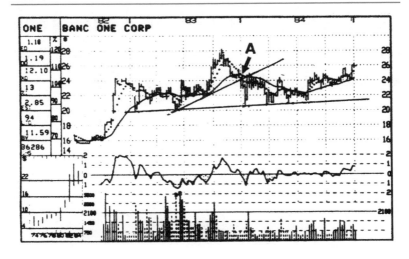

에, 천천히 상승하고, 돌파선 밑에서 넓고 큰 거래 구간을 거치며 올라온 주식은 하락에 훨씬 저항적일 것이다.

퍼시픽 사이언티픽Pacific Scientific의 〈차트 7-23〉과 뱅크원Banc One의 〈차트 7-24〉는 이 점을 설명한다. 퍼시픽은 심각한 혼잡 지역이 없는 상태에서 곧바로 2단계 진출을 진행하며 상승했다. 그 주식이 하락할 때는 올랐을 때보다 더 속도가 빠르게 대칭을 이루며 하락했지만, 놀라운 일은 아니다.

뱅크원의 〈차트 7-24〉는 매우 다른 패턴과 결과를 보여준다. 첫째, 상승속도가 느리고 훨씬 덜 흥미로웠다. 또한 주가가 28선 위로 돌파하기 전에 주가가 20~24 박스권 지역에서 꽤 오랫동안 거래가 이루어졌던 것을 볼 수 있다. 그런데 뱅크원이 30주 MA와 추세선(A지점)

을 모두 하락 돌파했을 때 하락 속도는 매우 느렸다. 또한 여러 번의 시도에도 불구하고 주가 20에 거쳐 있는 지지선 아래로는 돌파하지 못했다. 따라서 공매도 후보를 줄힐 때, 주가 밑으로 최소한의 지지가 있는 차트를 항상 우선적으로 선호해야 한다.

늦은 때는 없다

지금까지 우리는 돌파 지점 근처에서 공매도에 대해 논의했다. 그러나 주식이 이미 상당한 하락을 한 경우에는 공매도가 가능할까? 답은 '그렇다'이다. 단 최고점 근처에서 매도하는 것이 수익 잠재력이 더 크기 때문에 더 이상적일 수 있지만, 정말 큰 패배자는 그들이 바닥을 치기 전에 더 가슴을 더 크게 내밀며 잘난 체하는 습관이 있다는 것을 기억하라.

4단계로 순식간에 매도하는 것은 뛰어난 트레이더의 전술이다. 왜냐하면 매도는 빠르고 격렬하게 진행되기 때문이다. 그러나 이 전략은 하락하는 MA 아래에서 새로운 2차 돌파가 발생하기 전에 견고한 하락 패턴을 형성할 때만 사용된다.

이러한 유형의 거래는 우리가 주식을 매수할 때 2단계의 연속 구매와 유사하다. 이러한 연속 구매가 트레이더에게 더 많은 것처럼, 이러한 매도 전술은 공격적인 시장 플레이어와 트레이더에게 더 적합하다.

그러나 그러한 공매도는 장점이 있는데, 그것은 하락이 너무 빨라서 2차 하락 돌파를 만들고 있을 때 장점이 드러난다. 위니바고 Winnebago(〈차트 7-25〉) 주식이 50에서 22로 한 번 떨어졌고, 이어서 21¾(A지점)에서 하향 돌파한 것은 상당한 의미가 있다. 그때 서둘러서 한꺼번에 공매도를 친 것은 추가적으로 엄청난 이익을 만들어냈다.

이 유형에서 좋은 후보는 업종별 주식 흐름이 아주 안 좋은 업종에

차트 7-25

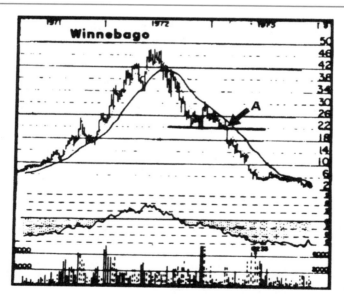

속하는 주식에서 나온다.

이런 사례는 1973년의 위니바고처럼 멋진 기관투자자의 추격 매도가 있는 경우에 더 쉽게 발견된다. 해당 주식에 대한 기관투자자의 사랑이 혐오로 바뀌면 공포의 매물이 긴 시간 동안 이어진다. 그때 당신의 공매도는 안전하다.

이미 가파른 가격 하락에도 불구하고 잠재적으로 추가 하락의 가능성은 상당하다. 위니바고처럼 주가가 22에서 3으로 하락한 것은 1차적으로 하락한 것과는 별도로 비율상 엄청난 하락이다. 적절한 패턴이 먼저 형성되지 않은 상태에서 그러한 주식을 매도하지 않아야 한다. 먼저 박스권에서 시간과 물동량이 서로 매수 매도하는 견고한 통합 과정이 있었는지 확인하고, 거기서 하향 돌파가 이루어질 때 행동을 취해야 한다.

그리고 지지 세력이 충분히 있는 적절한 진입 지점을 선택해야 하고, 공매도를 환매수 할 수 있는 건전한 장소를 확보해야 한다.▪

▪ 우리나라는 스톱 오버가 없으므로, 이러한 매도 후 장 종료시간까지 대기 자세로 기다려야 한다. Buy-stop은 매도 가격보다 일반적으로 10퍼센트 높은 가격에 놓아야 하는데, 우리나라에서는 10퍼센트 높은 가격으로 매수 주문을 놓으면 즉시 체결이 되고 만다. 그래서 만일의 사태에 대비하는 마음으로 대기해야 한다.

특별한 수익을 내는
패턴 읽기

4장에서 헤드앤숄더 바닥형을 발견하는 것이 중요하다고 했다. 그 형상은 대단히 높은 수익을 올리며 상승 전환을 하기 때문이다.

그 반대도 사실이다. 헤드앤숄더 천장형은 특히 다이내믹한 상승 이후에 나타날 때 가장 수익성이 높은 공매도 신호 중 하나다.

반면에 그 신호들은 흔히 발생하지는 않지만 헤드앤숄더 바닥형보다는 더 자주 형성되며, 큰 이득의 원천이 될 정도로 자주 나타난다.

사실, 이러한 형성이 나타나면 주요 시장상투market top가 자리를 잡았다는 신호다.

유효한 헤드앤숄더 천장형의 첫 번째 요소는 매우 강하고 이미 상당한 주가 상승을 이루고 있는 종목이다. 이 형태의 아름다움은 추세 반전을 포착하는 능력에 달려 있다.

물론 그 전에 역방향으로 커다란 등락이 없던 종목이라면 잊어버려라. 별로 재미 없을 것이다. 거래량은 상승시에 평균 이상인 종목이어야 한다. 왜냐하면 상승 막차를 탄 사람들이 파티가 끝날 무렵에 몰려와야 하기 때문이다.

그런 다음 이익 실현이 시작되면 조정이 이루어진다(〈차트 7-26〉의 B-C구간). 매도세가 코스(C지점)를 달리면 주식은 또 다른 최고점(D지점)으로 앞서 나간다.

이 두 번째 랠리에서 거래량은 일반적으로 확장을 멈추고 종종 이전 상승시보다 적어진다는 점을 제외하면 문제 없다. 이것은 잠재적인 문제의 첫 조짐이다. 거래량 감소는 이 높은 주가 수준에서 매수세의 관심이 줄어들었다는 것을 뜻하기 때문이다.

그 다음으로, 두 번째 수정(D-E구간)이 빠르게 시작된다. 이것은 무언가 잘못되기 시작했다는 또 다른 신호다. 새로운 최고점(D지점)으로 돌파한 후, 주식은 새로운 지원군을 동참시키려 하지만, 매수자의 탐욕스런 침샘이 시간을 끌며 주저한다. 대신 주식은 약간 더 오른 다음 빠르게 다시 매도를 시작한다. 약점이 설정되고 있음을 알려주는 결정타는, 이 두 번째 하락(D-E)이 얼마나 멀리 거슬러 올라가느냐다.

앞에서 말했듯이, 지지 지역을 검토할 때 이전 정점(B지점)은 주식이 하락하기 시작할 때 지지대 역할을 해야 한다. 그런데 그러지 않고 직전 저점(C지점)까지 주가를 갖다놓았다는 것은 명백하게 부정적인 것이다.

이제 잠재적인 왼쪽 어깨(A-B-C)와 머리(C-DE)는 물론 두 수정 저점을 연결하는 추세선(C-E)이 있다. 이 추세선은 헤드앤숄더 천장형의 잠재적인 목선이며 매우 주의 깊게 관찰해야 한다.

목선이 무너지면 조심해야 한다. 이제 모든 것이 다음 랠리에 달려있다. 상승 모멘텀이 다시 효력을 발휘할까? 주가가 지지부진해질까? 매도 세력이 점점 더 초초해질까?

무엇을 하든지 서두르지 말아야 한다. 대부분의 퍼즐 조각이 공매도에 들어맞아간다고 서둘러 예상하지 말라.

약 3분의 1 비율로, 이 잠재적인 헤드앤숄더 천장형은 완성을 보지 않고, 대신 상승세로 돌파할 것이다.

차트 7-26 헤드앤 숄더 천장형

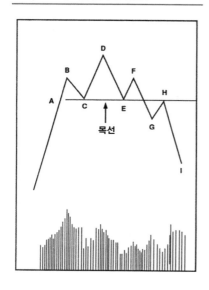

〈차트 7-26〉에서 보듯이 다음 랠리(E-F)가 이전 랠리 정점 (D)을 초과하지 못하거나, 심지어 더 나쁘게 왼쪽 어깨 정점 (B)에서 진행을 종료하는 경우 조심해야 한다. 그러나 다시 목선 쪽으로 떨어지면 오른쪽 어깨가 명확하게 인식되는 것이다. 거래량은 일반적으로 오른쪽 어깨에서 더 적게 마련이다.

거래량이 왼쪽 어깨나 머리에서 가장 많아야 한다는 것은 중요하지 않지만, 가장 많은 거래량이 오른쪽 어깨에 나타나면 그 헤드앤숄더 패턴을 믿지 말아야 한다. 그 정도 구매력이 여전히 존재한다면, 형성이 공매도의 함정을 증명할 가능성이 높다. 그러니 다른 곳을 찾아보라.

마지막으로 다음 하락(F-G)은 목선 아래에 그 주식을 가져다놓는다. 이 시점에서 잠재적인 헤드앤숄더 천장형이 현실이 된다. 이것은 가장 비관적인 약세 패턴이다. 따라서 만약 당신이 그렇게 헤드앤숄더 패턴이 완성된 주식을 보유하고 있다면 희망하지도 말고, 기도하지도 말고 즉각 매도하라.

그리고 만약 다른 조건이 맞는다면(전체 시장 추세와 해당 업종이 부정적이라면), 당장 가서 해당 주식을 공매도하라.

이 부분에서 당신이 알아야 할 세부 사항이 몇 가지 있다. 첫 번째는 내가 수년 동안 사용해온 격언으로 쉽게 요약할 수 있다. '산이 높으면 골도 깊다.' 이러한 약세 형성이 오래 걸릴수록, 궁극적으로 하락 움직임은 더 강력해진다.

모든 헤드앤숄더 패턴은 주가에 부정적이지만, 기간이 3주 내에 형성된 패턴은 9개월간 형성된 패턴만큼 강력하지 않다. 이것은 주식이 그러한 패턴을 형성하는 데 더 많은 시간을 할애한 종목일수록 그 상투top area에 발목을 잡힌 매수자가 그만큼 많다는 뜻이다. 그것은 파티에 마지막으로 온 매수자들이 주가가 연일 바닥을 향해 내달릴 때 그 연료를 공급해주는 사람들이기 때문이다.

기억해야 할 두 번째 요소는 목선에서 꼭지 최고가까지 스윙이 넓을수록 헤드앤숄더 패턴은 더욱 쉽고 빨리 붕괴된다는 것이다. 상투 가격이 형성될 때 주식 변동성이 클수록, 매수자는 그 고위험 영역을 기꺼이 감수할 위험이 커지기 때문이다.

그들은 그러한 거친 스윙에 직면했을 때, 해당 주식을 매수하기 위한 재무적 정보나 루머 등을 정말로 믿어야만 했고 그래서 배팅한 사람들일 것이다. 그런데 시장이 약세로 돌아선 것이 확실시되는 순간 그들의 확신감은 실망과 공포로 바뀌게 된다.

이제 이론이 현실로 통합되었을 것이므로 헤드앤숄더 패턴에 대한 역사적인 실제 사례를 몇 개 살펴보자.

먼저 앞에 나온 〈차트 7-1〉, 〈차트 7-14〉, 〈차트 7-16〉을 보자. 텔레프롬프터, 제너럴 메디컬, 콜레코는 모두 4단계로 이동하기 전에 헤드앤숄더 천장형을 형성한 공매도 권장 종목이었다.

메트로미디어Metromedia(〈차트 7-27〉)는 이러한 하락 패턴의 힘을 보여주는 또 다른 전형적인 예다. 거래량은 오른쪽 어깨를 형성할 때 매우 적었다. 그리고 동종 업종도 힘이 약화되고 있었다.

메트로미디어는 완전히 하락하기 전에 목선 아래로 몇 번에 걸쳐 목선을 깨트렸다. 그러나 MA가 계속 하락했고, 주가도 항상 그 위로 크게 의미있게 움직이지는 않았기 때문에 당신은 빠져나갈 이유가

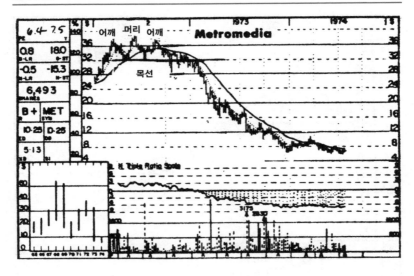

없었다.

그러나 메트로미디어가 일단 하락 모멘텀을 탄 후에는, 꿈과 같은 공매도 찬스가 생겼다. 주가는 31⅞에서 목선이 끊어져 무너진 후, 주가가 5에 가깝게 될 정도로 무너져 내렸다.

패라Farah(〈차트 7-28〉)는 1972년에도 헤드앤숄더 천장형을 완성한 적이 있었는데, 그 후 또 다른 훌륭한 헤드앤숄더를 만든 적이 있다. 주가 33선에서 목선 아래를 돌파해서는 4단계가 하락 코스를 내달리면서 1년 만에 주가가 10선으로 하락했다.

다이아몬드-배서스트Diamond-Bathurst(〈차트 7-29〉)는 이 패턴이 얼마나 강력한지 보여준다. 역사상 가장 큰 강세장 중 하나였던 1986년에

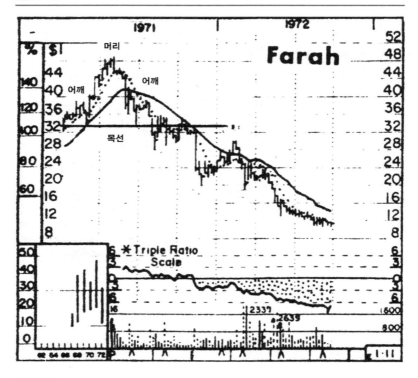

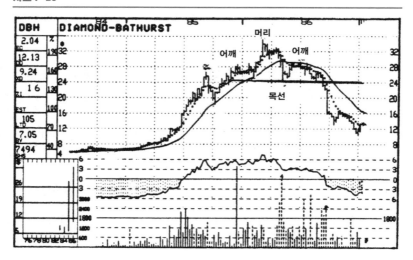

이 주식은 9개월 동안 헤드앤숄더 천장형을 형성했다.

그런데 주가가 24선에서 목선 아래로 하향 돌파했을 때, 다음 3개월 동안 믿을 수 없게도 주가가 55퍼센트나 떨어졌다. 이러한 헤드앤숄더 대형은 강력하며 수익성도 높기 때문에 항상 조심해야 한다.

마지막으로, 1972년 말에서 1973년 초반 같이 차트북의 페이지마다 나타나듯이, 헤드앤숄더 패턴은 시장 전반을 말해주는 중요한 지표다. 한마디로, 그것은 당신이 오래 생각하지 않고 짧게 결론을 낼 수 있는 명확한 신호다.

위험을 줄이는
또 다른 방법

풋옵션은 상대적으로 적은 위험으로 하락을 예방하는 또 다른 방법이다. 만약 당신이 풋옵션을 매수하면 지정 날짜까지 사전에 지정된 가격으로 해당 주식을 팔 권리가 있다. 따라서 만약 당신이 250달러 가격으로 50에 XYZ주식에 대한 풋옵션을 매수했는데, XYZ 주가가 옵션 만기일 이전에 30으로 떨어지면 정말 멋진 거래가 되는 것이다.

이것은 당신이 공개 시장의 주식을 30에 매수하고, 당신에게 풋옵션을 판 매도인에게 50에 판매할 수 있다는 의미다. 20 포인트 차액에서 풋옵션 매수 비용을 뺀 금액이 당신의 수익이 된다(이 경우에는 커미션을 제외하고 1,750달러다).

반대로, 장차 주가가 내릴 것이라고 생각하는 주식에 풋옵션을 매수하면, 풋옵션을 매도한 사람과 같은 경로를 밟게 된다. 당신이 얻는 이득은 최대 손실금액이 단지 풋옵션 매수 가격이 된다는 사실뿐이다(이 경우에는 250달러).

부정적인 면도 있다. 풋옵션에 대해 지불하는 프리미엄은 당신의 잠재 수익을 줄이며, 옵션이 만료되기 전에 그러한 움직임이 발생하지 않으면 헤지를 하고자 했던 옵션 구입 비용이 발생한다.

평균적인 시장 참가자에게는 풋옵션 매수보다는 공매도가 선호되는 전술이다. 그러나 노련한 투기자의 경우 풋옵션 매수는 위험을 제한하는 동시에 레버리지를 높이는 좋은 방법이 될 수 있다(9장에서 옵션에 대해 자세히 살펴보겠다).

결론적으로 말하면, 4단계 상황도 실제로 돈을 벌 수 있는 또 다른 기회를 제공하며, 공매도가 매수보다 더 위험한 것은 아니다. 단, 당신은 몇 가지 중요한 지침을 따르고 항상 보호 매수를 사용하기만 한다면 말이다.

STAN WEINSTEIN'S

8장

상승장과 하락장을
짚어주는 지표 활용법

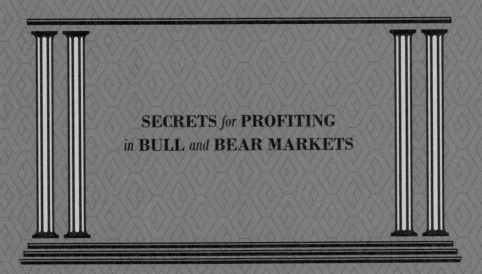

SECRETS *for* PROFITING
in BULL *and* BEAR MARKETS

시장 지표가 증시 흐름을
미리 말해준다

1975년 1월, 1978년 3월, 그리고 1982년 8월에 공격적으로 주식을 매입했으면 좋지 않았을까? 이때는 시장 상황이 매우 절박해 보였지만 이 시기 바로 뒤로 대단한 상승장세가 시작되었으니까. 아니, 그보다 하락장세가 시장을 덮치기 전인 1973년 1월, 1976년 말, 1981년 7월과 1987년 10월에 방어적인 태도로 주식을 처분했더라면 더 나았을 것이다. 차트를 제대로 읽을 줄 아는 전문가는 그렇게 했다. 당신도 그렇게 할 수 있다.

 1982년 7월, 많은 경제학자가 1년 이상 지속된 하락장세가 앞으로 1년 더 가리라고 여러 번 경고했다. 당시 다우존스 산업평균지수는 800포인트 이하였는데, 많은 사람이 믿고 따르던 한 증시 권위자는 적어도 500까지 붕괴하리라고 전망했다. 당연히 일반인도 이를 믿었다.

그러나 나는 1982년 7월 22일자 〈테이프 읽기 전문가〉에서 "우리는 새로운 상승장세 초기에 있다. 1981년 6월 최정상에서 하락세로 돌아선 이후 처음으로 당신이 주식 매입에 나서야 할 때가 왔다."라고 썼다. 3주 뒤, 증시는 770포인트를 기점으로 역사적인 상승세를 타기 시작했다. 20세기에서 가장 멋진 상승장세가 시작된 것이다.

또 다른 극단적인 예는 1987년 8월이다. 그때 사람들은 행복하기 그지없었다. 어떤 경제 잡지는 지나치게 낙관적인 제목으로 기사를 실었다. 기사 제목은 '다우 3000, 지금이 아니라면 언제일까'였다. 낙관적인 기대감이 상승세를 더욱 부추겨, 다우존스 지수 3500은 확실해 보였고 4000도 충분히 가능해 보였다.

나는 이러한 상승세가 한창이던 1987년 9월 17일자 〈테이프 읽기 전문가〉에 "저 수평선에 불길한 먹구름이 몰려들고 있다"라고 썼다. 다우존스 지수 2746이라는 최고치를 기록한 며칠 뒤였으니 그런 말을 하는 내가 정말 얼간이 같아 보였을 것이다. 그러나 그 뒤 몇 주 동안 내가 확인한 기술적인 지표들은 더욱 부정적으로 나타났고, 나는 〈테이프 읽기 전문가〉 구독자들에게 대대적인 환매에 나서도록 권고했다. 그리고 10월 15일, "지금은 확실히 방어적으로 나가야 할 때"라고 다시 강조했다. 결국 다음 월요일인 10월 19일, 다우존스 지수는 끔찍하게도 508포인트로 하락했고, 이날 역사상 최악의 붕괴를 기록했다.

내가 어떻게 그것을 알아냈느냐고? 여느 때처럼 내 방식대로 장기 지표들을 기술적으로 분석해 잘 읽었을 뿐이다. 이 장을 공부하면 여러분도 확신을 갖고 정확하게 주요 정상 지역과 바닥 지역을 알아낼 수 있게 될 것이다.

나는 100가지도 넘는 기술적인 지표에 주의를 기울인 뒤 〈테이프 읽기 전문가〉의 각 호에 가장 좋은 측정 지표 50가지의 결과 수치를 소개했다. 나는 이 50가지 지표로 시장의 세 가지 추세(장기, 중기, 단기)를 기술적으로 점검한다. 이런 방법은 단지 몇 가지 측정 기준만을 따르는 많은 애널리스트의 방법과는 다르다.

내가 이렇게 폭넓게 지표를 살피는 이유는, 아무리 오랫동안 좋은 결과를 낸 분석도구라 할지라도 어떤 시점에 가서는 빗나가게 마련이라는 것을 알기 때문이다. 몇 개 지표에만 의존하면, 낭패를 당할 확률이 높다. 그러므로 실수를 줄이려면 여러 지표를 종합하여 총체적인 메시지를 들을 줄 알아야 한다.

주요 증시 추세를 확인하는 것은 항상 중요하지만, 특히 시장이 위험 국면에 접어들거나(1972년 말이나 1987년 10월 초처럼), 안전한 지역으로 이동할 때(1975년 초나 1982년 여름처럼)는 꼭 확인해야 한다. 이런 변동기에는 잘못된 신호와 허점이 개별 주식 차트에 나타날 가능성이 높다. 그러나 시장이 위험 국면으로 진입하는 때를 제대로 짚어낼 수 있다면, 주식을 현금으로 바꾸고 매입 종목도 까다롭게 선택할 수 있을 것이다. 또한 한두 건의 공매도로 시장을 테스트할 수도 있을 것이다. 한편 믿을 만한 지표들이 증시가 하락장세를 끝내고 안전한 지역으로 진입하고 있음을 보여줄 때에는 공매도로 이익을 거둬들이고 현금을 확보하여 주식 매입에 나설 채비를 해야 한다.

그외 상승세(1982년 8월~1983년 6월처럼)나 하락세(1973년 1월~1974년 10월처럼)가 분명할 때는 추세에 맞춰 적극적으로 움직여야 한다. 그러자면 증시 흐름이 건강한지 아닌지 기술적으로 분석하고 인지하는 것이 매우 중요하다.

나는 이 글을 쓰기 위해 완벽하고 균형 잡힌 접근법을 찾아내려 많은 시간을 보냈다. 나에게는 시장을 예측하는 50가지 측정법이 있고, 당신이 이를 잘 숙지하여 증시가 당신에게 던지는 까다로운 커브 볼을 잘 처리할 수 있기 바라지만, 당신은 나와 달리 이러한 측정 지표에 신경 쓸 시간도, 도와줄 직원도 없을 것이다. 그래서 나는 이 측정법과 기술을 세밀히 조사하여 반드시 따라야 할 몇 가지만 소개하겠다. 사용하기도 쉬운 이 측정법으로 추세를 잘 분석해내면 모든 상승장세와 하락장세를 찾아낼 수 있을 것이다.

시장 평균을 알려주는
단계분석법

먼저 단계분석부터 시작해보자. 지금쯤 당신은 단계분석을 쉽게 해낼 수 있을 것이므로 시장 평균을 분석하는 데에도 이를 적용하면 된다. 이는 가장 쉬운 측정 방법이며, 가장 중요한 도구이기도 하다. 여기에는 이론의 여지가 없다. 만약 여러 장기 전망 측정 도구에서 가장 중요한 것 하나만 고르라고 한다면, 바로 단계분석법이다. 주간 차트에서 이를 알아내거나 스스로 표를 만들어 볼 수도 있다.

단계를 분석하기 위해 차트를 직접 만들기로 결정했다면, 9장의 〈차트 9-2〉를 참고하면 된다. 이 표는 MA를 계산하는 법을 보여준다. 매주 금요일 종가를 적고, 그 자료를 이용해 30주간의 MA를 계산해내고, 이를 계속 유지해가면 된다.

MA 지표를 만들었다면 이제 그 움직임을 해석할 줄 알아야 한다.

개별 주식 차트에서 단계를 분석할 때처럼 다우존스 산업평균지수가 3단계 최정상에 다다른 것으로 보이면 조심해서 움직여야 한다. 다우존스 지수가 30주간의 MA 아래로 떨어지고 4단계로 진입한다면 방어적으로 나가야 한다. 비록 몇몇 개별 종목이 돌파를 기록했다 하더라도, 이때는 매입을 중지하고 RS가 열세인 주식은 다 팔아야 한다. 그리고 나머지 기계식 자동 손절매 방식으로 가능한 한 단단히 보호해야 한다. 또한 이상적인 공매도 패턴이 어디에서 이루어질지를 예측해야 한다.

이런 단계분석법이 물론 흠잡을 데 없이 완벽한 것은 아니고 또 가끔 허점을 보이기도 하지만 대체로 썩 믿을 만하다. 과거 수십 년 동안 전개된 하락장세마다 이 지표는 어김없이 부정적인 신호를 보내왔다.

차트 8-1 다우존스 산업평균지수

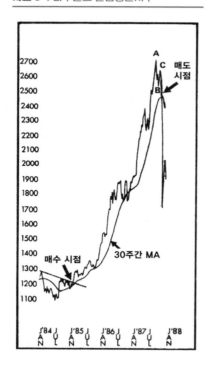

〈차트 8-1〉을 연구해보면 1987년 10월 증시 붕괴에 앞서 내가 하락세를 예측하게 된 까닭을 알 수 있을 것이다. 1984년 8월, 30주간의 MA 위로 상승한 다우존스 지수는 1985년 초 2단계로

진입한 이후, 마치 발사된 로켓처럼 위로 치솟았다. 그 뒤 2년 반 동안 다우존스 지수는 두 배 이상 뛰었으며, 30주간의 MA 위에 머물렀다. 30주간의 MA 역시 상승세에 있었음은 물론이다.

그러다 1987년 말 위험한 조짐이 보이기 시작했다. 먼저 다우존스 지수가 8월 말 새로운 고점(A지점)으로 이동하더니 뒤이어 B지점으로 하락했다. 그리고 10월 초 다시 올라갔으나(C지점) 8월의 최고치까지는 도달하지 못했다. 이런 A, B, C 패턴은 정상일 확률이 높다는 뜻이다. 그 뒤 다우존스 지수가 이전 지점인 B지점 아래로 붕괴했을 때, 적어도 중기적으로 정상 지역이라는 것이 확실해졌다.

그런데 이런 부정적인 지그재그가 발생하는 동안, 더 심각한 문제가 일어났다. 30주간의 MA가 상승세를 상실하고 하락하기 시작한 것이다. 이는 3단계가 끝났음을 알리는 걱정스러운 신호였다. 다우존스 지수가 2450 부근에서 30주간의 MA 아래로 떨어지면서 주식은 마지막 타격을 받았다. 이는 증시가 4단계에 들어갔으니 빨리 매도하라는 경고이자 파티가 끝났다는 신호였다. 드디어 새로운 하락장세가 시작되었다. 그 뒤로 하락세는 점점 빨라지더니 급기야 증시 역사상 가장 크게 폭락하는 날을 맞았다. 많은 사람이 갑자기 주식시장이 붕괴했다고 주장하지만 지금 당신은 그렇지 않다는 것을 알 수 있다.

1929년 대공황 때도 이와 똑같았다. 이 역사적인 폭락을 두고 온갖 설이 난무하고 또 이를 다룬 책도 많이 나왔지만 그중 사실을 적시한 것은 극히 일부다. 어떤 저자는 1929년 재난을 피할 유일한 방법은

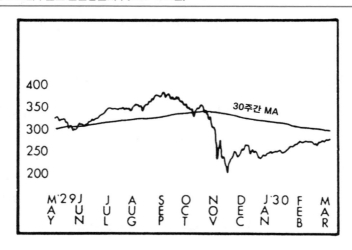

주식이 과대평가되기 시작한 1928년 초에 증시를 빠져나오는 것이라고 주장했는데, 이는 말도 안 된다. 역사와 주식 주기는 사실상 반복한다. 역사에서 배우지 못하는 사람은 같은 실수를 반복할 수밖에 없는 운명에 처한다.

주가가 과대평가되었던 1928년 또는 1986년에 주식에 안녕을 고할 필요는 없었다. 만약 그때 안녕을 고했다면, 엄청난 상승세를 놓치고 말았을 것이다. 두 경우 모두 3단계 정상을 확인한 다음 30주간의 MA가 4단계로 접어들 때를 대비했다면(〈차트 8-2〉), 마지막 이닝까지 안전하게 게임하면서 대다수 월스트리트 사람들과 달리 재앙을 피해갈 수 있었을 것이다.

〈차트 8-3〉을 살펴보자. 이 차트들은 모두 하락장세에서 다우존스 지수가 3단계 정상에서 4단계로 붕괴하는 양상을 보여준다. 모든 차

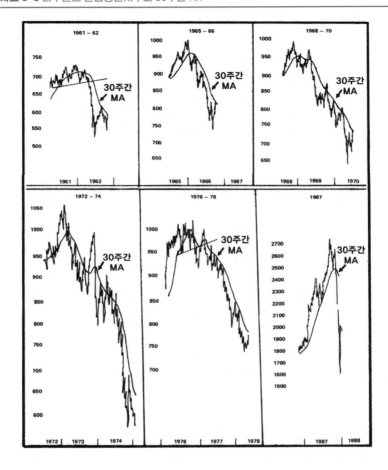

트가 들려주는 메시지는 똑같다. 일단 3단계 정상이 형성되고 MA가 상승세를 멈추면 조심해야 한다는 것이다.

마지막으로 확인해야 할 부정적 신호는 30주간의 MA 아래로 확실히 내려앉는 것이다. 일단 MA가 하락하기 시작하면 MA가 평평해질

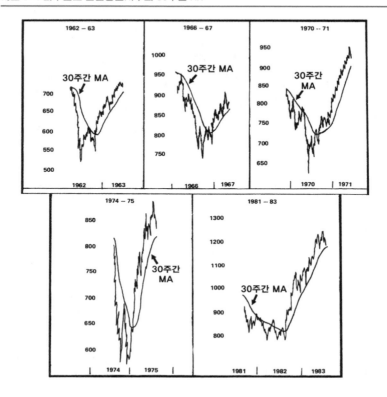

때까지 하락세를 피할 은신처를 찾아 머물러야 한다. 다우존스 지수
가 계속 떨어질 때는 개별 종목 차트가 잠깐 MA 위로 상승했다 해도
그 은신처에서 나오면 안 된다.

한편 이 중요한 장기 지표는 한 가지에만 쓸 수 있는 측정 도구가
아니다. 내가 몇 년에 걸쳐 조사한 다른 많은 분석 지표와는 달리, 단
계분석법은 상승장세와 하락장세의 시발점을 찾는 데 다 사용할 수
있다. 크게 하락한 다음 1단계가 형성되기 시작하면(〈차트 8-4〉). 다

음 상승기에 대비해야 한다. 일단 30주간의 MA가 상승세를 타면, 매수 종목을 적극적으로 찾아야 할 시점이다.

장기 장세를 예측하는
상승-하락선

그 다음으로 자세히 살펴볼 시장 지표는 증권거래소의 상승-하락선
이다. 상승-하락선은 어느 날의 상승 종목 수(플러스 수)와 하락 종목
수(마이너스 수)의 차이를 뜻한다. 매일 상승-하락선을 따라가다 보면
시장의 흐름을 바르게 파악할 수 있다.

이 수치를 구할 때는 먼저 임의의 수를 고른다. 예를 들어 +50,000
을 선택하여 계산을 시작할 수 있다.[*]

그런 다음 매일 상승 종목과 하락 종목의 차를 계산한다. 만약 692
개 종목이 상승하고, 912개 종목이 하락하면(〈차트 8-5〉. 변동이 없는 종

---

[*] 숫자는 상승-하락선을 측정하는 눈금 구실을 하는 데 불과하므로 처음 계산을 시작하는 수로 어떤 숫자를 골라
도 상관없다. -지은이 주

뉴욕 증권거래소	금요일	목요일	11/13주
거래 체결 종목 수	2,004	2,015	2,175
상승 종목 수	692	1,296	820
하락 종목 수	912	386	1,135
보합 종목 수	400	333	220

목은 무시하라) -220이란 수를 구할 수 있다. 이 수를 당신이 고른 기본수인 50,000에서 차감하면 +49,780을 얻게 된다. 만약 다음 날 증시에서 하락 종목보다 상승 종목이 더 많다면, 그 차이를 전날에 구한 총계에 더하면 된다.

상승-하락선과 다우존스 지수가 각각 상승세에 있다면, 걱정할 것은 아무것도 없다. 증시가 심각한 조정 작업을 겪을 가능성은 없어 보이기 때문이다. 그러나 다우존스 지수가 계속 상승하는데도 이 상승-하락선이 올라가지 못한다면 이는 향후 증시에 문제가 생길 수 있다는 부정적인 신호다. 만약 이러한 불일치가 단기간(몇 주)에 그친다면, 하락세는 계속되는 상승장세 속에서 일어나는 조정 작업일 가능성이 높다. 그러나 상승-하락 지표가 계속(몇 개월 동안) 마이너스로 나타난다면 문제다. 무엇보다도 다우존스 지수와 상승-하락선이 정상 지역에서 붕괴하는 조짐이 보이면, 다가올 하락장세에 대비하는 것이 좋다.

이처럼 분명한 신호를 보여준 경우는 증시 역사에 심심치 않게 있었다. 대개는 다우존스 지수에 앞서 상승-하락선이 정상에 도달하는 경우가 많다. 이는 불안해진 투자자들이 비주류 종목에서 빠져나와 가치가 확실한 블루칩 종목으로 이동하기 때문이다. 뉴욕 증권거래소는 예전부터 블루칩이 절정에 이르는 5~10개월 전에 상승-하락선은 최고치에 도달하는 것으로 나타난다. 그러니 일단 상승-하락선이 상승을 멈추면 상승장세가 얼마나 오래갈지 의심해봐야 한다.

한편 1단계 바닥이 형성되기 시작할 때는 거꾸로 다우존스 지수가 상승-하락선보다 더 먼저 최저점에 이른다. 그래서 다우존스 지수가 하락을 멈추고서도 상승-하락선은 계속 하락하는 양상을 보인다. 이처럼 1단계에 나타나는 다우존스 지수와 상승-하락선의 불일치를 많은 증시 투자자가 부정적 신호로 받아들이지만, 사실 장기적으로 보면 긍정적인 신호다. 3단계 정상에서 나타나는 부정적 불일치(그때는 상승-하락선이 먼저 떨어진다)와는 정반대이므로 '긍정적 불일치'라 한다. 이러한 불일치 때문에 어떤 업종은 서서히 1단계 패턴을 형성해가는 반면 또 다른 업종은 아직도 하락하는 양상을 보인다. 중요한 것은 바닥세에서건 정상 단계에서건 그 불일치가 오래갈수록 결국 일어날 반전도 막강해진다는 것이다.

자기만의 그래프 그리기

〈테이프 읽기 전문가〉에서 나는 뉴욕 증권거래소, 아메리카 증권거래소, 장외 거래소의 상승-하락선, 그리고 다우존스 지수의 상승-하락선까지 꾸준히 다뤄왔다. 모든 상승-하락선이 시장의 속사정을 파악하는 데 직관을 제공하지만, 그중에서도 반드시 챙겨보아야 할 것이 뉴욕 증권거래소의 상승-하락선이다. 이는 〈월스트리트 저널〉에 매일 게재될 뿐 아니라 모든 일간지 경제란에 실린다.■

만일 이 상승-하락 추세선을 직접 만들고 싶다면 반드시 다우존스 지수 차트 위에 직접 표시하도록 한다. 두 가지 모두 일일 기준으로 도표화해야 한다. 이 수치들을 표시하는 데는 몇 초밖에 걸리지 않지만, 당신의 이윤을 증식하는 데 이 도표는 아주 큰 도움을 줄 것이다.

도표를 만들 때는 먼저 차트 종이를 둘로 나누어 위에는 적절한 눈금을 사용하여 다우존스 지수를 표시해 그래프를 그리고, 그 아래쪽에는 뉴욕 증권거래소의 상승-하락 추세를 매일 누적 계산한 수를 그래프로 나타내면 된다. 이 아래쪽 그래프는 하락 종목 수 대비 상승 종목 수를 나타내는데, 먼저 차트의 줄 하나를 얼마로 할지 결정해야 한다.

가령 한 칸당 200으로 정했다면 다음 날 다우존스 지수가 20포인트 아래에서 마감했을 때 다우존스 지수 그래프에 점으로 표시하고 선을 이으면 된다. 상승-하락선을 나타낼 때는 만약 전날이 +50,000이었는데 오늘 하락 종목이 상승 종목보다 200이 더 많았다면 누적된 숫자인 +49,800을 표시해야 한다. 줄 하나가 200 단위이므로 그래

■ 우리나라에서도 모든 증권사 자료 또는 인터넷에서 찾아볼 수 있다.

프 상에서는 한 칸 아래에 표시하면 된다. 만약 상승 종목이 1200이고, 하락 종목이 400이면, 그날의 차이는 +800이다. 그러면 차트에는 네 칸 위에 표시하면 된다.

상승-하락선이 떨어진 뒤에 종합주가지수 올라가면 위험 신호

증시 역사를 살펴보면 뉴욕 증권거래소의 상승-하락선이 다우존스 지수보다 앞서 최고치에 도달한 사례와, 다우존스 지수가 아무리 높이 치솟아도 상승-하락선은 상승하지 않은 사례로 가득 차 있다. 이런 때는 증시가 비록 상승하고 있어도 위험할 정도로 선별적이라는 뜻이다. 상승장에 대한 확신이 흔들리면서 다양한 종목에 투자했던 돈이 빠져나와 확실한 우량 종목에 집중된다. 이는 상승세가 종말을 앞두고 있다는 중요한 신호이므로, 이때부터는 차트와 지표를 특별히 더 신경 써서 살펴봐야 한다.

〈차트 8-6〉은 이런 사례를 완벽하게 보여준다. 뉴욕 증권거래소의 상승-하락선은 1961년 5월 최고치(A지점)에 도달했지만, 다우존스 지수는 그해 말까지 상승세를 멈추지 않았다(B지점). 두 최고지 사이에는 거의 7개월의 간격이 있다. 다우존스 지수가 1961년 8, 9, 11월과 12월에 최고치를 경신하는 동안 상승-하락선은 이와 다른 양상을 보여주었다. 이는 심각한 문제가 일어나고 있다는 경고다. 1962년 초 다우존스 지수가 주요 지지선과 30주간의 MA 아래로 붕괴하자 드디어

다우존스 산업평균지수
1961-1962

뉴욕증권거래소
상승-하락선

곰이 포효하기 시작했다.

이와 똑같은 하락세 징조는 1965년에도 나타났다. 상승-하락선은 1965년 5월 절정에 이른 다음 상승세를 멈췄는데, 다우존스 지수는 그 뒤로도 아홉 달 이상 계속 상승하여 1965년 10월, 1966년 1월과 2월에도 고점을 기록했다. 상승-하락선이 상승을 멈춘 뒤에 일어나는 다우존스 지수의 고점은 믿을 만하지 않다. 상승-하락선이 상승을 멈 췄다는 것이 첫 번째 불길한 징조요, 이후 다우존스 지수의 불확실한 고점이 두 번째 불길한 징조다. 이런 와중에 1966년 3월 다우존스 지수가 주요 지지선과 30주간의 MA 아래로 내려앉으면서 마지막 불길한 징조는 현실로 나타났다.

상승-하락선과 다우존스 지수 사이의 가장 큰 불일치는 아마 1972

년 3월에서 1973년 1월의 경우일 것이다. 상승-하락선은 1973년 1월 다우존스 지수가 정상에 다다르기 10개월 전인 1972년 3월 최고치에 이르렀다. 그동안 다우존스 지수는 최고치를 네 번이나 경신했다. 이는 매우 강력한 경고다. 왜냐하면 상승-하락선이 내려가는 상태에서 다우존스 지수가 최고치를 경신하는 횟수가 늘면 늘수록 그만큼 더 위험하기 때문이다. 다우존스 지수가 1973년 1월 말, 드디어 지지선과 30주간의 MA 아래로 내려앉자 증시는 40년 만에 엄청난 하락장세에 접어들었다.

이 같은 패턴은 증시 역사상 최악의 하루로 기록되는 폭락이 일어난 1987년에도 나타났다. 다른 많은 사람은 이 붕괴가 미국의 엄청난 예산과 무역적자 때문이라고 합리화했지만, 이 패턴을 측정할 수 있는 사람들은 다르게 생각했다. 엄청난 예산과 무역적자는 어리석은 변명거리일 뿐이라고. 그런 상황은 증시가 1987년에 접어들어 8개월 동안 높이 상승할 때도 이미 있었기 때문이다.

이 붕괴가 일어난 진짜 이유는 증시가 비틀거리는 이유와 같다. 다시 말해 더 상승하기에는 기술적으로 너무 약해졌기 때문이다. 증시는 언제나 저항이 적은 곳부터 무너지기 시작한다. 〈차트 8-7〉을 보면 이 차트가 얼마나 탁월한 측정 도구인지 다시 확인할 수 있다.

뉴욕 증권거래소의 상승-하락선은 1987년 3월 최고치(A지점)에 이르렀다. 이때 다우존스 지수는 가까스로 2400이었다. 다섯 달 뒤 상승-하락선은 여러 모로 하락세를 암시하면서 간신히 버티고 있었지

만 3월의 최고치를 경신하지
는 못했다. 그러나 같은 기간
다우존스 지수는 무려 2700에
이르렀다. 상승-하락선이 하
락한 뒤에도 다우존스 지수는
4, 6, 7월 그리고 8월, 네 번이
나 최고치를 경신했다.

　다우존스 지수의 하루 내 최
고치가 2746에 이르렀을 무
렵, 증시 투자자는 얼마나 빨리

3000고지에 다다를까 하는 논쟁을 벌이고 있었다. 그러나 상승-하락
선이 하락한 뒤에 나타나는 다우존스 지수 최고치는 늘 심각하게 받
아들어야 한다. 아니나 다를까 몇 주 뒤 다우존스 지수가 지지선과
30주간의 MA 아래로 붕괴하자 하락장세가 본격적으로 시작되었다.
특이한 사실은 컴퓨터로 진행되는 매도 프로그램 때문에 이전에는
몇 달에 걸쳐 진행되던 것이 이번에는 몇 주 안에 일어나버렸다는
것이다.

상승세의 불일치는 상승폭을 더 넓혀준다

그런데 상승세에서 일어나는 상승-하락선과 다우존스 지수 사이의

불일치는 하락세와는 다른 방식으로 전개된다. 1929~1932년의 붕괴 이후, 뉴욕 증권거래소의 상승-하락선과 다우존스 지수는 모두 하락세였다. 새로이 상승을 시작하기 전인 1932년 7월 상승-하락선과 다우존스 지수는 둘 다 새로 저점을 기록했다. 8개월 뒤인 1933년 2월 말 아주 흥미로운 현상이 일어났다. 다우존스 지수는 바닥을 치고 상승하기 시작했는데 상승-하락선은 3월 내내 하락세를 계속한 것이다. 이는 1단계 기초 지역이 본격적으로 형성될 때 일어나는 전형적인 움직임이다.

장기간에 걸친 하락세로 좀처럼 확신을 갖기 힘든 투자자가 다시 매입에 나설 때는 아무래도 주저하게 마련이다. 매수자는 투기 종목은 피하고 가치 있는 종목에 우선 끌려간다. 그래서 다우존스 지수가 상승한 이후 몇 년 동안이나 상승-하락선이 계속 하락하는 경우도 있는데 이것은 이후 상승장세의 강도를 더해주는 매우 좋은 징조로 볼 수 있다.

이런 현상의 교과서적 사례는 1957년 말에 발생했다(〈차트 8-8〉). 그해 후반기 큰 충격을 받은 뒤 다우존스 지수는 10월에 바닥(A지점)을 쳤다. 그 뒤 두 달 동안 1단계의 기초가 형성되기 시작하면서, 다우존스 지수가 10월의 저점 위로 올라서고 새로운 저점(B지점)을 형성하는 동안에도 상승-하락선은 움직이지 못하고 낮은 상태에 머물렀다. 이러한 불일치는 1958~1959년의 대상승 장세로 이어졌다.

이러한 상승세의 패턴은 1962년 증시 폭락 뒤에도 일어났다(〈차트 8-9〉). 이러한 증시 역사를 잘 알고 있는 분석가는 월스트리트가 쿠바

미사일 사태로 공포에 빠져 있을 때, 주식을 매입할 채비를 했다. 다우존스 지수는 쿠바 사태가 일어나기 몇 달 전인 1962년 6월 말 최저점(A지점)에 이르렀고 그 후 8주 동안 상승-하락선과 다우존스 지수 모두 기분 좋게 상승했다. 그러다 쿠바 사태가 터지자 9~10월에 과잉 매도가 일어났다. 흥미롭게도 미사일에 대한 두려움이 커지고 상승-하락선이 새로운 저점을 찍었음에도 다우존스 지수는 1962년 6월의 바닥 아래로 더 떨어지지는 않았다. 사태의 불안함과 함께 이러한 불일치는 매우 강력한 상승세를 알려주는 신호였다. 결국 흐루시초프가 전함을 되돌려 떠나자, 증시는 3년 반 동안 엄청난 상승세를 보였다.

이러한 패턴은 1970년 중반에도 등장했다. 끔찍한 1969~1970년의 하락장세 이후, 다우존스 지수는 1970년 5월 바닥을 쳤고, 한편 상

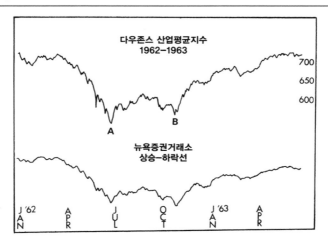

다우존스 산업평균지수
1962-1963

뉴욕증권거래소
상승-하락선

승-하락선은 7월 마지막으로 저점을 찍을 때까지 계속 붕괴했다. 그러나 이것은 1970~1973년의 상승장세가 시작되고 있다는 뜻이었다.

또한 이러한 긍정적 패턴은 1984년 1~7월의 소규모 하락장세 뒤인 6~7월의 증시 차트에도 보인다. 이후 1984년 7월부터 1987년 8월까지 믿을 수 없을 정도로 강력한 상승장세가 시작되었다.

최정상 지역을 찾아주는 시장 탄력지수

뉴욕 증권거래소의 상승-하락 수치는 이외에도 여러 가지 방법으로 이용할 수 있다. 상승-하락의 주간 수치는 장기 전망을 예측하는 데 도움이 되며, 일일 수치는 앞에서 소개한 차트 형식보다는 숫자 그대로 기록하는 방법을 쓰는데, 이렇게 모은 자료는 트레이딩 할 때 참고할 수도 있다. 어떻게 이용하든 상승-하락 수치는 증시의 앞날을 내다보는 데 큰 도움이 된다.

이 수치는 기술적 분석에 아주 중요한 자료이므로 〈테이프 읽기 전문가〉를 쓸 때 이를 모두 이용했다. 당신도 앞서 소개한 상승과 하락 종목 차를 근거로 한 일일 수치를 계속 추적해간다면 비교적 쉽고 정확하게 장기 전망을 할 수 있다. 이 지표는 (1)매우 정확하고 (2)해석하기 쉽고 (3)계산하기 쉽다는 이점이 있다. 나는 이 측정 수치를 탄력지수$^{\text{Momentum Index}}$, 즉 MI라고 부른다. 이는 실제로 200일 동안 뉴욕 증권거래소의 상승-하락 수치 변화를 평균내에서 구한 값이다.

자기만의 탄력지수 구하기

증시의 탄력을 측정하는 것은 사실상 뉴턴의 물리학 법칙을 적용하는 것이다. 뉴턴은 "움직이는 물체는 계속 움직이려고 하는 속성이 있다"라고 했다. 이를 주식에서는 "움직이고 있는 추세는 반전될 때까지 계속된다"라고 고쳐 말할 수 있다. 다시 말하면 아주 작은 지그재그는 무시하고 주요 추세선에 주목해야 한다는 것이다. 이럴 때 필요한 것이 바로 탄력지수(〈차트 8-10〉)다.

맨 처음 할 일은 최근 200일 동안의 뉴욕 증권거래소의 상승-하락 수치를 수집하는 것이다. 부지런한 사람이라면 도서관을 방문하여 경제지를 뒤져 이 수치를 구할 수 있으나 그럴 시간이 없는 사람은 오늘부터 시작하여 40주 동안 기록해가면서 자료를 만들 수도 있다. 다음 단계는 200일 동안의 모든 플러스 수와 마이너스 수를 더하면 된다. 그런 다음 200으로 나눈 수가 오늘의 탄력지수다.

200일간의 자료를 구하고 오늘의 지수를 계산했다면 일은 쉬워진다. 다음 방법을 이용하면 전체 200일의 수치를 다시 더할 필요 없이 쉽게 자료를 만들어갈 수 있다. MA를 계산하는 것과 마찬가지로, 계

산기에 그날의 새 수치를 더하고(플러스 숫자면 +로, 마이너스 숫자는
그대로 입력하면 된다.) 201일 전의 수치를 빼면 된다. 이 수를 뺄 때는
반드시 기호를 반대로 써야 한다. 즉 플러스는 로, 마이너스는 +로
입력해야 한다. 그리고 기록하는 종이에서 실질적으로 201번째 데이
터는 줄을 그어 지워버려야 한다. 그렇게 하지 않으면, 다음 날 같은
데이터를 사용하는 실수를 하기 쉽다. 마지막 단계는 이틀의 수치(그
날의 새 수치와 201번째 날의 수치)의 차를 200으로 나누면 된다. 이렇게
구한 수치를 어제 날짜의 MI에 더하면, 오늘의 탄력지수를 얻을 수
있다.

그러면 얼마나 빨리 이 계산을 해낼 수 있는지 실례를 통해 알아보
자. 1987년 11월 11일자 MI는 63이었다. 이 정보를 갖고, 다음 날의
MI를 구해보자. 11월 12일 뉴욕 증권거래소는 하락 종목보다는 상승
종목이 941개 더 있었다. 그러므로 +941을 계산기에 입력한다. 그 다
음 자료를 기록해놓은 종이에서 201일 전(1987년 1월 29일)의 지수를
확인해보니 82였다. 기호를 반대로 하라고 했으니 계산기에 +82라
고 입력하고 자료 기록 종이에서 201번째 데이터는 줄을 그어 지워버
린다. +82와 +941의 합계는 +1023이다. 그리고 1023을 200으로 나
누면, +5.1이 나온다. 마지막으로 +5.1을 어제 날짜의 탄력지수인 63
에 더하면 11월 12일자의 탄력지수 57.9가 나온다.

몇 년 동안 이 지표를 이용하여 장세를 전망해온 나는 이 유익한 지

표를 해석하는 데 필요한 몇 가지 규칙을 다음과 같이 끌어낼 수 있었다.

▶ 가장 중요한 신호는 제로선을 가로질러 위나 아래로 이동하는 것이다. 만약 탄력지수가 마이너스 영역에 머물다가 제로선을 가로질러 상승했다면 이는 장기적으로 매우 낙관적인 신호다. 반면 플러스 영역에서 마이너스 영역으로 떨어지면 하락세의 징후다.

▶ 이 수치가 제로선 위 또는 아래에 머무는 시간이 길수록, 이 지표가 제로선을 가로지를 때 미치는 파장은 더 커진다.

▶ 이 지표가 꽤 오랫동안 플러스 또는 마이너스 영역 깊숙이 자리 잡고 있다가 제로선을 가로지를 때를 주목해야 한다. 이는 MI가 제로선 근처에서 머물다가 가로지르는 경우와 크게 다르다.

▶ 꽤 오랫동안 플러스 영역에 머무르던 MI가 갑자기 크게 상승했다 떨어지면 하락세가 확실하다.

▶ 이 지수는 상승장세에서는 대부분 다우존스 지수보다 앞서 정상에 도달한다. MI가 정상에서 급하게 떨어졌다면, 비록 상승장세 내내 플러스 영역에 머무르고 있다 하더라도 조기 경고로 받아들여야 한다.

이에 대한 교과서적 사례가 바로 1987년 붕괴 이전의 움직임이다 (〈차트 8-10〉). MI는 1986년 중반 정상에 올랐지만, 다우존스 지수는 이후 1년 더 상승세를 끌어갔다. MI가 처지기 시작한다고 당장 주식을 매도할 이유는 없지만, 상승세의 끝이 머지않았음을 알아야 한다.

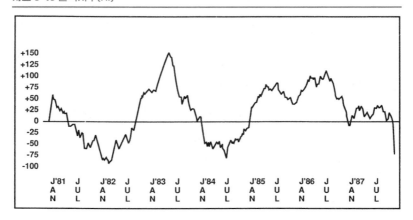

1987년 들어 8개월 동안은 환상적인 상승세였지만, 이 지표는 그저 그런 정도로 나타났다는 사실에 주목하라.

다우존스 지수가 수백 포인트 더 상승했어도 이 수치에는 별 영향을 끼치지 못했다는 것은 확실히 중요한 경고 신호다. 10월 19일 검은 월요일 붕괴 전인 10월의 어느 날, 이 지표가 마이너스 영역으로 떨어졌다. 이것은 월스트리트의 대다수 의견과는 다르게, 다가올 하락은 상승장세 중의 조정 국면이 아니라 완벽한 하락세라는 것을 의미했다.

이 장기 지표는 이때뿐 아니라 1962년 1월, 1969년 초, 1972년 초, 1981년 봄과 1984년 1월에도 하락장세가 시작될 것을 제때 알려주었다. 지표가 이렇게 나타날 때에는 매도해야 한다.

이 지표는 바닥보다는 정상을 찾아내는 데 더 유용하다. 정상 국면에서 이 매도 신호가 켜지는 것은 일반적으로 다우존스 지수가 떨어지기 전이므로 사전 경고인 셈이다. 그러나 바닥에서는 매수 신호가 꽤 늦게 오며, 상승세를 확인해주는 구실을 한다. MI의 이런 특성을 잘 알고 있으면 용두사미식 상승과 제대로 된 상승을 구별하고 진짜 상승세를 확인하는 데도 어려움이 없다.

이 측정 지표는 주요한 시장 동향을 예시하는 데 큰 구실을 해왔다. 이 탁월한 측정 도구와, 이 장에서 배울 다른 장기 지표를 함께 연계해 나간다면, 월스트리트와 미디어가 만들어내는 안개도 쉽게 걷어낼 수 있을 것이다.

시장의 건강 상태를 진단하는
고점-저점 수치

다음에 배울 장기 지표는 증시의 속사정을 측정하는 데 매우 유용한
도구지만, 이것에만 의지해 판단하지 말고 꼭 다른 지표를 함께 참고
해야 한다. 표면적으로는 시장이 아직 좋아 보이지만 기술적인 관점
에서는 시장의 건강 상태가 서서히 나빠지고 있을 때, 이 측정 지표는
제구실을 발휘한다. 시장 평균이 내려앉고 있을 때도 이 지표는 가끔
미묘한 강세를 보여준다.

　이처럼 이 지표는 늘 미리 메시지를 보내므로 이를 잘 활용하면 앞
으로 닥칠 시장 변화에 대처할 충분한 시간을 벌 수 있다. 그러므로
다른 지표들도 이 신호와 비슷하게 나타나기 시작하면, 드디어 움직
여야 할 때인 것이다.

　나는 '새로운 고점-새로운 저점' 수치를 계속 알고 있는 것이 매우

중요하다고 강조하고 싶다. 고점-저점을 나타내는 방법이 몇 가지 있는데, 모두 나름대로 유용하다. 가장 일반적으로 따르는 고점-저점 수치는 〈월스트리트 저널〉을 비롯한 대부분의 신문에 매일 실리는 일일 수치다. 그러나 이 수치는 우선주도 포함한 모든 주식을 기준으로 한 것이다. 그래서 나는 물론 이 수치도 유용하지만, 보통주를 기준으로 한 것을 선호한다. 보통주만을 자료로 삼은 고점-저점 수치를 구하기는 조금 어렵지만, 이를 싣는 신문도 더러 있다.

고점-저점 수치는 중·단기 주식 동향을 예시해주므로 트레이더라면 일일 기준으로 추적하는 것이 좋다. 나는 〈테이프 읽기 전문가〉에서 다른 지표와 함께 이것도 확인하곤 한다. 제한된 시간에 최대의 수익을 얻고자 하는 사람은 일일 수치보다는 주간 수치를 추적하는 것이 낫다. 주간의 새로운 고점과 저점은 주식 동향을 알려주는 좋은 지표일 뿐 아니라, 투자자들이 신경 쓸 필요 없는 세세한 자료는 걸러준다. 또한 이 지표를 확인하고 추이를 계속 살피는 데 걸리는 시간도 절약할 수 있다.

일단 주간 자료를 이용하기로 정했다면 그 다음에 선택해야 할 사항이 있다. 신문에 나오는(우선주까지 포함해서 모든 주식을 기준으로 한) 통상 수치와 보통주만을 반영한 수치 중 하나를 골라야 한다. 둘 다 유용하므로 나는 이 두 가지 수치 통계 모두에 관심을 기울이지만, 역시 보통주의 주간 수치를 선호한다.

이 두 가지 자료의 미묘한 차이점을 확인해보기 위해, 1987년 10월

23일에 마감한 트레이딩 주간 수치를 살펴보자. 이때는 10월 19일 검은 월요일이 속한 붕괴의 한 주다. 통상적인 뉴욕 증권거래소의 수치는 12개의 주간 고점과 1,516개의 주간 저점을 보여준다. 이 지표를 계산하기 위해 새로운 고점(플러스 숫자)에서 새로운 저점(마이너스 숫자)을 빼면 이 주간의 순수 수치 -1,504가 나온다. 이는 증시사상 가장 큰 마이너스 수치에 속한다.

같은 기간 보통주의 주간 수치는 새로운 고점 8개와 1,058개의 새로운 저점을 보여준다. 그래서 나온 순수치는 -1,051이었다. 이처럼 우선주와 배당주 등을 제외하고 계산하면 450 이상 차이가 난다. 물론 크게 보면 그리 대단한 차이는 아니다. 보통주만을 계산한 수치가 좋긴 하지만 사정상 통상적인 수치를 이용할 수밖에 없다면 그래도 괜찮다. 다만 보통주에 엄청난 영향을 끼치는 이자율이 크게 변동할 때는 보통주의 수치만 참고하는 것이 확실히 낫다.

방금 예에서 본 것처럼 이 수치를 계산해내기는 쉽다. 도표로 표시하려면 차트 종이 위쪽으로는 다우존스 지수 눈금을 정하고, 그 아래쪽에 이 수치를 표시하면 된다. 주말마다 금요일의 다우존스 지수 포인트와 이 수치를 표시하면 된다.

자, 그러면 이렇게 만든 자료를 해석해보자. 이 자료를 이용하는 데는 몇 가지 방법이 있는데, 다음 두 가지 방법이 가장 쉽고 유익하다.

첫째, 이 수치가 일관성 있게 플러스 영역에 있는지를 본다. 만일 있다면 장기 전망은 낙관적이다. 반면 매주 마이너스 영역에 있다면 증시가 건강하지 못하다는 증거다.

둘째, 이 자료 흐름의 방향을 살핀다. 방향이 달라지면 전세도 곧 바뀐다는 징조다. 그 완벽한 사례가 〈차트 8-11〉에 나타난 1982년의 E지점이다. 이 지표가 마이너스 영역에 남아 있음에도(주요 추세는 아직 하락세지만) 강력하고 신나는 요소가 있다. 다우존스 지수가 1982년 들어 8개월 동안 하락을 계속하고 있는데 이 지표는 그동안 상승하기 시작했다. 즉 하락세인 시장 평균을 따라가는 주식들이 점점 줄어들고 있다는 뜻이다.

다시 말해 이는 시장의 표면 아래에서 일어나는 기술적인 강세를 보여주는 신호인 것이다. 이때 다우존스 지수와 이 지표의 불일치는 긍정적인 신호로, 그해 8월 역사적인 상승장세가 시작되기 전인 7월에 내가 상승세를 전망할 수 있었던 것도 이 덕분이었다. 이와 마찬가지로 1974년 말, 증시는 급격히 하락하고 있었는데 이 수치는 천천히 상승하기 시작했다(B지점). 이는 1975~1976년의 강력한 상승장세를 예고하는 멋진 징후였다.

반면 〈차트 8-11〉에서 다우존스 지수는 1972년 말부터 1973년 초까지 상승하고 있지만, 이 지표는 하락하고 있다(A지점). 이러한 움직임은 1973년부터 1974년까지의 하락장세를 확실하게 암시해준다. 똑같은 패턴이 1976년 말(C지점), 1981년 초(D지점)와 1983년 말에도 나타났다. 이 세 번의 부정적 신호는 하락장세와 시작되기 바로 전에 발생했다.

자, 1987년 큰 상승장(G지점)을 보자. 증시는 급상승하고 있는데 이

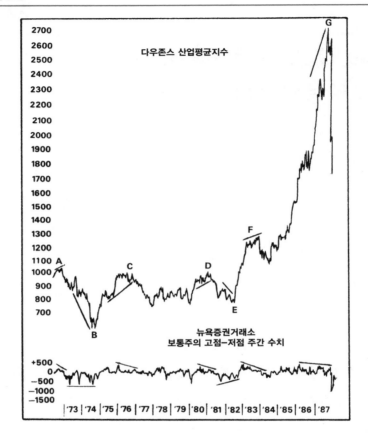

지표는 상승하지 않고 약한 하락세를 보이고 있다. 이는 무언가가 표면 아래에서 썩어가고 있다는 뜻이다. 이 지표가 10월 확실히 아래로 처질 때, 다른 지표들과 함께 확인해보면 큰 문제가 다가오고 있음을 확인할 수 있다. 1987년 10월 붕괴는 이러한 예언이 맞아떨어진 경우다. 이렇게 유용하면서 만들기도 쉬운 장기 지표는 늘 두고 확인해야 할 중요한 지표다.

국내 증시에 영향을 미치는
세계 증시 동향

통신 기술이 발달해 앉은 자리에서 커뮤니케이션이 이루어지는 오늘날, 달러 강세에 큰 관심을 갖고 있는 미국의 트레이딩 파트너들은 외국 주식시장을 아주 잘 파악하게 되었다. 제대로 해석할 수만 있다면, 이렇게 외국시장들이 서로 의존하는 것은 미국 증시를 전망하는 데 아주 유용한 장기 지표가 될 수 있다.

신문의 국제 금융 거래 지면에 실리는 통계(〈차트 8-12〉)를 보면 지구 전반에 무슨 일이 일어나고 있는지 쉽게 알 수 있다. 미국 증시와 세계 18개 주식시장 사정을 다 알려주는 신문도 있다. 모든 주가는 현지 통화와 미국 달러로 표시되지만, 달러 환율이 요 몇 년 째 크게 변동했기 때문에, 현지 통화를 이용하는 것이 더 낫다. 주간 기준으로 이러한 세계 증시 동향을 도표화하고, 그 차트가 어떤 대형을 그리는

차례	변동폭 현지통화기준			변동폭 달러 기준		
	(퍼센트)	11/12	52주간	(퍼센트)	11/12	52주간
세계	−2.0	312.1	410.2~295.9	−2.2	390.9	495.9~334.1
유럽·호주·극동 지역	−2.0	438.2	574.5~412.5	−2.3	703.6	876.1~550.0
호주	−2.2	234.7	433.2~222.2	−1.1	143.0	285.3~135.0
오스트리아	−4.6	202.0	270.2~197.8	−5.2	441.8	532.2~421.6
벨기에	+1.1	270.0	395.0~261.5	+0.6	380.2	514.1~339.6
캐나다	−0.9	330.7	460.4~316.3	+0.0	271.4	374.5~252.2
덴마크	−1.1	339.2	417.5~334.9	−1.5	390.0	463.5~345.2
프랑스	−2.5	301.7	467.6~178.3	−3.1	292.1	427.4~271.9
독일	−2.9	164.8	264.0~147.3	−3.3	357.2	505.4~326.7
홍콩	+7.2	1517.5	2803.4~1415.0	+7.3	1080.0	1994.1~1006.6
이탈리아	−1.4	387.4	598.9~370.4	−1.7	194.7	290.0~187.8
일본	−4.6	1047.8	1360.1~835.0	−4.8	2782.1	3439.2~1831.5
멕시코	+6.1	36186.4	78086~7592.2	+4.5	269.2	618.2~115.2
네덜란드	+4.6	229.2	332.5~199.8	+4.4	436.7	567.3~389.8
노르웨이	−3.9	426.8	728.5~370.4	−4.7	474.0	784.3~417.6
싱가포르	−1.9	454.3	848.3~442.8	−1.8	682.3	1236.4~666.7
스페인	−3.5	198.1	284.6~163.0	−4.6	121.6	163.7~84.2
스웨덴	−4.8	689.8	1058.3~655.2	−5.4	585.3	857.3~560.7
스위스	−0.5	150.3	220.7~138.6	−1.1	464.4	619.6~440.5
영국	+3.6	509.8	736.2~469.5	+3.1	374.8	500.7~280.8
미국	−2.2	232.8	313.9~210.5	−2.2	232.8	313.9~210.5

지 주의를 기울여야 한다.

내가 연구해온 바로는 세계의 모든 증시가 상승세에 있을 때 미국 증시도 상승세를 유지해 아주 좋은 결실을 냈다. 사실 상승세든 하락세든 세계가 함께 움직일 때 그 파장은 더욱 크다. 1973년 초 〈테이프 읽기 전문가〉에 나는 이렇게 썼다.

"런던 주식시장이 역사상 가장 급격한 하락세를 보인 하루 동안 최정상이 넓은 폭으로 완성되었고 하락 추세가 분명히 자리 잡았다. 그러나 영국이 처한 손실 상황을 걱정하기보다 이 심각한 경고가 우리 증시를 이끌 지표라는 것을 명심해야 한다."

내가 이 글을 쓴 지 얼마 되지 않아 런던 증시와 미국 증시 모두 붕괴했다.

문제 상황에 처한 것은 런던만이 아니었다. 모든 외국 증시가 다 그랬다. 호주, 프랑스, 런던, 일본과 독일은 특히 심해 중요한 3단계 최정상에서 붕괴했다. 프랑스는 1972년 말, 다우존스 지수가 절정을 이룬 1973년 1월보다 몇 주 앞서 주요 지지선 아래로 붕괴했다. 이를 지켜본 미국 증권 투자자라면 이때가 매도 시점이라는 것을 알았을 것이다.

1981년 4월부터 1982년 8월까지의 하락장세가 월스트리트의 허를 찌르기 직전, 똑같은 상황이 전개되었다. 1981년 초, 오스트리아에서는 미국 증시가 절정에 이르기 몇 달 전에 하락장세가 시작되었다. 프랑스 증시도 미국 증시가 최고치에 이르렀을 때 하락 신호를 보냈다. 이러한 신호는 미국에도 하락세가 곧 시작될 것이므로 이제 투자를 정리할 시간이 되었음을 알리는 조기 경고였다. 호주, 캐나다, 홍콩, 싱가포르도 더 의심하지 말라는 듯 일제히 하락세를 알려왔다. 그 결과 1981~1982년 하락 증시는 거의 16개월이나 계속되었다.

좋은 뉴스도 마찬가지다. 1982년 상반기 어두운 전망이 월스트리트를 뒤덮고 있을 때 이 수치는 한 줄기 빛이었다. 영국에서는 1981년 말부터 상승세가 시작되었고, 네덜란드와 독일은 견고한 1단계를 형성했다. 한편 미국은 아직도 사정없이 무너지는 하락장세였다. 다른 세 나라의 증시가 모두 상승세로 돌파해가자 1982년 상반기부터 상승세의 물결이 미국 증시에도 밀려들 것이 확실해 보였다.

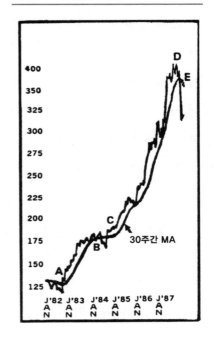

차트 8-13 세계 증시 평균

당신은 세계 증시를 더욱 자세히 알고 싶을 텐데, 그러자면 상당히 시간이 필요하다. 그러나 간단한 방법이 있다. 주간 기준으로 세계 증시 평균을 차트로 만드는 것이다. 세계 증시 평균 수치를 싣는 신문이 있으므로 이를 바탕으로 주말마다 도표화한다. 또한 이를 자료로 30주간의 MA 차트를 그리면 더욱 확실해진다.

〈차트 8-13〉에서 볼 수 있듯이 중요한 측정 도구는 1982년 여름, 30주간의 MA 위로 상승할 때(A지점), 강력한 매수 신호를 보냈다. 3

단계 최정상이 형성된 1983년 말까지 이런 '낙관적인' 상태였다. 그 후 1984년 초 이 평균치는 떨어지면서 MA 아래(B지점)로 붕괴했다. 이러한 부정적 움직임은 1984년 1~7월의 소폭의 하락장세와 정확하게 들어맞았다. 그 뒤 이 지표는 미국시장에 앞서 상승세로 돌파하면서 1984년 말 전례 없는 강세를 보였다. 이는 1985년부터 1987년 8월까지 장세의 활황을 알리는 가장 확실한 신호였는데, 이때 미국시장도 힘을 모으고 있었다.

거의 3년 동안 믿을 수 없는 상승세를 보인 뒤, 세계 증시 평균은 3단계 최정상(D지점)에서 정확하게 하락하기 시작했다. 이를 보면 미국에서는 1987년 8월 주가가 정상에 다다른 만큼 투자자는 방어적인 자세로 주식을 정리해야 했다. 마지막으로, 일단 주요한 지지선과 30주간의 MA 아래로 내려온 10월(E지점) 이후에도 미국 다우존스 지수가 3000이 되리라고 꿈꾸는 것은 자살 행위라는 점을 분명히 알았을 것이다.

주요 종목을 지표로 삼고
움직임을 주시한다*

1950년대 말, 미국 정부 각료인 찰스 윌슨은 이렇게 말했다.
"제너럴 모터스GM에 좋은 것은 미국에도 좋다."

　그러나 이제 GM은 예전처럼 지배 기업이 아니다. 증시는 민주주의
가 관철되는 곳이 아니다. 각 주식 종목이 증시 흐름에 끼치는 영향은
같지 않다. 기관 투자자들이 가장 많이 거래하고 소유하는 유망 종목
은 장외 시장 종목들보다 훨씬 중요한 영향을 끼친다. 모든 종목 가
운데 항상 주시해야 할 종목은 GM이다. 물론 GM만 주목해서는 안
되지만 다른 지표들과 함께 GM이 움직일 때는 결코 무시해서는 안
된다.

■　한국 독자가 이 파트를 읽을 때는 한국 주요 기업의 주식 동향을 잘 파악해 이를 바탕으로 이해하면 된다.

GM을 측정 도구로 삼으면 좋은 점 중 하나가 이를 확인하기가 아주 쉽다는 것이다. 차트를 뒤적일 때 GM의 주가도 함께 보기만 하면 된다. 많은 사람이 이 주식의 건강 상태를 측정하는 방법이 있다. 이를 4개월 법칙이라 하는데, 간단히 말해 GM이 4개월 안에 새로운 고점(또는 저점)을 만들지 않으면 GM의 트렌드가 바뀐다는 것이다.

과거 50년 동안 이 4개월 법칙에서 나온 신호의 70퍼센트 이상이 다 들어맞았다. 더 인상적인 것은, 이 예측이 어긋났을 때도 10퍼센트 이상 빗나간 적은 없었다는 사실이다. 특히 믿을 만한 것이, 상승세에서 이 신호를 제대로 받아들였을 때 엄청난 이익을 남겼다는 사실이다.

나는 〈테이프 읽기 전문가〉에서 4개월 법칙을 따르라고 했는데, 당신도 이렇게 해볼 만하다. 증시가 어느 단계에 왔는지 더욱 정확히 알아보려면 GM의 차트상 단계를 분석해보면 된다. GM과 증시의 단계가 일치하지 않을 때는 GM보다는 증시 차트를 우선해야 한다. 증시가 3단계 최정상을 완성하고 4단계 하락세로 진입한다면, GM이 지난달 새로운 고점에 이르렀다 하더라도 걱정해야 할 시점이다. 1단계 기초 지역에서도 마찬가지다.

이때 고려해야 할 요소가 바로 '차이'의 분석이다. 이제 당신이 '차이'라는 개념에 익숙해졌을 텐데, 이는 곧 GM이 다우존스 지수나 다른 주요한 수치와 함께 새로운 고점(또는 저점)을 찍지 않고 불일치를 보이면, 조기 경고 신호로 받아들이면 된다는 말이다.

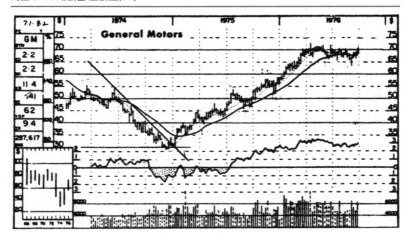

〈차트 8-14〉는 GM의 동향이 증시의 바닥을 찾아내는 데 도움을 준 탁월한 사례다. 1973~1974년 하락장세가 지속되는 동안, GM은 적기에 새로운 저점을 형성하며 당시 최악의 하락세가 다가올 것을 증명했다.

그러나 1974년 중반 GM은 방향을 바꾸어 맨 먼저 하락하던 추세선 위로 올라섰고, 이어서 이중 바닥을 형성했으며 드디어 30주간의 MA 위로 상승했다. 이러한 매우 낙관적인 신호는 1975~1976년의 역동적인 상승장세를 예고하는 신호탄이 되었다.

1981~1982년 하락 추세(〈차트 8-15〉)가 지속되는 동안 증시의 움직임은 단순했다. 다우존스 지수가 사정없이 하락하는 동안, GM은 1982년 1분기에 1단계 기초 지역을 형성하기 시작했다. 그해 5월 GM은 2단계에 진입했는데, 이는 하락장세가 곧 끝날 거라는 조기 신호

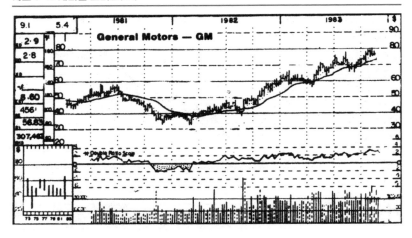

였다.

흥미롭게도 나의 지표 대다수가 GM의 긍정적 신호와 일치했던 7월, 나는 낙관세로 돌아섰다. 다우존스 지수가 하락세의 저점을 찍고 상승세가 시작된 것은 8월이었다. 많은 증권 투자자가 그렇게 하지만 하락장세는 빠르게 반전하기 때문에 서둘러 매수 종목을 찾아내야 한다는 말은 엉터리다. 이것은 절대로 사실이 아니다. 상승세로 반전하기 전 차트를 분석해보면 많은 전조가 보인다. 자료를 분석하고 연구하면 곧 찾아낼 수 있는 전조들이다.

GM의 주가 동향은 나의 탄력지수 같은 측정 지표와는 달리 정상 지역이나 주요 저점에서 증시 전망을 정확하게 예시해주는 경우가 많았다. 1966년 초, 다우존스 지수는 급격히 새로운 최고치에 다다른 반면, GM은 1965년의 최고치 이상으로 올라서지 못했다.

이러한 차이는 중요한 경고다. 또 다른 부정적 신호는 열세인 RS선과 1966년 초 형성된 3단계 최정상 패턴이다. 마지막으로 GM이 지지선과 MA 아래로 붕괴하자, 걱정스러운 상황이 곧 닥쳐올 것임을 의심하지 않을 수 없었다. 곧 주가가 급격히 떨어지며 1966년 하락장세를 맞았다.

GM 지표는 그 징후를 포착하기 어려웠던 1969~1970년의 하락장세에도 분명하게 경고 신호를 내보냈다. 그것도 살짝 내는 미약한 신호가 아니라 아주 큰 소리로 알리는 경고였다. 1968년 12월, 다우존스 지수가 1966년 고점 수준 가까이로 움직였지만 안타깝게도 아슬아슬한 지점에 멈추고 말았다. 결국 1966년의 고점으로 회복하는 데 실패했고, 급기야 1969년 초 MA 아래로 붕괴했다. 걱정거리가 곧 닥친다는 신호였다.

GM은 1973~1974년 하락장세에서도 위험을 미리 알려주는 훌륭한 일을 해냈다. 다우존스 지수와 달리 GM은 1973년 1월 새로운 고점에 이르기는커녕 1971년의 고점 가까이에도 다가가지 못했다. 이러한 차이는 무서운 경고였다. GM이 1973년 초, 지지선과 30주간의 MA(〈차트 8-16〉) 아래로 붕괴했을 때, 투자자는 좋은 뉴스를 외면하고 주식을 매도해야 했다.

마지막으로 좀 더 최근의 움직임을 살펴보자. 1987년 10월의 역사적인 붕괴 전에도 GM이 매도 신호를 보냈을까? 물론 보냈다. 이 장에서 소개한 나의 측정 도구 지표들과 마찬가지로 GM도 1987년 붕

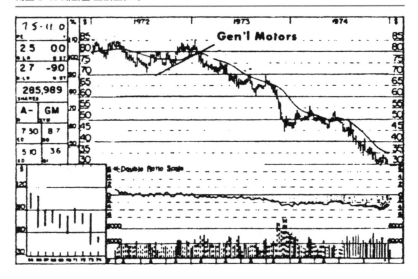

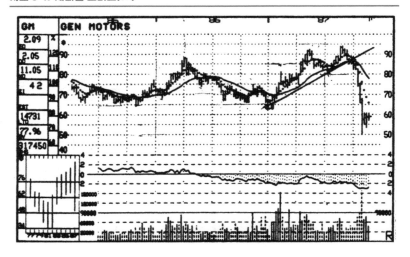

괴 이전에 매도 신호를 분명히 보냈다. 〈차트 8-17〉의 1987년 주가 동향을 보자. GM은 그해 8월 새로운 고점에 이르렀지만 몇 주 후 문제가 있다는 신호를 보냈다.

자, 한번 보자. 내가 4개월 법칙 같은 융통성 없는 방법보다는 단계별 분석 같은 융통성 있는 방법을 선호하는 것도 이 때문인데, 이때 맹목적으로 4개월 법칙을 따르는 투자가와 분석가는 적어도 10월까지는 걱정할 것이 없다고 믿었다. 그러나 차트를 보면, 9월 말부터 10월 초 이미 위험 신호를 잡아낼 수 있었다. GM이 갑자기 반전하여 장기간 지속해온 상승세의 추세선 아래로 내려앉았고, 30주간의 MA도 침범하고 있는 것이 보인다.

이런 일이 일어나는 동안 다우존스 지수는 2500 부근에서 2600대 중간까지 상승했다. 이런 때가 정말로 걱정해야 할 때다. 만일 방금 배운 다른 몇 가지 측정 도구의 지표가 좋게 나왔다면 덜 걱정했을 것이나 다른 지표들도 좋지 않은 상황이었다. 그래서 나는 〈테이프 읽기 전문가〉 구독자에게 방어적인 자세를 취하라고 조언했다.

GM이 참여하지 않으면 어떤 증시도 계속 상승하기 힘들다는 것을 기억해야 한다. 이와 마찬가지로 GM이 하락하지 않으면, 하락장세도 오래가지 못한다. 그래서 이 지표가 중요한 것이다. 이 지표를 늘 자세히 관찰하자. 이 지표가 다른 장기 지표들과 더불어 명확한 신호를 보내는데도 그 신호를 무시한다면 큰 위험을 각오해야 할 것이다.

정상과 바닥을 찾아주는 P/D 비율

다음에 소개할 장기 측정 도구를 살펴보면 내가 진실로 실용주의자임을 알 수 있을 것이다. 나는 기술 분석적 접근법을 강하게 믿고 있지만, 언제나 객관적이 되려고 노력한다. 세미나를 할 때, 나는 종종 다음과 같은 농담을 한다. 즉 신문에 난 주식 종목들에 다트를 던져서 제대로 된 주식을 고를 확률이 80퍼센트라면, 이 다트 던지기 방법도 내가 만든 50가지 측정 도구 목록에 51번째로 넣겠다는 것이다. 분석적 입장이든 펀더멘털주의 입장이든 내가 원하는 것은 증시 동향을 제대로 예측하는 것이다.

불행히도 내가 시험해본 기본적인 측정법 대부분은 그리 정확하게 예측해내지 못했다. 그러나 비교적 정확한 몇 가지가 있기는 하다. 그 중 최고는 주가/배당price/dividend, 곧 P/D 비율이다. 이는 주가를 배당

	지난 주	이전 주	1년 전 주
다우존스 지수의 P/E	15.2	15.3	15.9
수익률(퍼센트)	3.58	3.54	3.64

금의 배수로 표현하는 것으로, 다른 말로 하면 '배당 1달러를 받기 위해 지급해야 할 돈은 얼마인가?'라는 뜻이다.

이론을 더 파고들기 전에, P/D를 계산하는 법부터 알아보자. 주말 신문 경제란을 보면 'P/E 지표와 수익률'이라는 제목의 표가 있다(〈차트 8-18〉). 1987년 11월 23일자를 보면 11월 20일 마감 때 다우존스 지수 수익률은 3.58퍼센트다. 그날 다우존스 지수는 1914로 마감했다. 다음 단계는 다우존스 지수 종가에 수익률(금요일 폐장 시점의 다우존스 지수 수익률 퍼센트는 다우존스 지수의 배당률과 같다)을 곱한다. 이렇게 해서 나온 수치는 68.52(1914의 3.58퍼센트, 즉 0.0358을 곱한 것)이다. 이 68.52달러는 다우존스 블루칩 대기업 30개 업체가 당시 지급할 수 있는 배당금액이다. 그러면 마지막으로 해야 할 계산을 해보자. 우리에게 필요한 측정 도구는 P/D 비율이므로, 다우존스 지수를 배당금으로 나누어야 한다(1914를 68.52로 나누면 된다). 이렇게 해서 27.9라는 P/D 비율을 구했다(소수점 둘째 자리에서 반올림한다).

이 지표를 얻었으니 이제는 행동을 취할 차례다. 이 지표는 먼 앞날을 내다보는 장기 측정 도구로서 정상과 바닥을 찾아내는 데 탁월하다. 사람들이 시장에서 '싸다' 또는 '비싸다'라고 말하는데, 이는 매우 주관적 표현이다. 그러나 P/D 비율은 객관적인 판단을 하게 해준다. 보통주가 주목받는 거래 종목이 되면 P/D 비율은 14~17 범위로 떨어진다. 한편 주식이 수익 관점에서 비싸다면, 최정상이 형성되는 것에 대비해야 한다. P/D 비율이 26 위로 움직일 때는 역사적으로 위험 지수였다. 비율이 30 이상이면 주식이 과대평가되었다는 신호다.

이 비율은 아주 정확한 지표는 아니지만 다른 측정 도구와 연계해 사용하면 매우 유용하다. 호의적이거나 부정적인 신호는 행동을 취해야 할 시점 훨씬 이전에 나타난다는 것도 알아두어야 한다. 이 수치가 하락세를 나타내면 증시가 곧 붕괴로 이어질 위험 지역에 진입했음을 의미한다. 그러나 하락장세는 1년 또는 그보다 훨씬 나중에 올 수도 있다. 그래서 다른 장기 지표가 아직 상승세라면, 증시에서 빠져나갈 때를 주의 깊게 살피면서 매수를 계속해야 한다.

그 완벽한 사례가 1932년 P/D 비율이 아주 낮게, 낙관적인 수준으로 떨어진 때였다(〈차트 8-19〉). 이 지표는 엄청난 상승장세가 시작되고 있음을 정확히 보여준다. 그러나 다른 측정 도구(MA와 연계한 다우존스 지수 같은 것)가 긍정적으로 나타날 때까지 공격적인 매수에 나서서는 안 된다.

이 비율이 호의적이던 1932년, 1937년, 1942년, 1949년, 1974년, 1980년에 매우 강력한 상승장세가 나타났다. 그러나 1932년, 1942년, 1980년에 기록된 몇몇 비율은 1년도 넘게 미리 나타난 것이었다. 그래서 P/D 비율은 상승장세 또는 하락장세의 가능성을 보여주는 지표로 봐야 한다. 스파크가 일어날 때(모든 측정 지표가 확실히 나타날 때)까

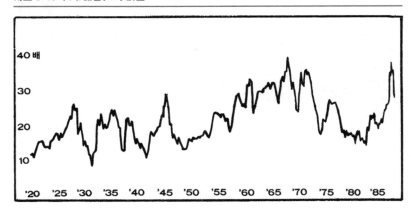

지는, 비록 가스가 방에 가득 차 있어도 폭발하지는 않는다.

이 비율이 위험 수준으로 높이 나타난 때는 1929년, 1936년, 1939년, 1959년, 1961년, 1965년, 1968년, 1972년, 1987년이었다. 1987년의 P/D 비율이 40 가까이(과거 20년 동안 가장 위험한 수준이었다) 이르렀을 때 이 지표는 특히 효과를 발휘했다. 비율이 과도하게 높았기 때문에 1987년 10월 붕괴가 끔찍했던 것은 놀랄 일이 아니다. 그러나 주목할 점은 비록 다른 장기 지표들이 1987년 8월 정상 때까지 하락세를 예측하지 못했지만, 이 P/D 비율은 1987년 초에 이미 부정적으로 나타났다는 것이다.

군중 심리에 휩쓸리지 않게
도와주는 '상반된 의견 이론'

이제껏 검토한 모든 측정법과 도구는 적어도 한 가지 공통점이 있다. 모두 객관적으로 측정할 수 있다는 것이다. 이 도구들은 특정 통계 수치(상승과 하락, 또는 새로운 고점과 새로운 저점 등)를 자료로 삼는다.

그러나 어떤 수치에도 의존하지 않은 한 가지 주관적인 지표가 있다. 아주 유용한 측정 도구이기도 한 이 지표는 '상반된 의견 이론CO: Theory of Contrary Opinion'이다. 이 이론은 투자자에게 영향을 끼치는 '타고난 군중 심리'와 관계가 있다.[■]

이 이론의 기본 신조는 '사람들은 주된 흐름 속에 있을 때 안도감을 느낀다'는 것이다. 사실 투자자는 함께 움직이려는 경향이 있다. 그들

■ 이런 군중 심리를 이용한 최고의 투자자는 가필드 드류Garfield Drew다. -지은이 주

은 서로 믿음을 강화하고, 다른 결론에는 아예 귀를 닫아버린다. 증시에서 이러한 태도는 붕괴 직전에는 지나친 낙관주의를, 바닥에서는 비관주의를 이끈다. 이 이론을 현실에 적용하는 사람들은 다른 이들의 일치된 의견이 어떠한지 확인한 다음 그 반대로 움직인다.

다른 지표들도 함께 확인할 것

얘기를 더 진행하기 전에, 나는 당신에게 다음과 같이 경고한다. 상반된 의견 이론, 곧 CO는 적절히 사용해야 그 가치를 경험할 수 있다. 불행히도 모든 투자자와 중개인은 자신들이 대중보다 식견이 높아 CO를 사용하고 있다고 생각하지만, 투자가 100명 중 이 이론을 제대로 이해하는 사람은 한 사람도 없다.

매주 또는 몇 달에 한 번씩 CO에서 답을 얻으려고 애쓰는 실수를 하지 않길 바란다. 진정한 CO 신호는 1년 또는 더 긴 기간 동안 없을 수도 있다. CO는 월스트리트뿐 아니라 모든 동네 사람까지 한 방향으로 나아가며 이를 언론에서 자주 언급하는 경우에만 유효하다. CO가 단지 중개인에게 증시가 어떤지 알아보고 그가 낙관적인 대답을 하면 당신은 비관적으로 결정해버리는 것으로 생각하면 오산이다.

이 계책의 핵심은 아주 편파적인 의견이 확실하게 형성될 때까지 기다리는 것이다. 그때가 되면, 갑자기 모든 사람이 자신이 무엇인가 알고 있다고 믿고, 상식을 따르지 않게 된다. 나는 다음의 슬로건을 철저히 믿는다.

"모든 사람이 어떤 것을 알고 나면, 그것을 알 가치가 없다."

신문과 잡지에서 떠들면 다르게 움직여라

한 가지 주의해야 할 점이 있다. 투자할 때 '상반된 의견' 이론, 즉 CO
만으로도 충분하다고 믿는 사람들이 있는데, 나는 동의하지 않는다.
그렇게 믿는다면 참 위험하다. P/D 비율이 내재된 가치를 나타내듯
이, CO는 잠재된 심리다. 만일 모든 측정 도구가 다르게 나타난다면
이 단순한 이론에 따라 주식을 매도하거나 매수해서는 안 된다. CO
가 다른 분석 도구들과 일치할 때 움직여야 한다. 그때는 증시의 큰
흐름이 바뀔 준비가 되었기 때문이다.

다음 질문은 상반된 의견을 어떻게 끌어내야 하는지에 관한 문제
다. 많은 애널리스트는 증시와 관련된 자료를 제공해주는 기관에서
집계한 상승세와 하락세를 예측한 여론 조사 결과 같은 것을 이용한
다. 나도 이 수치들을 자주 확인하고 그것들이 유용하다는 것을 알고
있지만, 그것만으로는 불안하다. 확신을 얻기 위해서는 금융 관련 신
문이나 잡지 등을 훑어보는 것이 좋다.

잡지와 신문의 헤드라인을 쓴 기자들은 지표가 될 의도는 없지만
실제로 지표가 되어버린다. 그들은 잡지와 신문을 팔아야 하기 때문
에 미묘한 화제를 건드린다. 그들은 사람들의 불안을 감지하고 그 두

려움을 기사로 다루는 것이다. 이와 같은 이치로 상승세일 때는 낙관적인 기사가 쏟아진다.

신문 기사나 잡지 표지에서 이런 신호를 자주 보게 되면 '일이 잘못되어가고 있다'는 생각을 즉시 떠올려야 한다. 그런 다음 다른 지표들을 확인해본다. 지표들이 당신의 예감과 맞아떨어지면 증시가 큰 폭으로 움직일 것에 대비해야 한다.

이런 '표지 현상'과 관련한 완벽한 사례로 1974년 말의 증시를 들수 있다. 1929년 이후 최악의 하락장세를 맞아, 어느 선두적인 금융 잡지는 무시무시한 검정 곰 사진을 대문짝만하게 표지에 실었다. 그사진 속에 나오는 곰은 월스트리트 기둥을 무너뜨리고 있었다. 당시 내가 이용하는 장기 지표들은 매우 긍정적으로 나타났기 때문에 나는 월스트리트를 사로잡고 있는 두려움을 무시하고 주식을 매수해야겠다고 생각했다.

전형적인 상반된 의견이 또 나타난 때는 1978년 여름이다. 한 경제 잡지는 '주식의 죽음The Death of Equities'이라는 제목으로 표지 기사를 실었다. 그때 증시는 앞으로 3년이나 계속될 주요 상승세에 막 올라서려는 단계였다. 믿기 어렵겠지만, 사실이다.

5년 뒤 이 잡지는 똑같은 주제로 새로운 기사를 실었다. 이번에는 '주식의 재탄생The Rebirth of Equities'이라는 제목으로 표지에는 격양된 황소 사진을 실었다. 이때는 1983년 늦은 봄이었다. 몇 주 뒤인 6월, 투기 종목이 주요 고점을 기록하고 주식시장은 붕괴했다. 블루칩 종목은 1984년 1~7월의 하락장세에서 아주 크게 붕괴하기 전, 몇 달 동안 상승하려고 분투했다.

나는 특정 잡지나 신문을 거론할 의도는 없다. 언론이란 당시 대중의 심리를 반영할 뿐이기 때문이다. 그러나 당신은 그때그때 언론에 나타나는 대중 심리에 휘둘리지 않도록 주의하면서 이를 적절히 이용하는 법을 배워야 한다.

사태를 판단할 때는 특정 기사나 제목 하나보다는 많은 헤드라인이 확실한 근거가 되며, 그 많은 제목이 같은 이야기를 하면서 사람들의 정서를 강화하면 더 좋다. 1974년 말 〈테이프 읽기 전문가〉에 실은 몽타주(〈차트 8-20〉)를 보면, 내가 하고자 하는 말이 무슨 뜻인지 알 수 있을 것이다. 1973~1974년의 황폐한 하락장세 후 헤드라인은 대규모 해고와 추락한 주식, 그리고 세계적인 시장 침체를 이야기했다.

그러나 우리는 모두 알고 있다. 또 꼭 알아야만 한다. 주식시장은 좋은 뉴스에 절정에 이르고, 나쁜 뉴스에 바닥을 친다는 것을. 그런데 수많은 투자자는 이 자명한 사실을 잊고 주식이 뉴스와 '함께' 움직인다는 사실을 망각한다. 무시무시한 뉴스는 증시가 앞으로 더 붕괴될 거라는 믿음으로 사람들을 몰아간다. 그래서 바닥이 형성되는 것이다. 경제 대공황 이래, 이러한 헤드라인이 등장할 때마다 몇 주 만에 최악의 상황은 끝나버리곤 했는데, 이는 결코 우연이 아니다.

〈차트 8-21〉을 보자. 내가 지나친 낙관주의 헤드라인에 경계심을 갖고 있을 때, 바깥세상은 활황장세의 열기에 휩싸여 있었다. 미국에

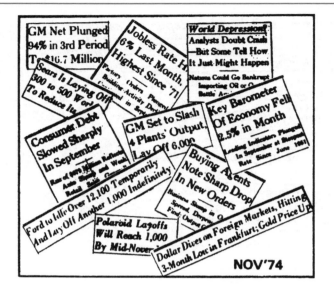

서 가장 권위 있는 신문은 "황소가 오고 있다!"라고 말했다. 또한 우대 금리는 떨어지고 있었고, 수익은 증가했다. 증시는 며칠 만에 1976년 최고치인 1026에 이르렀다. 그러나 내가 가진 많은 장기 지표는 부정적으로 나타났으므로, 1976년 9월~1978년 2월의 하락장세가 시작되고 있음을 예견할 수 있었다.

이런 현상은 언제나 비슷한 모양으로 나타난다. 또 다른 좋은 예가 1982년 여름(<차트 8-22>)이다. 많은 애널리스트와 투자자는 심각한 경기 후퇴를 전망하며 다우존스 지수가 500으로 떨어질 거라고 확신했지만, 나는 주요한 지표 대부분이 이러한 전망과 달리 낙관적인 신호를 보내고 있었기에 매수를 권했다.

마지막으로, 중요한 정상이 형성되고 있었던 1982년의 대중 심리나

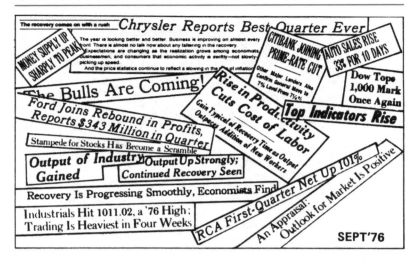

분위기에 대해 살펴보자.

CO의 관점에서 가장 섬뜩한 헤드라인은 8월 말에 나온 '다우존스지수 3000, 지금이 아니라면 언제인가'였다. 주요 금융 잡지는 상승세 신호를 강력하게 믿고 있었던 것이다. 나의 다른 분석적인 측정 도구에서 시장은 약세로 나타나기도 했지만, 나는 이 헤드라인 때문에 더욱 방어적인 자세를 취하게 되었고, 〈테이프 읽기 전문가〉 구독자에게도 경고를 보내어 곧 다가올 역사적인 붕괴에서 벗어나도록 도왔다.

이제부터 신문과 잡지의 헤드라인에 항상 유의하길 바란다. 언론에서 떠들기 시작할 때, 그리고 다른 지표들이 그와 반대되는 결과를 나타낼 때, 이제 당신은 언론의 메시지를 어떻게 해석해야 할지 알 것이다.

STAN WEINSTEIN'S

9장

펀드, 옵션, 선물 시장도 차트로 공략한다

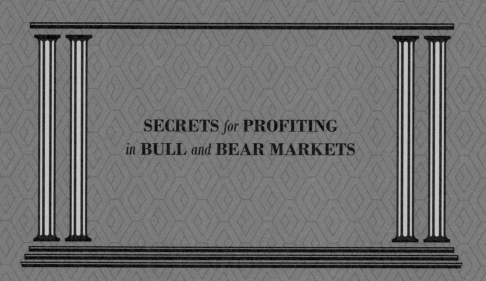

SECRETS *for* PROFITING
in BULL *and* BEAR MARKETS

차트를 활용한
펀드 투자법

이제 당신의 배움도 막바지에 이르렀다. 더 배우지 않더라도 지금까지 배운 분석 기술을 충실히만 활용하면 증시에서 좋은 결과를 거둘 수 있다. 자, 이제 마지막 마무리를 하도록 하자. 테니스에 빗대어 말하면, 당신은 이길 수 있는 갖가지 전략을 충분히 알고 있지만, 챔피언이 되기 위한 마지막 비법을 배워야 할 때가 된 것이다.

당신은 이미 단계별 분석법을 마스터했다. 이제 이 방법을 주식 이외 분야에서 유리하게 활용하는 법을 배워보자.

맨 먼저 알아야 할 분야는 뮤추얼 펀드다. 이 펀드는 익히기 쉽고 비교적 위험도 적은 게임이다. 대부분의 투자자는 뮤추얼 펀드를 한 번 사놓으면 그냥 처박아두는 장기 투자로 보는 경향이 있다. 그러나 이런 태도는 매우 어리석은 것이다. 왜 그런지 이유를 말해주겠다.

첫째, 주요 주식 동향을 잘 알고 어떻게 대처해야 할지 아는 사람이 4단계 하락세에 그냥 가만 앉아 있어야 할 이유가 하나도 없다.

둘째, 수수료가 들지 않거나 수수료가 낮은 펀드들이 갈수록 늘어나므로 언제든지 유리한 펀드를 골라 갈아 탈 수 있다.

셋째, 공격적인 주식 펀드와 MMF를 다 제공하는 펀드가 많으므로 펀드 하나에 충성을 다할 필요가 없다.

펀드들은 자금을 끌어들이기 위해 투자자가 펀드 사이를 오가는 것을 허용한다. 덕분에 일반적으로 전화 한 통화로 이런 거래를 처리할 수 있다. 바로 이런 이유로 펀드는 매우 유리한 트레이딩과 투자 게임을 할 수 있는 장이 된다. 그러므로 증시가 확실하게 상승세일 때는 공격적인 펀드를 사고, 4단계가 나타나면 공격적인 펀드를 팔고 MMF로 돌아서면 된다.

몇 해 전 내가 뮤추얼 펀드 바꾸기를 추천했을 때, 이런 기회를 제공하는 펀드는 몇 안 되었다. 그러나 뮤추얼 펀드 사업이 성장하면서 이제 펀드 바꾸기는 상식이 되어버렸다.

스타인 로 캐피털 오퍼튜니티Stein Roe Capital Opportunity의 〈차트 9-1〉은 이러한 전략을 실행하는 것이 얼마나 쉬운지 보여준다. 1982년 여름, 30주간의 MA는 14개월 동안의 하락세를 끝내고 마침내 평평해지기 시작했다. 펀드가 13달러 50센트에서 30주간의 MA 위로 올라섰을 때, 안전하게 매수할 수 있다는 신호가 들어왔다.

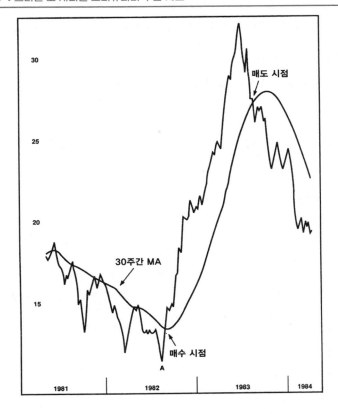

뮤추얼 펀드에서는 기계식 환매를 못하기 때문에 당신은 마음속으로 언제 펀드를 해지할지 A지점에서 미리 정해야 한다. 그런 다음 차트가 상승세를 보이면서 펀드가 높이 치솟아 오르는 동안 펀드를 보유하고 있으면 된다. 그러다가 1년 뒤 스타인 로가 MA 아래로 내려가면 100퍼센트 이익을 챙긴 다음 공격적인 펀드에서 MMF로 바꿔야 한다.

시장 주기를 뮤추얼 펀드에 이용할 때 좋은 점은 개별 주식 종목 차트를 일일이 연구할 필요가 없다는 점이다. 단지 30주간의 MA와 비교하여 좋은 성과를 보이는 펀드 몇 개의 차트만 주시하면 된다. 주말에 몇 분만 투자하면 훌륭한 수익을 얻을 수 있으니 해볼 만하지 않은가.

30주간의 MA를 계산하는 법을 잘 몰라도 걱정할 필요는 없다. 1장에서 소개한 이동평균선(37쪽)에 대한 정의를 다시 읽어보면 쉽게 이해할 수 있을 것이다.

차트 9-2 30주간의 MA 계산하는 법

주	주가	주	주가	30주 합계	30주간의 MA
1	30.0	16	28.0		
2	29.5	17	27.9		
3	28.2	18	28.0		
4	29.5	19	28.1		
5	29.6	20	28.0		
6	29.4	21	27.9		
7	29.2	22	27.8		
8	29.0	23	27.7		
9	28.8	24	27.8		
10	28.9	25	27.9		
11	28.8	26	28.0		
12	28.6	27	27.7		
13	28.5	28	27.6		
14	28.4	29	27.5		
15	28.3	30	27.4	853.0	28.43
		31	27.2	850.2	28.34

그러면 30주간의 MA를 계산하는 법을 알아보자. XYZ 펀드의 지난 30주 주간(금요일) 가격은 다음과 같다(〈차트 9-2〉).

30주간의 MA를 얻기 위해서는 먼저 계산기나 컴퓨터를 이용해 30주간의 자료를 더해 합계(853)를 구한다. 합계란에 이 수를 넣고, 이를 30으로 나누면 MA의 출발 지점(28.43)을 얻게 된다. 그 다음부터는 새로 30주간의 자료를 더하는 지루한 과정을 반복할 필요가 없다. 지난 주 총계인 853에서 31번째 주의 데이터(27.2)를 더하고 가장 오래된 데이터(이 경우는 맨 위 첫 번째 주의 데이터인 30)를 빼면 된다. 그러면 새로운 합계인 850.2가 나온다. 이 숫자를 다시 30으로 나누면 새로운 30주간의 MA인 28.34를 구할 수 있다. 이런 방식으로 MA를 손쉽게 계산해낼 수 있다.

밸류라인 특수 펀드Value Line Special Situation Fund의 주간 차트(〈차트 9-3〉)를 보면 1986년 말 매수 신호가 왔고, 역사적인 붕괴 이전인 1987년 10월 초에 매도 신호가 제때에 나타난 것을 확인할 수 있다. MA선 밑으로 떨어지고 몇 주 뒤 크게 하락한 것은 놀라운 일이 아니다. MA선만 잘 주시하면 이런 하락세를 피하고 미리 MMF로 옮겨가 역사적인 붕괴를 조용히 지켜볼 수 있게 된다.

진도를 더 나가기 전에, 당신이 궁금하게 여길 점을 먼저 다루어보겠다. 아마 당신은 '이런 손쉽고 신나는 뮤추얼 펀드가 있는데 골치 아픈 주식은 왜 하나? 주식은 잊어버리고 펀드만 하면 어떨까?'라고 생각할 것이다. 이에 대한 나의 대답은, "그건 아니다." 펀드보다는 주식의 개별 종목이 훨씬 역동적으로 움직이기 때문에 주식을 완전히 내동댕이치는 것은 실수다.

투자자의 개성과 시간에 따라 뮤추얼 펀드와 주식을 병행하는 것이 좋은데, 증시에 전념하여 한 주에 몇 시간씩 투자하는 사람이라면 펀드보다는 주식에 더 집중해야 한다. 그러나 펀드 바꾸기 게임에도 얼마 정도는 투자하는 것이 좋다. 나는 사람들에게 '주요 투자금은 개별 주식 종목에 공격적으로 투자하고, 노후 자금과 연금 펀드를 위해서는 펀드 바꾸기를 이용하라'고 추천한다. 투자에 신경 쓸 시간을 좀처럼 내기 어려운 사람이라면 확실히 주식보다는 펀드에 집중하는 편이 현명하다.

30주간의 MA를 참고하여 매도와 매수 시점을 잡는 방법은 무척 단순하고, 특히 장기 투자자들에게 유용한 방법이다. 매도와 매수 신호는 자주 오겠지만, 신호 자체는 주요 동향을 충실히 반영하는 중요한 지표가 된다. 트레이더라면 30일간의 MA와 함께 일일 차트를 이용해야 한다. 이렇게 하면 수익을 올릴 수 있는 가능성은 커지지만 세심한 주의와 작업이 뒤따라야 한다. 매도와 매수 신호도 더 자주 찾아낼 수 있고 이중 손해*를 볼 수도 있다. 그러니 투자를 할지 트레이딩을 할지, 본인에게 맞는 방법을 먼저 결정해야 한다.

■ 일일 차트는 변동이 심해서, 내렸다가 오를 경우 기다리지 못하고 중도에 팔아버리면 수익도 줄고 저점 매수도 못해 결국 이중으로 손해를 본다는 의미. 매도·매수 신호를 자주 발견하면 자연 이런 실수를 하게 된다.

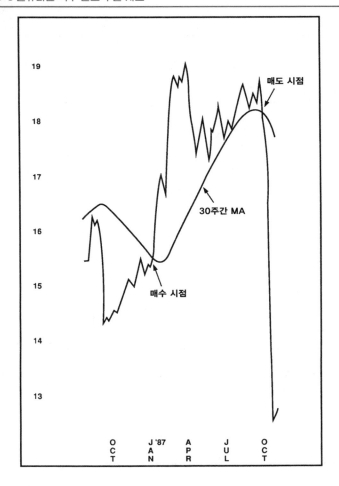

단기 펀드 트레이딩과
MA선

스커더 인터내셔널 펀드Scudder International Fund의 〈차트 9-4〉는 얼마
나 정확하게 트레이딩할 수 있는지 보여준다. 1986년 말(A지점)에서
1987년 5월까지 멋지게 상승한 뒤 일일 가격이 30일간의 MA 아래로

차트 9-4 스커더 인터내셔널 펀드 일일 차트

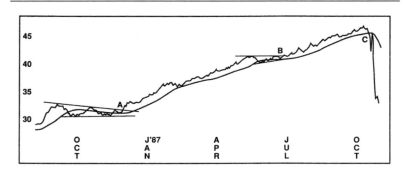

접근했을 때, 펀드는 단기 매도 신호를 보냈다. 매도 신호가 이중 손해로 드러나면서 엄청난 이익이 잠기게 되었으니, 펀드가 다시 돌파하며 6월 말 새로운 고점(B지점)으로 이동할 때 다시 매입했어야 했다. 이 두 번째 상승세는 10월 초(C지점) 정확히 매도 신호가 번쩍일 때까지 신나게 이윤을 불려 나갔다.

일일 펀드 차트를 다룰 때는 이중 손해를 최소화하기 위해 차트 대형과 30일간의 MA에도 각별한 주의를 기울여야 한다. 펀드가 30일간의 MA 아래로 붕괴할 때는 '언제나' 펀드를 처분해야 하지만, 펀드를 살 때는 단기 MA선과 저항선 위로 '상승할 때만' 매입해야 한다. 스커더 펀드의 A지점과 B지점이 바로 그런 때였다.

다음에 고려할 문제는 몇 개 펀드가 동시에 매수 신호를 보낼 때, 수수료를 부과하지 않는 펀드 중 무엇을 매입해야 할지 결정하는 일이다. 다 수익을 낼 것처럼 보이는데 A펀드가 15퍼센트 상승한 반면 B펀드는 같은 기간 30퍼센트 상승했다면, 무엇을 보유할 것인지 분명해진다.

몇 가지 전술만 익힌다면, 좋은 종목을 고르기란 어렵지 않다. 굳이 연금 안내서를 구해 어떤 주식이 좋고, 펀드가 어떤 업종에 투자하는지 찾아낼 필요가 없다. 무엇보다도 이런 방식은 시간이 터무니없이 오래 걸리기 때문이다. 게다가 뮤추얼 펀드 매니저는 포트폴리오를 자주 바꾸기 때문에 당신이 읽고 있는 안내서는 이미 시효가 지난 자료일 가능성이 크다.

훨씬 간단하고 성공 가능성이 큰 방법은 매수 신호가 들어오기 전 60~90일의 RS선을 비교하는 것이다. 먼저 이 기간 중 '저점에서 매수 신호가 켜진 지점까지' 상승 비율을 확인하라. 아직 1단계 기초 지역에 있으면서 수익률이 높은 펀드가 2단계에서도 앞서 나가게 마련이다.

그 다음 살펴봐야 할 것은 돌파 지점이다. 며칠 앞서 돌파한 펀드가 더 나은 RS선을 보여준다. 마지막으로 MA의 움직임을 확인해야 한다. 하락세에 있는 MA 위로 돌파하는 펀드와 MA 위로 급상승하는 펀드 중 MA가 상승하고 있는 두 번째 펀드가 더 낫다.

한 펀드가 위에서 말한 세 가지를 확인한 결과 다 들어맞았다면 망설이지 말고 매입해야 한다. 반면 한두 가지만 해당한다면 확실한 답은 없다. 한두 가지에 해당하는 펀드들은 엇비슷하게 움직일 가능성이 크다.

이같이 확인하는 태도가 위험을 기피하는 보수적인 사람들만의 방식이라고 생각하지 않길 바란다. 수수료가 없는 뮤추얼 펀드를 다룰 때 위의 규칙을 잘 지킨다면, 최소의 위험으로 놀랄 만큼 좋은 성과를 낼 수 있다.

나는 이런 간단한 방법으로 10만 달러를 투자하여 8년 동안 무려 다섯 배 이상인 53만 달러로 불렸다. 이는 매년 복리 이자를 23퍼센트 받은 것과 같은 결과다. 노후 자금을 은행에 예금하여 5.5퍼센트 이자를 받는 것과는 비교할 수도 없다.

판매 수수료가 없는 펀드를 고를 때 실적을 순위별로 알려주는 자료를 참고하면 좋다. 어떤 펀드가 실적이 좋고, 어떤 펀드를 눈여겨봐야 할지 한눈에 알 수 있다.■

뮤추얼 펀드는 전망이 매우 좋지만 몇 가지 까다로운 커브 볼이 나올 때도 있다는 것을 명심해야 한다. 우선 주식과 마찬가지로 이중 손해 가능성이 있다. 알고 있어야 할 또 다른 점은 많은 펀드가 일정 기간 펀드를 변경할 수 있는 횟수를 제한한다는 점이다.■■

그러나 아주 합리적으로 연간 변경 횟수를 허용하거나 무제한 허용하는 펀드도 있다. 그렇다고 터무니없는 방식으로 펀드를 너무 자주 사고팔아 이런 혜택을 남용하지 말아야 할 것이다. 또 어떤 펀드는 일정 횟수를 초과하면 약간의 벌금을 부과하기도 한다. 각 펀드의 안내서를 구해 펀드 규정을 잘 알아보고 시작하는 것이 좋다. 합리적인 변경 횟수를 허용하는 펀드만 고른다.

■ 우리나라에는 사설 펀드 평가기관이 많은데 공식적으로는 '한국자산운용협회'가 있다. 어떤 펀드가 순위표에 나타났는지 알고 싶은 분은 금융기관이나 증권사가 제공하는 자료를 참고하기 바란다.
■■ 우리나라는 주식 채권 혼합형 펀드일 때 주식 편입 비율을 변경할 수 있다. 예를 들어 펀드 가입 때 주식이 30퍼센트, 채권이 70퍼센트였다면 강세 장시일 때 주식 80퍼센트, 채권 20퍼센트로 변경하는 식이다. 그러다 약세 장시가 되면 다시 주식을 30퍼센트, 채권을 70퍼센트로 변경할 수 있다.

차트를 이용한
업종 펀드 공략법

최근 추가 선택이 스위치-펀드 게임에 허용되었다. 보통 뮤추얼 펀드를 매입하면 펀드 매니저가 선호하는 자동차, 화학, 기술 등 업종에 속한 주식들을 주로 소개받는다. 그런데 당신이 직접 분석해본 결과, 어떤 특정 업종이 정말 유망하다면? 아무 상관없다. 이제는 한 업종에만 집중 투자하는 뮤추얼 펀드를 매입할 수 있기 때문이다.[*]

이런 틈새 펀드에 집중 투자하는 것이 업종을 다각화한 펀드에 투자하는 것보다 위험하긴 하지만 일단 수익이 났을 때 받는 보상은 훨씬 크다. 몇몇 뮤추얼 펀드에는 이러한 업종(섹터Sector) 펀드가 있다. 이러한 업종 펀드에는 대개 낮은 판매 수수료를 부과하지만 적당히 잘

---

[*]   우리나라에서도 2006년부터 다양한 업종 펀드가 나오고 있다

이용한다면 엄청난 결과를 내므로 수수료를 무서워할 이유가 없다.

선택폭이 넓은 업종 펀드를 골라라

업종 펀드를 제공하는 펀드를 고를 때 몇 가지 따져볼 점이 있다. 우선 특정 업종에 선택 폭이 큰 펀드를 골라야 한다. 이 펀드를 매입할 때, 초기 수수료가 몇 퍼센트 있지만(펀드 오브 펀드""에서 돈을 출금하는 경우에는 깎아준다) 한 번만 내면 된다. 가령 어느 업종 펀드에 돈을 입금해두고 금에서 첨단 기술 분야로 바꾸는 경우(또는 이 시장이 마음에 들지 않아 MMF로 바꿀 때도) 수수료를 내지 않아도 된다. 다만 업종 펀드를 현금으로 바꿀 때는 약간의 거래 비용을 내야 한다. 투자 금액이 엄청난 액수일 때 이는 아주 적은 액수다.

또한 시간별로 펀드 가격을 매겨주는 펀드를 고르는 것이 좋다. 이런 경우에는 마감 시간(대개는 아침보다 훨씬 높아져 있을 경우가 많다)까지 기다릴 필요 없이 하루 중 괜찮은 움직임이 보이면 즉시 살 수 있다. 이렇게 하면 펀드를 트레이딩할 때뿐만 아니라 노후 자금이나 연금 펀드를 운용할 때도 아주 좋다. 특히 개별 주식 종목을 확인할 시간이 없을 때는 아주 유용하다.

■   뮤추얼 펀드는 1년치 수수료를 미리 내는 선수수료 공제 방식이 많아서 무조건 1년을 기다리는 경우가 많다. 업종(섹터) 펀드도 마찬가지다. 그러나 펀드를 바꾸어야 할 때라고 판단되면 수수료는 무시하고 바꿔야 한다.
■■ 'Fund of Fund'. 큰 펀드 밑에 있는 하위 펀드를 말한다.

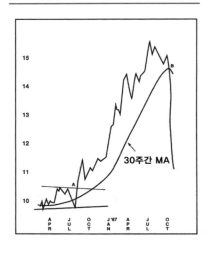

차트 9-5 피델리티 펀드의 에너지 업종

만일 1986~1987년 에너지 업종 펀드에 투자했다면, 보상은 정말 대단했을 것이다. 피델리티 펀드Fidelity Fund의 에너지 업종은 30주간의 MA 위로 처음 상승한 1986년 중반, 〈차트 9-5〉의 A지점에서 강력한 매수 신호를 보냈다. 2단계 상승세를 시작하면서 10달러 40센트의 저항선 위로 돌파할 때였다. 향후 14개월 동안 2단계 상승세를 지속했고, 마침내 붕괴 직전인 1987년 10월 초 정확히 매도 신호를 보냈다.

이 피델리티 펀드는 35가지 다른 업종 펀드를 제공하는 것 외에 공매도할 수 있는 여덟 가지 업종 펀드(이 펀드 수는 더욱 늘어날 것이다)도 내놓았다. 이 35가지 업종을 잘 추적하면 투자할 만한 주식 종목을 찾아내는 데도 도움이 된다.

옵션,
신나지만 위험한 게임

다음에 탐구할 투자 수단은 옵션이다. 옵션은 "아마추어와 심장이 약한 분은 금지"다. 옵션은 전문가나 위험을 즐기는 선수들을 위한 것이다.* 최상의 조건에서도 옵션은 위험하다. 물론 잘만 하면 보상은 엄청나다.

나는 옵션의 위험도를 공공사업주 수준으로 낮추는 법을 가르쳐줄 수는 없지만, 최소한 훨씬 덜 위험한 수준으로 만들 몇 가지 방법은 가르쳐줄 수 있다. 더 중요한 것은, 이 방법을 이해하면 다른 투자에서도 승률을 높일 수 있다는 점이다.

먼저 옵션에 익숙하지 않은 분들을 위해, 콜옵션과 풋옵션에 대해

■ 기계식 지정가 주문을 할 줄 모르면 애당초 하지 않는 편이 낫다.

간단히 알아보자. 콜옵션을 보유하고 있다는 것은 특별히 정한 기간(만기일)까지 지정 가격(권리행사 가격)으로 주식을 매입할 수 있는 권리를 갖는다는 것이다. 옵션을 사기 위해 지급하는 가격을 프리미엄이라고 한다.

콜옵션을 매입하면 그 대상 주식이 빨리 상승하기를 바라야 한다. 좋은 것을 골랐는데도 만기일까지 상승하지 않는다면, 운이 없는 것이다.

90일 만기 콜옵션을 매입했는데 91일째 또는 92일째 급등했다면 이 역시 운수가 나쁜 것으로 아무 혜택도 받을 수 없다. 3개월, 6개월, 9개월 만기 콜옵션 중 계약 기간이 긴 것이 가장 비싸다. 장기 옵션은 유동성도 크지 않다. 그래서 3개월짜리 옵션이 주로 거래된다. 옵션 거래자들은 아무래도 단기를 선호한다.

XYZ 주식을 권리행사 가격 25달러에 3개월 콜옵션으로 매입했는데, 해당 주식이 26달러로 거래된다면 내재가치는 1달러다(주식의 현재 가격에서 권리행사 가격을 차감한 것이 내재가치다. 즉 26-25=1). 썩 마음에 드는 계산법은 아니지만, 이것이 시장의 현실이다. 어쨌든 26에 주식을 매도하고 동시에 25에 매입할 권리를 행사할 수 있게 된다.

그런데 실제 시장에서 옵션은 내재가치보다 조금 웃도는 가격으로 팔린다.▪ 위의 경우(현재 주가가 26달러이고 권리행사 가격이 25달러) 콜옵

▪ 만기일이 가깝고 거래 가격이 권리행사 가격보다 한층 올라 있을 때는 원하는 사람이 거의 없기 때문에 그때는 내재가치와 비슷한 가격으로 팔린다.

션은 내재가치인 1달러보다 웃도는 $1\frac{3}{8}$달러로 매도한다. $\frac{3}{8}$달러는 시간가치다. 시간가치는 시장이 콜옵션을 평가할 때 추가로 부가하는 가치다(풋옵션도 마찬가지다).

콜옵션 만기일이 오기 몇 주 전에 거래 가격이 35까지 상승한다면, 콜옵션 가격은 10배 가까이 오를 것이다. 만기일까지 시간이 많이 남아 있다면, 아마 더 높은 가격으로 매도할 수 있을 것이다. 주가가 힘차게 40퍼센트 상승할 때 옵션은 400퍼센트보다 더 많은 수익을 올리는 셈이다. 옵션을 사는 사람들은 이 맛에 계속 옵션에 매달리게 된다. 비록 대부분은 오래 하다 보면 결국 잃게 되지만.

풋옵션은 콜옵션과 정반대다. 어찌 보면 공매도와 비슷하다. 풋옵션은 주식이 하락하리라 예상하고 특정 기간에 특정 가격으로 XYZ 주식을 매도할 권리를 갖는 것이다. 풋옵션 권리행사 가격이 50이고 주식이 현재 49에 거래되고 있다면, 내재가치는 1이다. 현재 가격인 49에 주식을 사들여 곧바로 50에 풋옵션을 행사하기 때문이다. 몇 주뒤 XYZ 주식이 40으로 떨어진다면, 풋옵션의 시장가치는 적어도 10으로 떨어져 내재가치도 10이 된다. 주가의 하락세가 20퍼센트니까 주식을 공매도할 때 단기간 거둘 이익도 그만큼 된다. 그러나 풋옵션의 이익은 400퍼센트를 초과한다. 왜냐하면 주식의 내재가치가 $1\frac{3}{8}$에서 10으로 상승했기 때문이다.

프리미엄을 많이 지급하면 부담스럽다

콜옵션과 풋옵션을 매입할 때의 장점은 분명하다. 제대로 골랐다면 홈런을 치게 된다. 또 다른 장점은 위험 수준을 자신이 미리 정할 수 있다는 것이다. 풋옵션 하나는 100주에 대한 옵션을 의미한다. 풋옵션 하나 가격이 200달러인데 2달러에 매도할 풋옵션 10개를 샀다면, 어떤 거래에서 2,000달러 이상 잃지 않게 된다(똑같은 계산이 콜옵션에도 적용된다). 마지막 장점은, 적은 돈으로도 엄청난 이익을 낼 수 있다는 것이다.

그런데 동전에 양면이 있듯 이 옵션이라는 동전에도 부정적인 측면이 있다. 50달러의 지정 가격(권리행사 가격)으로 2달러짜리 풋옵션을 매입했는데 만기 시점에 주가가 51달러가 되었다면 이 옵션은 아무 가치가 없다. 투자액 2,000달러를 고스란히 잃게 된다. 이와 마찬가지로 2,000달러를 투자해서 25달러의 지정 가격으로 10개의 콜옵션을 매입했는데, 만기에 주가가 1달러라도 내려가면 투자액을 전부 잃게 된다. 권리행사 가격이 25이므로 아무런 가치가 없기 때문이다.

또 다른 위험은, 너무 높은 프리미엄을 지급했을 때다. 비록 주식 흐름을 잘 짚어서 제대로 골랐다고 해도 프리미엄을 많이 지급했을 경우, 돈을 잃을 수도 있다. 주가가 이익을 낼 만큼 충분히 올라가거나 내려가지 않을 수 있기 때문이다. 예를 들어 거래 가격이 $50\frac{1}{2}$일 때, 50달러의 권리행사 가격으로 풋옵션을 매입했다고 하자. 이때 지급한 프리미엄이 6달러였다고 하면, 손해를 보지 않기 위해서는 주가가 적어도 $44\frac{1}{2}$로 떨어져야 한다. 프리미엄을 많이 내면 그만큼 부담을 안게 되는 것이다.

또 다른 위험은 이 시장이 매우 민감하다는 점이다. 그래서 콜옵션이나 풋옵션을 매입할 때는 시장 주문보다는 제한 주문▪을 이용해야 한다는 점을 명심해야 한다. 그렇게 하지 않으면, 시장을 끌어가는 이들(시장 주도 세력은 때에 따라 다르다)이 당신의 손실로 한바탕 파티를 벌이고, 당신은 이 분야에서 돈을 벌기가 더욱 어려워질 것이다.

콜옵션과 풋옵션은 분명히 아무나 할 수 있는 것이 아니다. 장기적으로 안정적인 투자를 바라는 사람은 옵션을 생각조차 하지 않는 것이 현명하다. 그러나 보수적인 투자자들을 위한 방어책이 없는 것은 아니다. 이익을 낼 기회는 좀 줄지만 위험은 훨씬 덜 수 있는 방법이 있다. 이러한 전략은 시장을 낙관적으로 봐야 할지 비관적으로 봐야 할지 판단하기 힘들 때 사용하면 좋다. 이럴 때 나는 이 전략을 임시변통 수단으로 삼아 보통 수준의 이익을 내고 손을 뗀다.

4단계 주식을 끌어안고 있다가 손실을 최소화하기 위해 콜옵션을 매도하는 방법을 쓰는 사람이 많은데, 나는 이런 식으로 옵션을 사용하는 데는 절대로 동의할 수 없다. 또한 큰 상승세로 수익을 낼 기회가 있는데도 2단계 주식이 몇 달러 더 올라가는 것에 대비하여 콜옵

▪ 시장 주문은 주가가 오를 때 가격을 불문하고 무조건 사는 것을 말하며, 제한 주문은 주가가 올라가도 어느 가격까지만 제한적으로 사는 것을 일컫는다.

션을 매도하는 것에도 반대한다. 이미 추세가 꺾인 것에 미련을 두지 말고, 이미 오르기 시작한 것은 갈 때까지 가볼 필요가 있다. 그래서 나는 그런 변칙적인 방법보다는 사태가 낙관적이라고 판단되면 주식과 콜옵션을 매입하고, 비관적으로 보이면 주식을 공매도하고 풋옵션을 매입해야 한다고 보는 쪽이다.

설사 자신이 진짜로 공격적인 성향의 투자자라 하더라도 옵션을 주된 투자 활동으로 삼는 것은 바람직하지 않다. 균형은 인생에서뿐 아니라 증시에서도 성공의 열쇠가 된다. 변동이 심한 옵션이 편하게 느껴진다면 자산 중 아주 일부만 여기에 할당하도록 한다. 아주 적은 액수라 하더라도 라스베이거스의 카지노에서보다 더 흥미진진하게 게임을 할 수 있을 것이다. 내가 소개하는 규칙을 이용하여 옵션 거래를 하면 카지노에서 게임할 때보다 승률이 높아진다. 그것이 카지노와 내 방법의 중요한 차이다.

자, 이제 승률을 올리는 적절한 방법을 소개하겠다.

주식이 2단계에 머물거나 2단계로 이동해갈 때에만 콜옵션을 매입한다. 또한 풋옵션은 주식이 4단계에 있거나 하락세로 막 진입할 때만 사들인다.

1987년 IBM 〈차트 9-6〉을 보자. IBM이 A지점 아래로 붕괴되면서 기술 분석적으로 보아 도저히 상승세로 올라설 것 같지 않은 패턴을 보이고 있다. 그런데도 붕괴 이후 날마다 콜옵션이 대량으로 팔려 나갔다. 대부분이 아무런 이익을 내지 못한 채 만료되고, 옵션 투기자들이 궁지에 빠져버렸음은 당연하다.

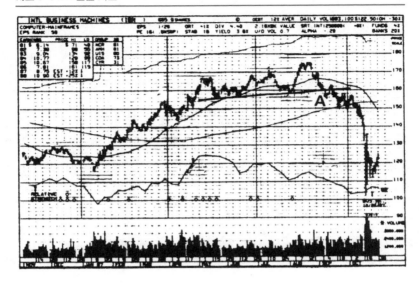

잠재력이 큰 옵션만 매입한다. 주식을 매입할 때보다 옵션을 선택할 때 더 실수를 많이 하는 것은 어쩔 수 없는 일이다. 그렇다고 해서 옵션에서 돈 벌 가능성이 전혀 없다는 뜻은 아니다. 사실 내 방법을 철저하게 따른다면, 주식에서보다 더 많은 수익을 거둘 수 있다. 그러나 그러려면 엄청난 잠재력을 지닌 A+ 상황의 콜옵션이나 풋옵션만을 매입하겠다고 스스로 굳게 약속해야 한다. 이러한 규칙을 엄격하게 따른다면, 비록 선택에서 실수하는 경우가 반 이상이 되어도 작은 밑천쯤은 쌓을 수 있다. 그러나 이는 오직 손실을 최소화하고 콜옵션이 홈런인 경우에 한해 일어날 수 있는 일이다. 많은 옵션 투자자가 그렇듯 손이 근질거려 판판이 도박을 거는 덫에 빠지면 안 된다. 엄격하게 선택해야 한다. 오직 최고 상태에서만 움직여라.

만기일까지 시간이 충분해야 한다. 앞서 말했듯이 옵션시장에서 실수하지 않고 성공할 옵션을 집어내기란 어렵다. 더구나 제한된 시간 안에 제대로 해내기는 더욱 힘들다. 며칠 안에 조정하는 것은 거의 불가능하다. 그러므로 만기일까지 여유가 있는 옵션만을 매입해야 한다. 이상적으로는 3개월이지만, 45~50일 이하인 것은 피하도록 한다. 옵션 투자자는 가격이 싸기 때문에(기한이 별로 안 남으면 시간가치 프리미엄이 떨어진다) 만기일까지 한 달도 채 안 남은 옵션을 곧잘 선택한다. 싼 것을 찾지 마라.

아무것도 주지 않고 무엇을 얻을 수는 없다. 옵션은 소모성 자산이다. 그래서 만기일이 다가올수록 점점 더 가치가 떨어진다. 그러니 아주 싼 가격이라고 해서 반길 일이 아니다. 만기일이 충분히 남지 않은 옵션을 매입하면 나중에 후회하기 십상이다.

권리행사 가격에 근접하되 가능하면 내재가치가 플러스인 옵션을 매입한다. 이렇게 하기란 사실 쉽지 않다. 우리는 되도록 현금을 적게 지급하려고 한다. 그래야 잘못되어도 손실이 적기 때문이다. 그래서 옵션을 많이 매입한다. 지정 가격이 50달러인 콜옵션을 매입했는데 현재 45달러에 거래되고 있다면 이 콜옵션은 아무런 가치가 없다. 오히려 5달러 손해다. 거래 가격이 45 아래로 떨어진 상태에서 만기가 되면 이 옵션 매입에 지급한 금액을 모두 잃게 된다.

그러나 옵션 가격이 아주 싸므로 많은 투기꾼은 이렇게 한참 손해를 보고 있는 콜옵션 또는 풋옵션을 매입한다. 어쩌다 하나가 대박을 터뜨리리라는 기대를 갖고 그렇게 한다. 위의 경우, 거래 가격이 만기일 이전에 55까지 올라가면 50센트의 콜옵션 가격이 1,000퍼센트 상승하여 적어도 5달러까지 올라간다. 투자액 1만 달러가 순식간에 10만 달러로 불어나는 것이다. 이런 성공이 일어나니 유혹을 물리치기 힘들다. 그러나 이런 식으로 해나가면 라스베이거스 카지노에서 더블 제로*에 돈을 거는 것보다 더 가능성이 없다. 당신은 큰 도박을 하기보다 계속 좋은 게임을 펼치기 바란다.

한편, 옵션 시장의 다른 한쪽에서는 너무 안전하게 가려고 이익을 내는 데 한참 걸리는 옵션만 매입하는 사람들이 있다. 주식이 현재 50에 거래되고 있고, 권리행사 가격이 40인 콜옵션을 10달러의 프리미엄을 지급하고 매입한다면, 지나치게 큰돈을 투자한 꼴이 되어 상승세의 혜택을 제대로 누리지 못하게 된다. 게다가 보상/위험 비율도 그리 좋은 편이 못 된다. 주가가 50에서 60으로 상승하면, 콜옵션 가격은 수학적으로는 10달러에서 20달러가 되어야 한다. 그러나 거래 가격이 하락해 만기일까지 주가가 40 아래로 떨어진 주식을 갖고 있다면 결국 옵션당 10달러 손해를 보게 된다. 위 사례에서 보상/위험 비율은 1대 1인데, 도저히 받아들일 수 없는 비율이다.

▪ 홀짝! 모 아니면 도

그렇다면 해결책은 무엇일까? 바람직한 타협점은 내재가치가 조금 남아 있어 이익을 약간 내고 있는 옵션을 매입하는 것이다. 예를 들면 거래 가격이 50¾이고 권리행사 가격이 50달러인 콜옵션은 프리미엄이 터무니없이 높지 않은 한 괜찮다(프리미엄이 터무니없이 높으면 그 옵션은 포기하거나, 인기가 식어 콜옵션 가격이 조금 떨어지기를 기다린다).

　이 옵션에 2달러를 지급하고 주가가 60까지 상승했다면, 옵션 가격이 적어도 10달러 올랐기 때문에, 투자액에 대해 400퍼센트 수익을 낼 것이다. 만일 옵션이 아무런 가치가 없게 되면, 2달러를 잃게 된다. 4대 1의 보상/위험 비율인데, 앞의 1대 1 비율보다 훨씬 신나는 것이다.

　게임을 필요 이상으로 힘들게 끌고가서는 안 된다. 모든 조건이 같다면 약간 이익을 내고 있는 옵션을 선택하는 것이 좋다. 손실을 보고 있는 옵션이라면, 지정 가격에 근접한 것으로 골라야한다. 또한 옵션 만기일까지는 두세 달 남아 있어야 한다는 것도 명심해야 한다.

　옵션을 보호하는 가격 지정 주문을 이용한다. 콜옵션을 매입할 때, 투자에서 매도가 지정 주문을 내는 방식으로 매도가 역지정 주문을 내지 않는 것이 좋다.￭ 그 대신 트레이딩 가격 지정 주문을 낼 때 당신에

￭ 흩매도가격 역지정 주문은 살 때 잘못 판단해서 가격이 오르지 않고 떨어질 것에 대비해 어느 수준에서 자동으로 팔아달라는 주문 방식. 예를 들어 현재 5,000원에 주식을 샀는데 가격이 오르지 않고 떨어질 수 있으므로 4,500원이 되면 자동적으로 되팔아버리는 것. 그런데 옵션은 가변성이 크고 만기가 3개월마다 돌아오므로 서두르지 말고 믿고 기다리는 것이 바람직하다.

게 가르쳐준 규칙을 사용하고, 가능하면 좀 더 공격적으로 임하는 것이 좋다. 실제로 옵션에 가격 지정 주문을 낼 필요는 없다. 옵션 거래량이 너무 작기 때문이다. 그 대신 거래 가격을 기준으로 '마음속으로만' 가격 지정 주문 수준을 정해놓는다(관찰하고 마음속으로 결정하되, 물리적으로 중개인에게 주문을 내는 것은 아니다). 그러다가 거래 가격이 썩 시원찮게 움직이면 즉시 중개인에게 전화를 걸어 옵션을 처분하도록 지시하면 된다.

디지털 이큅먼트Digital Equipment의 일일 〈차트 9-7〉을 보면 옵션거래가 얼마나 공격적인지 알 수 있다. 옵션 만기일은 언제나 가까워지기 때문에, 약세 신호가 오면 옵션을 처분해 환매하거나 손실을 제한해야 한다. 적절히 잘만 운용하면 옵션에 투자한 돈을 잃을 일은 거의 없다. 오히려 일반 투기꾼이 자주 실수를 저지르곤 한다. 예를 들어 투기꾼이 3달러에 콜옵션을 매입했는데 거래 가격, 즉 주가가 엉망이라고 치자. 아직 옵션 만기일이 많이 남았다면, 옵션 가격은 아마 아직 2달러일 것이다. 이때 손실을 최소화하고 새로운 대상을 찾아야 하는데, 운 나쁜 트레이더는 60~90일이면 충분히 일을 해결할 수 있다고 생각한다. 문제를 해결하지 못한다면 그는 다 잃게 된다.

주가가 잠깐이라도 약세 신호를 보이기 시작하면, 즉시 옵션을 처리해야 한다. 디지털 이큅먼트의 경우, A지점에서 하락세 위로 돌파할 때, 주식을 매입해야 했다. 그리고 가격 지정 주문 수준은 풀백한 B지점에서 정하고, 그 지정가를 C, D, E 등으로 상승시켜야 했다. 몇

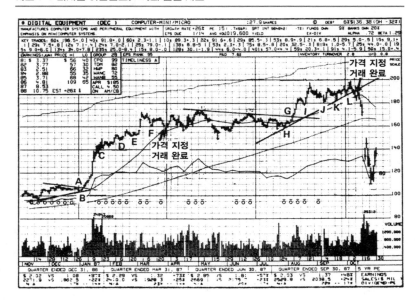

주 뒤 주식은 160인 F지점에서 붕괴했다. 만일 주가가 108 위로 상승할 때, 권리행사 가격이 105인 주식의 콜옵션을 4월 만기로 매입했다면 아마 프리미엄을 9달러 정도 지급했을 것이다. 정신적인 가격 지정 주문을 3월로 정해놓았다면, 콜옵션은 55(160~105)달러의 가치를 갖게 되므로 엄청난 수익을 챙기고 옵션을 처리할 때가 된 것이다.

두 번째 기회는 8월 초에 있었다. 이때 주가는 169 위로 올라서면서(G지점) 주요 추세선 위로 상승했다. 그러므로 권리행사 가격이 165인 주식의 10월 만기 콜옵션을 프리미엄 9달러를 지급하고 매입했어야 한다. 10월 초 190에서 상승하는 추세선 아래로 내려왔을 때 콜옵션 가격이 1달러의 시간가치가 붙어 26 정도 되었기 때문에, 큰 이익

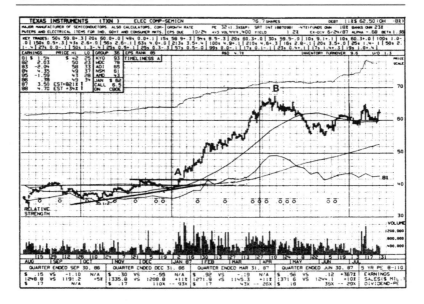

을 남기고 콜옵션을 처리할 수 있다. 이때 처분하지 않았다면 이 옵션
은 곧 휴지 조각이 되고 말았을 것이다.

전 자산을 올인하지 말고 까다롭게 골라라

이러한 투기적 수단이 얼마나 이익을 남길 수 있는지 보기 위해 내가
〈테이프 읽기 전문가〉에서 추천한 몇 가지 옵션의 진행 상황을 살펴
보자.

1987년 1월 초, 나는 구독자들에게 텍사스 인스트루먼트Texas Instrum

ents(〈차트 9-8〉)[■]의 주가가 125에서 주요 저항선 위로 상승하면 콜옵션을 매입하라고 추천했다.

내 충고를 들은 구독자들은 텍사스 인스트루먼트의 주가가 $125\frac{1}{2}$ 위로 상승할 때, 권리행사 가격이 125인 주식의 콜옵션을 7달러의 프리미엄을 지급하고 4월 만기로 매입할 수 있었다. 4월 초 주가가 고점인 203(B지점)에 이르렀을 때, 콜옵션의 내재가치는 78(203-125)달러였다. 드디어 옵션의 힘이 발휘되는 순간이었다. 주가가 60퍼센트 이상 엄청난 수익률을 보이고 있을 때, 콜옵션은 무려 1,000퍼센트 이상 수익을 냈다.

차트 9-9 제록스(XRX)

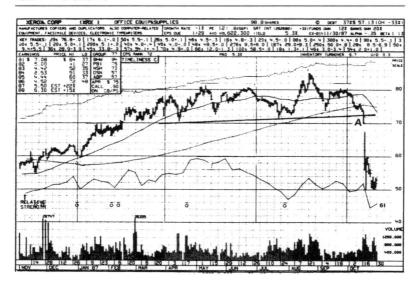

■ 이 차트의 수치는 본문 내용에 나오는 가격의 3분의 1로 기록된 것이다. -지은이 주

똑같은 일이 풋옵션에도 등장했다. 1987년 10월, 나는 제록스^{Xerox}(〈차트 9-9〉)의 주가가 A지점에서 최정상을 이루었을 때, 풋옵션을 매입하라고 추천했다. 이때 아마 권리행사 가격이 75인 주식의 4월 만기 풋옵션을 $4\frac{5}{8}$달러에 매입할 수 있었을 것이다. 주가는 몇 번 급격히 하락하며 50으로 떨어졌다. 공매도를 했다면 금방 30퍼센트 수익을 냈을 것이다. 그러나 1월의 75 풋옵션의 실적은, 옵션 가격이 $4\frac{5}{8}$에서 $27\frac{3}{8}$로 솟구치면서 500퍼센트 이상 수익률을 보였다.

당신이 공격적인 트레이더이고 위험한 게임을 좋아한다면, 옵션이야말로 트레이딩을 해야 할 분야다. 다만 매우 선별적으로 해야 한다. 가장 투기적인 투기꾼도 전 금융 자산을 옵션에 투자하지는 않는다.

옵션거래는 아주 매력적이다. 가끔 들어맞는 대박은 트레이더를 옵션광으로 만들어버린다. 그러나 이 투기의 정글에서 살아남아 번성하고 싶다면 이 장에서 내가 가르쳐준 규칙을 잊지 말아야 할 것이다.

기술적 분석으로 도전하는
선물 운용법

당신은 이제 시장이 새로운 흐름을 타려고 할 때, 그 시작점을 찾아내
는 능력을 갖게 되었을 것이다. 이 능력도 다른 능력을 발달시키는 것
과 다르지 않다. 이 일에 노력을 기울이면 기울일수록 점점 더 유능해
진다. 차트 읽기를 잘하면 주식 투자에만 유익한 것이 아니라는 점을
기억하기 바란다. 차트 읽기는 옵션뿐만 아니라 뮤추얼 펀드에도 아
주 유용하다는 것을 배웠다. 이제 차트 읽기를 적용할 마지막 분야는
선물 거래다.

방법상 약간만 변경하면(주기가 더 짧은 이동평균MA이 필요하다) 오렌
지주스가 되었건 주가지수 선물이 되었건 간에 선물계약도 놀랄 정
도로 잘 해낼 수 있다. 선물시장에 나서려고 한다면, 선물 차트를 제
공해주는 업체에 우선 회원으로 가입하기 바란다.

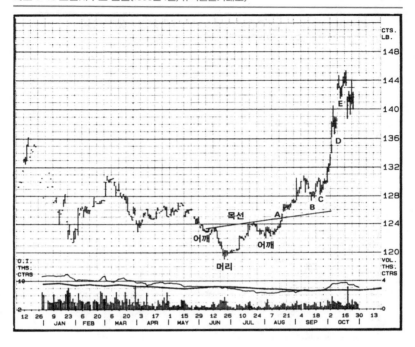

오렌지주스 선물 차트 〈차트 9-10〉을 한번 보자. 1988년 1월 말 뉴욕선물거래소 자료에 따르면 1987년 6~8월 헤드앤숄더 바닥형이 형성되었음을 확인할 수 있다. 똑같은 대형이 개별 주식 종목에서뿐 아니라 선물 차트에도 발생했다. 단 선물 차트의 진행은 훨씬 빠르다. 이는 마치 33⅓회전 음반을 듣다가 78회전 음반을 듣는 것과 같다. 만일 선물에 발을 내밀려고 한다면, 단기적인 감각을 민감하게 발달시켜야 한다. 이는 주말에만 가격을 확인하는 분야가 아니다. 매일 확인하는 것이 필수다.

선물 가격이 역삼봉 대형의 목선 위로 상승할 때, 오렌지주스 선물

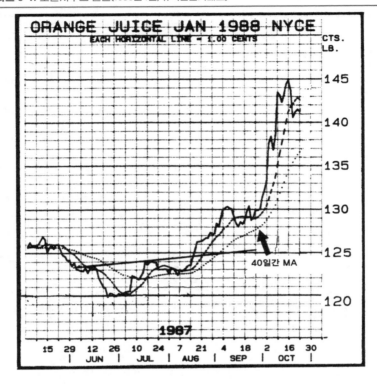

을 매입했다면(A지점) 아주 잘한 것이다. 트레이더가 하는 식으로 운
용한다면 오른쪽 어깨 바로 아래 지점을 가격 지정 주문으로 정한 후
에 그 지정 가격을 B, C, D를 거쳐 E 지점으로 끌어올려야한다. 이 계
약이 E지점에서 지정가 아래로 붕괴할 때, 당신은 엄청난 수익을 챙
기고 지정가로 이 계약을 처분하면 된다.

투자가로서 선물을 운용하고 싶다면, 40일간의 MA(〈차트 9-11〉의
점선) 위에 머무는 한, 계약을 유지하면 된다. 놀라운 일은 오렌지주

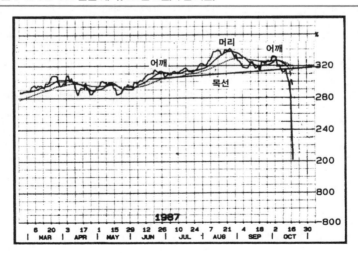

스, 금, 콩, 기타 농산물과 광물에 대해 아무런 기초 정보를 알지 못해도, 농무부에서 발행한 멋진 보고서를 읽는 데 많은 시간을 보내는 사람들보다 당신이 훨씬 더 정확하게 전망할 수 있다는 것이다.

위험하긴 하지만 흥미진진한 또 다른 수단은 주가지수 선물 계약이다. 현재 몇 가지 다른 계약이 거래되고 있는데, 각각 서로 다른 주식들의 묶음을 기본으로 한다. 가장 잘 알려지고 가장 많이 거래되는 선물 계약은 스탠다드앤푸어즈 500$^{S\&P\ 500}$으로, 기관투자가가 운용하기 좋아하는 종목이다.

많은 투자자와 분석가는 모두 1987년 10월의 역사적인 증시 붕괴가 갑자기 청천벽력처럼 나타났다고 하지만, 〈차트 9-12〉를 보면 절대로 그렇지 않다는 것을 알 수 있다. 6월과 10월 초 사이 명백히 삼봉형 최정상 패턴이 형성되었고, 일단 목선이 침범당하자 폭탄이 투하되었다. 주간 기준으로 작성된 S&P 500 선물 계약 〈차트 9-13〉을 보면, 아주 분명히 보인다. 기술적으로 분석한 사람이라면 이런 끔직한 폭락 상황에서 매입 유혹에 빠지는 일은 없을 것이다.

선물 계약이 전문가과 예민한 트레이더에게도 위험한 게임이라는 것을 애써 강조하지는 않겠다. 위험한 만큼 이익도 믿을 수 없을 정도로 크다. 목선이 침범당했을 때, 공매도한 계약은(당시 계약당 위탁증거금의 계약금은 7,500달러였다) 붕괴하고 며칠 만에 무려 6만6,000달러가 넘는 이익을 창출했다.

당신이 배울 점은 다음과 같다. IBM, 뮤추얼 펀드, 금 또는 콩 등 어떤 종목이든, 이제부터는 앞으로의 가격을 전망할 때 신문 경제란을 읽지 말고, 차트를 보고 꼼꼼하게 철저히 공부하라는 것이다.

STAN WEINSTEIN'S

10장

기술적 분석보다
계획과 원칙을 앞세워라

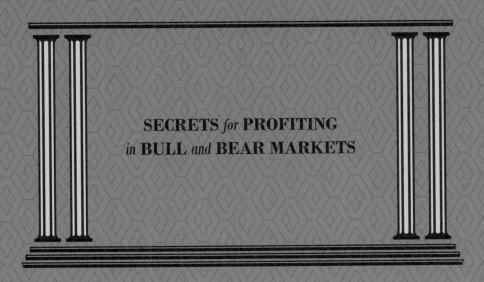

SECRETS *for* PROFITING
in BULL *and* BEAR MARKETS

투자 원칙을 세웠다면
예외 없이 실행한다

1장부터 지금까지의 내용을 철저히 공부해온 사람이라면 "천릿길도 한 걸음부터"라는 속담의 깊은 뜻을 이해했을 것이다. 당신이 2장을 시작했을 때는 단계 〈차트 10-1〉이 아마도 로색 테스트*처럼 보였을 것이다. 그러나 책에 소개한 차트들을 훑어보면서 기술 분석적인 연구를 나와 함께 해왔다면, 벽돌이 하나하나 쌓이듯이 이제는 기술적인 분석 용어를 썩 잘 이해하고 있을 것이다.

아무리 그럴듯한 이야기가 들려도 다시는 4단계에 있는 주식을 절대로 매입하지 않을 것을 자신에게 약속하라. 또한 어떤 소문이 있더

■   잉크가 번진 듯한 뭉개진 형태를 보고 떠오르는 이미지를 말함으로써 성격과 인성을 검사하는 방법.

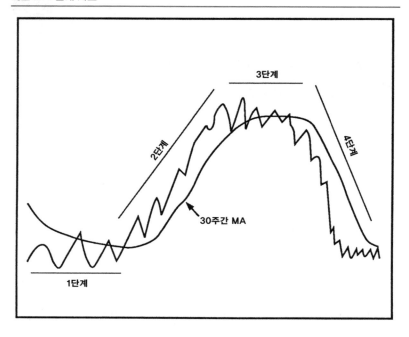

라도 하락세인 4단계 주식을 보유하지 않을 것도 맹세하라. 또한 눈이 휘둥그레질 정도로 멋진 수익 보고서를 보아도 마음을 바꾸지 않을 것을 서약하라. 매입과 매도 결정은 오로지 차트 패턴에 따라 결정해야지, 언론 보도에 따라 결정해서는 안 된다. 이제는 어느 기업의 수익이 떨어져도 주가가 상승할 수 있다는 사실과, 수익이 올라가고 있어도 주가는 붕괴할 수 있다는 것에 더 이상 놀라지 않을 것이다.

이제 당신은 게임을 하는 데 계획을 세울 수 있게 되었다. 계획의 중요성을 무시하지 않기 바란다. 내가 소개한 규칙을 지키며 나의 전술을 따른다면, 다른 투자자들처럼 곤궁에 빠지는 일은 결코 없을 것이다. 가끔 이중 손해가 발생하기는 하지만, 투자한 금액을 날려 금융 자산을 빼앗기지 않을까 걱정할 필요는 없다.

다양화를 꾀하고(개별 종목과 업종 모두 다양하게 꾸밀 것), 자기 고집을 부리는 대신 기계식 주문을 현명하게 이용하여 자산을 보호하면, 투자액을 조금 잃더라도 재정난에 빠지지 않고 그저 골치 아픈 정도로 끝날 것이다. 중요한 것은, 수익을 낼 때는 단타가 아니라 홈런을 쳐서 매우 만족스러운 결과를 거둘 수 있다는 점이다.

계획을 세워 투자하면 좋은 또 다른 점은, 상승세에서 일어나는 혼란에 휩쓸리지 않게 된다는 점이다. 많은 투자자는 자신이 선택한 주식이 상승세에 들어서면 흥분한 나머지 급하게 팔아버려 큰 수익을 놓쳐버린다. 그런가 하면 너무 오랫동안 보유하는 경향도 있어서 주식이 4단계에서 하락할 때까지 버티다가 쌓아놓은 수익을 거의 잃는 경우도 많다. 이런 사태가 당신의 운명이 되어서는 안 된다.

이제는 투자를 하건 트레이딩을 하건, 배운 투자 방식에 따라 충실히 해나가기 바란다. 절대로 예외를 두어서는 안 된다. 이번은 다르니까 달리 해도 된다고 믿지 않기를.

투자 단계 1 | 멋진 결과를 약속하는 세 가지 확인사항

▸ 전체 시장 흐름을 알아보기 위해 시장 지표를 확인하라.

▸ 업종을 조사해 어떤 업종이 유망한지 결정하고, 유망한 업종에 집중하라.

▸ 유망한 업종 중에서, 유리한 대형을 형성하고 있는 개별 주식 종목을 선택하라.

투자 단계 2 | 성공에 이르는 세부 규칙

▸ 투자자는 기초 단계가 다 형성된 2단계 초기에 집중적으로 사들인다.

▸ 트레이더라면 이미 2단계에 들어간 상태에서 매입 패턴이 나타날 때마다 계속 추가로 매입한다.

▸ 매입 주문을 내기 전에, 투자액을 보호하기 위해 어느 수준에서 기계식 매도 주문을 적용할지 정해야 한다. 그 지점이 매입 가격과 차이가 많이 난다면 ▪ 새로운 종목을 찾거나, 안전한 매도 가격 수준이 정해질 때까지 매입을 미룬다.

▸ 1단계나 2단계(특히 2단계)에 있는 주식을 절대로 팔지 않는다.

▸ 3단계나 4단계(특히 4단계)에 있는 주식을 절대로 사지 않는다.

▸ 투자액을 보호해줄 기계식 매도 장치 없이 너무 오랫동안 가지고 있거나 급히 팔아서는 안 된다.

▪ 주문하고 싶은 매수 가격과 시장에 형성되어 있는 가격 간의 차이가 너무 큰 경우, 예를 들어 어제 1만 원이던 주식을 1만5,000원까지 오를 것으로 예상하고 오늘 1만1,000원에 사려고 했는데 주가가 1만2,000원에서 시작해 하루 종일 1만2,000~1만3,000원을 유지하며 거래될 때.

▸ 증시 전체가 하락세일 때 공매도하는 것을 두려워해서는 안 된다. 기계식 주문 방식을 이용하여 투자액을 꼭 보호해야 한다.

▸ 차트를 단계별로 분석하는 법은 수요와 공급이 지배하는 어떤 투자에도 다 적용할 수 있다는 것을 알아야 한다. 주식, 무츄얼 펀드, 옵션, 선물, 농산물과 광물의 투자는 기본적으로 똑같다.

▸ 섣불리 바닥시세를 추정해서는 안 된다. 이 정도면 이미 바닥이라고 생각하여 4단계에 있는 주식을 계속 갖고 있다가는 4단계가 더 진행되어 40~50퍼센트 더 내려가기 쉽다. 그보다는 차라리 늦더라도 2단계 주식을 사는 것이 훨씬 낫다는 점을 꼭 명심해야 한다.

▸ 투자할 때는 100퍼센트 다 쏟아부어야 한다는 생각을 버릴 것. 지표와 차트 모두 100퍼센트 투자해도 좋다는 확실한 신호를 보낼 때는 괜찮지만 조심해야 할 시기도 있다. 어떤 시기에 해당하는지 구별해야 한다.

▸ 2단계 강세에서 사서 4단계 약세에서 팔아야 한다. 달리 말하면 차트가 들려주는 말에 늘 귀를 기울여 차트와 함께 나아가야 한다.

▸ 가격-거래량의 움직임과 수익이 일치하지 않는 경우, 언제나 기술 분석적인 접근법에 따른 객관적인 지표를 최우선으로 삼아야 한다.

나는 당신이 증시에서 수백만 달러를 벌 수 있다고 보장하지 못 한다. 다만 나는 다음과 같은 사항을 장담할 수 있다.

▸ 한 번의 매매로 망하게 하지는 않는다.

▸ 금융 자산을 위험한 투자처에 묶어놓으면 방향을 바꿔서 새로운 추세를 타지

못하게 된다. 이런 파괴적인 상황을 피하도록 도와준다.

▸ 언제나 합리적인 방법으로 결정하여 마음은 평화롭게 하고 승률은 높인다.

▸ 주식을 언제 어디에서 사고팔지 늘 객관적으로 판단한다.

이러한 중요한 조언을 잘 받아들인다면 당신은 증시에서 놀랄 만한 성과를 거둬들일 것이다.

투자 기법을 단련하기 위한
마지막 조언

주식 투자를 다루는 책을 보면 실제로 증시에 나서서 투자하기 전에 우선 서류상으로 시작해보라고 권한다. 나는 반대한다! 운동선수들을 보자. 많은 훌륭한 선수가 예행연습에서는 놀랄 만한 성과를 거두지만, 일단 본 경기가 시작되면 질려버린다.

증시도 이와 다르지 않다. 아무런 압박이 없는 상황에서는 누구나 전문가가 되어 언제 어떻게 해야 하는지 멋지게 읊어댈 수 있다. 그러나 증시 변동으로 스트레스가 극심한 실제 상황에서 미리 세워둔 투자 운영 계획에 집중하는 것은 서류상의 연습과는 천지 차이다. 그러므로 서류상으로 연습하는 대신, 우선 적은 돈으로 직접 투자해가며 기술을 연마하는 편이 훨씬 낫다.

내가 처음 증시에 발을 들여놓았을 때 사용한 전술은 일기를 쓰는 것이었다. 당신도 일기를 써보기 바란다. 일기에는 실패한 거래만 기록한다. 수익을 거둬 성공한 사례는 신경 쓰지 않아도 된다. 두둑해진 지갑을 보며 자신의 자존심을 높이는 것은 기분 좋은 일이지만 교훈은 얻을 수 없다. 그러나 실패는 실패 요인을 제대로만 분석한다면 훌륭한 선생님이 된다. 그때 실패는 더 큰 성공으로 이끌어준다.

실패한 주식을 언제 매입했는지 날짜를 적고, 매입 동기, 그리고 왜 성공하지 못했는지 정직하게 이유를 적어라. 그 원인이 단순히 이중 손해였다면, 그렇다고 적어라. 그러나 나중에 조사를 통해 거래량이 부족했다거나 또는 RS가 부족했다거나, 아니면 업종이 마이너스였거나 소문에 영향을 받았다는 것을 깨닫게 된다면 그 내용을 적어둔다.

그런 다음 몇 달 뒤 손해를 낸 사례들을 살펴 공통점을 찾아보라. 우리는 모두 나름대로 고유한 심리 패턴을 갖고 있다. 자신이 갖고 있는 특별한 파괴적인 패턴이 무엇인지 알아냈을 때, 즉 자신이 어떤 점에서 약한지 알아냈을 때 스스로 훈련하고 그에 대처하기란 쉽다. 그러면 투자 기술이 향상된다.

나는 또한 당신이 큰돈을 다루는 기관을 두려워하지 말라고 강조하고 싶다. '개미군단'으로 불리는 일반 투자자는 증시의 큰손인 기관들과 경쟁할 수 없다고 느낀다. 이는 말도 안 된다. 당신은 큰 기관에 비해 이점을 갖고 있는데, 대부분의 투자자는 이를 알아채지 못할 뿐이다. 기관은 거대한 공룡과 같다. 커다란 몸을 가져서 느릿느릿 움직일 수밖에 없다. 그러나 소액 투자자는 단돈 1달러에도 재빨리 방향을 바꿀 수 있다.

또한 유능한 매니저는 대부분 장기 투자에 약하다. 그러니 신경 쓰기 싫다고 다른 사람에게 당신의 돈을 운용하도록(또는 잘못 운용하도록) 내버려두지 말고, 자신의 투자는 스스로 책임져야 한다.

피해야 할 마지막 오류는, 증시에서 성공하기 위해서는 거액의 돈이 필요하다고 생각하는 것이다. 상당한 자산이 있다면 물론 다양하게 투자하기 쉽지만, 몇천 달러에 불과하더라도 상식을 가지고 선물 투자를 한다면 훌륭한 성과를 낼 수 있다. 처음에 갖고 있는 달걀이 아주 적다면, 판매 수수료가 없는 뮤추얼 펀드를 이용하면 된다. 뮤추얼 펀드는 다양한 투자를 해볼 수 있고 수수료 비용도 줄일 수 있다. 투자액이 늘면 분산하여 개별 종목에 투자한다.

마지막으로 나는 '상반된 의견'을 당신에게 제시하고 싶다. 우리는 이 책의 마지막에 이르렀지만 이것을 끝으로 생각하지 말고 새로운 시작으로 생각하라는 것이다. 오래전 일이기는 하지만 에드워즈와 머기가 기술 분석에 대해 함께 쓴《주식 시세의 기술적 분석》이란 책을 처음 읽었을 때, 나는 새로운 접근법에 눈뜨게 되었다. 그 뒤 여러 해가 지나 차트 분석에 능해지고 난 뒤에도 나는 그 책을 정기적으로 읽고 있다. 향상된 증시 감각과 경험에 의거하여 그 책을 다시 읽어보면 읽을 때마다 새로운 직관력을 얻게 된다.

그러니 증시에 나가 이 책에서 배운 대로 연습하고, 1년 반이나 2년

마다 이 책을 다시 읽어보기 바란다. 그러면서 배운 내용이 더 잘 이해되고, 개념의 의미가 명확해지는지 살펴보면 많은 것을 깨달을 수 있을 것이다.

다시 이 책을 읽어볼 때까지, 꼭 명심하기 바란다. "차트가 모든 것을 가르쳐준다"는 사실을!

STAN WEINSTEIN'S
SECRETS *for* PROFITING *in* BULL *and* BEAR MARKETS

월스트리트의 전설적인 시장분석가에게 배우는

주식 투자 최적의 타이밍을 잡는 법

초판 1쇄 인쇄 2020년 12월 7일
초판 3쇄 발행 2023년 3월 7일

지은이 스탠 와인스타인
옮긴이 우승택

책임편집 최보배
디자인 Aleph design

펴낸이 최현준
펴낸곳 빌리버튼
출판등록 제 2016-000361호
주소 서울시 마포구 월드컵로 10길 28, 201호
전화 02-338-9271 I **팩스** 02-338-9272
메일 contents@billybutton.co.kr

ISBN 979-11-91228-36-6 03320

이 도서의 국립중앙도서관 출판예정도서목록(CIP)은 서지정보유통지원시스템 홈페이지(http://seoji.nl.go.kr)와
국가자료공동목록시스템(http://www.nl.go.kr/kolisnet)에서 이용하실 수 있습니다.(CIP제어번호:CIP2020023235)

내 삶에 몰입하는 시간, 플로우